高等职业教育党建与思政工作研究

（2019 年专辑）

浙江省高职院校党建研究会 编

浙江工商大学出版社
ZHEJIANG GONGSHANG UNIVERSITY PRESS

·杭州·

图书在版编目(CIP)数据

高等职业教育党建与思政工作研究. 2019 年专辑 /
浙江省高职院校党建研究会编. — 杭州：浙江工商大学
出版社，2020.10
　　ISBN 978-7-5178-4054-1

　　Ⅰ. ①高… Ⅱ. ①浙… Ⅲ. ①中国共产党－高等职业
教育－党的建设－研究②高等职业教育－政治工作－研究
－中国 Ⅳ. ①D267.6②G711

　　中国版本图书馆 CIP 数据核字(2020)第 158356 号

高等职业教育党建与思政工作研究(2019 年专辑)

GAODENG ZHIYE JIAOYU DANGJIAN YU SIZHENG GONGZUO YANJIU (2019 NIAN ZHUANJI)

浙江省高职院校党建研究会 编

责任编辑	张　玲
封面设计	林朦朦
责任印制	包建辉
出版发行	浙江工商大学出版社
	(杭州市教工路 198 号　邮政编码 310012)
	(E-mail:zjgsupress@163.com)
	(网址:http://www.zjgsupress.com)
	电话:0571 - 88904980,88831806(传真)
排　　版	杭州朝曦图文设计有限公司
印　　刷	杭州宏雅印刷有限公司
开　　本	787mm×1092mm　1/16
印　　张	15.25
字　　数	362 千
版 印 次	2020 年 10 月第 1 版　2020 年 10 月第 1 次印刷
书　　号	ISBN 978-7-5178-4054-1
定　　价	56.00 元

本 书 编 委 会

主　　编：周建松

副主编：王怡民

编　　委：何瑶伟　　盖庆武　　李　明

　　　　　李昌道　　李昌祖　　谢列卫

　　　　　江　影　　陈云涛　　张鹏超

　　　　　严洪广　　胡烨丹　　蒋　赟

目　录

第三编　高职育人工作、校园文化

第一编

党的建设、党风廉政建设研究

充分发挥学校党委在"双高建设"中的领导核心作用

（浙江金融职业学院　周建松）

[摘　要]党的领导是中国特色社会主义的本质特征和最大优势,在中国特色高水平高职院校建设中,如何坚持党委集中统一领导,坚持和完善党委领导下的校长负责制,发挥学校党委在立项建设中的"把方向、管大局、做决策、抓班子、带队伍、保落实"等方面的作用,建立健全党建工作体系,凝聚和调动各方力量,这是当前"双高建设"中一个重大的课题,本文对此做了全面梳理,并提出了系统的思考。

[关键词]"双高建设";党委;职责

当前,全国上下正在加快修订完善中国特色高水平高职学校和专业建设(以下简称"双高计划")方案和工作机制,以扎实推进"双高计划"的建设步伐。在这个过程中,学校党委在"双高建设"中处于什么位置,应该担负怎样的职责,如何正确把握好党委领导下的校长负责制这一体制在"双高计划"进程中的实施,如何在党委领导、校长负责、教授治学、民主管理治理机制中发挥各方面的作用并形成合力,是我们需要认真研究并切实加以落实的课题。

一、从新时代高校党建工作的特点和要求出发

党的十九大明确提出,要坚持以习近平新时代中国特色社会主义思想为指导。同时,党的十九大修订完善了《中国共产党章程》(以下简称《党章》)。《党章》明确提出,中国共产党是中国工人阶级的先锋队,同时是中国人民和中华民族的先锋队,是中国特色社会主义事业的领导核心,代表中国先进生产力的发展要求,代表中国先进文化的前进方向,代表中国最广大人民的根本利益。《党章》对党的性质的规定决定了党组织和广大党员使命担当、履行职责和发挥作用的基本要求,成为各级党组织履职尽责的基本指南,也为校党委如何在"双高建设"中履行职责、发挥作用指明了方向。

[作者简介]周建松,浙江金融职业学院党委书记,中国高等教育学会职教分会理事长,教授,主要研究方向为党建与高职教育。

(一)新时代党的建设的总要求

党的十九大明确强调,党政军民学,东西南北中,党是领导一切的。新时代党的建设的总要求是:坚持和加强党的全面领导,坚持党要管党、全面从严治党,以加强党的长期执政能力建设、先进性建设和纯洁性建设为主线,以党的政治建设为统领,以坚定理想信念宗旨为根基,以调动全党积极性、主动性、创造性为着力点,全面推进党的政治建设、思想建设、组织建设、作风建设、纪律建设,把制度建设贯穿其中,深入推进反腐败斗争,不断提高党的建设质量,把党建设成为始终走在时代前列、人民衷心拥护、勇于自我革命、经得起各种风浪考验、朝气蓬勃的马克思主义政党。

党的十九大提出的党的建设的总要求,是习近平新时代中国特色社会主义思想的重要组成部分,是习近平党建思想的核心要义,在总要求前提下提出的八大具体要求和任务,既是我们党建工作的基本遵循,也是各级党组织发挥作用的基本依据。从高等院校具体情况看,需要我们结合高等院校的特点,从《党章》《中国共产党普通高等学校基层工作条例》(以下简称《条例》)的要求出发,研究高等院校党委领导下的负责制运行机制和基层党建工作法则,推动高等院校党组织有效发挥作用。

(二)新时代高校党委的主要职责

根据《党章》和《条例》的有关精神,为贯彻落实党的十九大精神,中央组织部会同教育部党组研究提出了新时代高校党建工作重点任务,强调了高校要认真执行党委领导下的校长负责制,高校党委要充分发挥领导核心作用,突出政治建设。教育部党组进一步明确了高等学校党组织"对标争先"的具体任务,高校党委全面领导学校工作,履行管党治党、办学治校主体责任。具体要做到六个过硬:一是把方向过硬,主要是强调在思想上、政治上、行动上同以习近平同志为核心的党中央保持高度一致,增强"四个意识"、坚定"四个自信"、切实做到"两个维护",在意识形态、办学方向等方面旗帜鲜明。二是管大局过硬,明确要求党管办学方向,党管改革发展,党管干部和人才,党委要谋大局、议大事、抓重点,发挥总揽全局、协调各方的作用。三是做决策过硬,强调坚持党委领导下的校长负责制,坚持民主集中制,落实"三重一大"决策制度,实行科学决策、民主决策、依法决策,统筹推进学校改革发展稳定、教学科研管理等各项工作。四是抓班子过硬,强调要坚持和完善党委领导下的校长负责制,加强对院(系)班子建设的指导,健全领导班子联系基层制度,加强领导班子和领导干部的作风建设,认真执行中央八项规定精神。五是带队伍过硬,突出强调要坚持党管干部、党管人才,要配齐高校思想政治工作队伍,其中特别强调思想政治理论课教师队伍和辅导员队伍,当然,更要切实加强领导班子自身建设。六是保落实过硬,紧紧围绕人才培养、科学研究、社会服务、文化传承创新、国际交流合作和服务发展、促进就业等工作抓好调研谋划,落实推进和督促检查。应该说,党委的这些工作目标要求,既要突出党要管党、从严治党,也要强化党抓发展、科学和谐、党主育人、价值引领、党育文化、正确先进、党蓄队伍、凝心聚力、党谋幸福、师生至上。

（三）新时代党建工作的具体任务

中组部和教育部党组在提出高校党建工作总任务和党委工作总要求的同时，也结合《党章》和《条例》强调了基层党组织的重点工作要求，为我们更好地发挥基层党组织和党员作用指明了方向。对院（系）党总支的要求是：党组织领导和运行机制到位、政治把关作用到位、思想政治工作到位、基层组织制度执行到位、推动改革发展到位。从这五个到位，我们可以明显地感受到，院（系）党总支的工作要求几乎是全方位的，绝不是党的自我建设本身。与此同时，教育部党组还特别强调了基层党支部的工作要求，即七个有力：教育党员有力、管理党员有力、监督党员有力、组织师生有力、宣传师生有力、凝聚师生有力、服务师生有力。这实际上是把党支部的职责放在党内和面向辖区（单位和部门）两个方面，扩大了党支部的作用面，也对党支部工作提出了新要求。事实上，基层党建工作是一个整体，其基础是党员的先锋模范作用，对此，我们需要进一步研究。

在具体的党的建设实践中，许多高校正在探索党建工作体系化建设思路，学校党委如何成为科学发展的决策集体，院（系）党总支如何成为开放办学的领导集体，基层党支部如何成为创新创业的战斗集体，教师党员如何成为教书育人旗帜，学生党员如何成为成才成长榜样，并在基层党建工作中建立探索标准化制度和方案，形成从党委→党总支→支部→师生党员的党建先锋链。强调教师党员要努力做到"敬业爱校我带头、教书育人我带头、改革创新我带头、廉洁自律我带头、和谐建设我带头"，学生党员要做到"尊师爱校我带头、勤学苦练我带头、社会实践我带头、公益服务我带头、创新创业我带头"，推动学校党的工作不断深化细化。

应该说，党中央对学校党建工作要求明确，教育部党组提出的目标和要求也具有十分重要的可操作性内容，我们在中国特色高水平高职学校和专业建设中必须正确认识和把握。

二、高校党委在"双高建设"中积极有效发挥作用的路径

中国特色高水平高职学校和专业建设计划是新时代发展中国职业教育，推进现代职业教育体系建设和全面提升职业教育质量大局中的重要一招，也是为了实现更好地优化高等教育结构，促进大国工匠、能工巧匠的培育，推进高等职业教育高质量发展，它既是高等教育内涵建设新阶段的必行之路，也是鼓励不同层次和类型高等学校办出特色办出水平的必然之举。"双高计划"文件明确提出，要集中力量建设一批引领改革、支撑发展，中国特色、世界水平的高职学校和专业群，带动职业教育持续深化内涵建设，推进高质量发展、实现现代化，并据此探索形成职业教育的制度、标准，探索中国职业教育发展道路和模式。对于这一崇高的目标和使命，作为建设立项单位，如何发挥好党组织的作用，我以为主要可做如下探索。

（一）从旗帜鲜明讲政治高度，把准办学方向

旗帜鲜明讲政治是我们党作为马克思主义政党的根本要求，党的政治建设是根本性建设，中共中央还专门印发了《关于加强党的政治建设的意见》，从总体要求、坚定政治信仰、坚

持党的政治领导、提高政治能力、净化政治生态等方面提出了二十条要求。习近平总书记在全国高校思想政治工作会议中明确强调,我们的高校是党领导下的高校,是中国特色社会主义高校,必须坚持以马克思主义为指导,全面贯彻党的教育方针。同时也指出,党委要抓好政治领导和思想领导,政治领导就是要保证高校正确办学方向,保证党的领导在高校中全面发挥作用;思想领导就是要掌握高校思想政治工作主导权,巩固马克思主义在高校意识形态的主导地位,用科学理论培养人,用正确思想引导人,保证高校始终成为培养社会主义事业建设者和接班人的坚强阵地。总书记和党中央的这些指示,实际上就是明确一个基本要求,即我们必须在中国共产党领导下,扎根中国大地办好高等教育,培养中国特色社会主义建设者和接班人。联系"双高计划"实际,就是要明确我们建设的目标是中国特色高水平高职学校,必须在办学方向、目标定位、意识形态等根本性问题上与党中央保持高度一致,与中华民族伟大复兴的目标同频共振,培养的学生必须德才兼备、以德为先,在专业建设、学校治理等方面体现党的领导,体现中华优秀传统文化、革命文化和先进文化,方向决不能偏和倚。

(二)从经济社会发展要求,把握学校建设大局

职业教育与普通教育是两个不同的类型,具有同等重要的地位。要把发展高等职业教育作为现代高等教育结构和培养大国工匠、能工巧匠的重要方式,使城乡新增劳动力更多地接受高等教育。"双高建设"的指导思想是,以习近平新时代中国特色社会主义思想为指导,牢固树立新发展理念,服务建设现代化经济体系和更高质量、更充分就业需要,扎根中国、放眼世界、面向未来,强力推进产教融合、校企合作,聚焦高端产业和产业高端,重点支持一批优质高职学校和专业群率先发展,引领职业教育服务国家战略,融入区域发展、促进产业升级,为建设教育强国、人才强国做出重要贡献。这些论述明确了高水平高职学校和专业建设的大局:一是以习近平新时代中国特色社会主义思想为指导。二是服务现代化经济体系和更高质量充分就业。三是正确把握高职教育的高教性和职教性双重属性。四是强化推进产教融合、校企合作,面向产业高端和高端产业。五是服务国家战略,融入区域发展,促进产业升级。六是建设学校和专业群率先发展,引领发展。七是为我国教育强国和人才强国建设提供人才支撑,做出重要贡献。八是为形成一批有效支撑职业教育高质量发展的政策制度标准,为形成中国特色职业教育发展模式进行积极探索。正因为这样,学校党委在探索高职建设方略,研究建设思路时要着眼于这些大局和重点开展工作,不拘泥于小事、琐事,在把握好方向的同时,落实好大局问题。

(三)以科学性民主性,抓好工作决策

做决策是学校最常规的工作,前提是方向,要义是大局,关键是如何做决策,正确性是目标,而科学性、民主性是基础。

科学性要求我们了解情况、把握规律,这就要求领导班子成员认真抓好学习,学习科学社会知识、了解把握技术变革趋势,要善于用马克思主义理论与辩证唯物主义和历史唯物主义方法,用习近平新时代中国特色社会主义思想武装头脑、指导工作。对于高职教育来说,由于其主要任务是培养区域经济社会发展需要的高素质技术技能人才,服务中小微企业技术研发和产品升级,开展终身教育和职业培训。因此,我们在研究"双高建设"特别是高水平专业建设时,必须把了解把握区域经济社会和产业发展需要作为重点,要摸清区域经济社会发展实情、产业发展实情、技术技能需求实情、中小企业技术需求实情、职业培训和终身教育实情,形成科学决策的重要依据。

民主决策要求我们决策前广纳民意,决策时畅所欲言。这既是党委的工作作风问题,也是党委工作机制问题。我们要充分发挥大学高层次知识分子和专家学者云集的优势,充分利用教代会和学术委员会工作机制,充分发挥职业教育产教融合校企合作机制优势,充分发挥学校校企合作理(董)事会制度优势,充分发挥专业(群)建设指导委员会优势,挖掘新型智库建设资源,在广泛听取各方意见建议,广泛深入吸纳社情民意等方面积极创造条件,真正形成"双高建设"优势。

(四)坚持德才兼备标准,抓好班子建设

要建设高水平学校,做好正确决策,班子自身建设十分重要,有时甚至起着核心之核心、关键之关键的作用。习近平总书记提出了好干部20个字标准,即"信念坚定、为民服务、勤政务实、敢于担当、清正廉洁"。"双高建设"学校必须精准领会、严格要求,从学校高水平实际看,有以下具体要求值得我们思考:一是要重视领导班子整体研究,努力把领导班子打造成为高水平建设的领头雁,具体体现在忠诚担当、学习研究、开拓创新、服务示范、勤勉清廉,尤其要强调学习研究、适应新时代、开拓新发展,特别强调团队建设和头雁效应。二是要按懂教育的社会主义政治家要求选好党委书记,高水平学校的党委书记应该是政治家、思想者、时代楷模,是党建工作专家、教育工作行家、群众工作大家、服务工作赢家,能善于凝聚班子和社会各方力量,创新工作,成在妙处。三是要按懂政治的社会主义教育家要求选好校长,校长是学校法人代表,在党委领导下主持具体教学科学行政管理工作,是"双高建设"的直接指挥者,要对教学工作负责、对科研工作强责、对社会服务工作尽责,在文化传承创新、国际交流合作等方面较好履责,要真正对"双高计划"的各项目标任务了然于胸,做到胸有成竹、心中有谱。四是要建立健全领导班子工作机制,要建立党委会、校长办公会科学决策制度和运行机制,要强化领导班子联系基层、联系教师、联系学生,走进教室、走进寝室工作要求,建立健全对二级院(系)指导帮助制度,必要时,要提出领导班子走访企业和校友的目标,使领导班子的群众观点、基层态度、师生意识、市场信息、共事能力不断提高。

(五)以强烈的人才意识,切实带好队伍

思想路线确定以后,干部就是决定性因素。在高水平高职学校建设过程中,两支队伍起着十分重要的作用:一是干部队伍,二是教师队伍。必须切实抓紧培养好两支队伍,并促进其有效发挥作用。

中层干部在学校发展中十分重要,起着上传下达、下情上传、组织实施的作用,发挥中层干部的作用符合管理学"二八定律"(即20%的骨干发挥80%的带动力),在"双高建设"中,既要通过授权明责,把主要的具体的任务分给中层干部去组织实施,以此来培养考察和锻炼干部,也要通过轮岗、交流等途径培养干部,对担当重岗且业绩突出的干部予以提拔重用,以此来激活干部热情。我们应当明确这样的政策,在"双高建设"中发现干部、培养干部、使用干部,激发干部热情,传递干部队伍建设正能量。

教师队伍建设在学校发展中起着十分重要的基础性作用,"双高计划"要打造技术技能人才培养高地,打造技术创新服务平台,打造高水平专业群,关键在于教师,因为教师的积极性、创造力是实现"一加强四打造五提升"的基础。我们要实施"1+X"证书试点,推进"三教"改革,必须依靠教育教学创新,因此建设好一支素质精良、数量充足、结构合理的双师型教师队伍至关重要,必须通过人才工程,把它抓好抓细抓实,要强化激励,努力推动教师队伍优质成长,成为"双高建设"的真正主人。

高水平专业带头人建设作用特殊,它既是管理队伍的重要组成部分,也是师资队伍建设的重要组成部分,在"双高建设"中,必须着力培养培育并积极发挥其作用,要按照"政治上最为鲜红、经济上最为优厚、社会上最为尊重"的要求,着力在提升学历学位、出国进修交流、企业挂职锻炼、评选评优奖励等方面支持倾斜,并充分调动其积极性,努力打造其成为名师名家,使其真正成为推动高水平专业建设的关键力量。

(六)以强烈的事业心责任心,确保各项工作落实

学校党委班子成员一定要树立"功成不必在我,功成必定有我"的思想意识,心无旁骛为"双高建设"带好头、服好务、做好后勤,一定要有带头意识,当好"双高建设"火车头。一是要在学习上带头、研究上带头、工作上带头,时时处处事事做好教师干部的榜样,领导班子要多干一些、干早一些、学早一些、学深一些,更好地指导整体工作;二是要有服务意识,当好"双高建设"服务员,领导就是服务,"双高建设"的大部分工作靠基层广大教师干部去探索创新和实践,作为学校管理者,要简化程序,以围绕"双高"、服务"双高"、服务师生,让一线教师有更多时间精力投入"双高建设";三是要有激励意识,当好"双高建设"引领者,要建立一个鲜明的导向和机制,明确干多干少不一样,干好干差不一样,能者上、平者让、庸者下的干事创业氛围,加大奖励力度,推动争先创优深入进行。当然,作为领导班子更要在争取上级支持,筹措建设资金,整合建设资源上积极作为,为"双高建设"提供有力保障。

三、探索建立党政齐抓共管"双高计划"工作机制

党的领导是全面领导,中国特色高水平高职学校建设必须充分发挥党的领导作用,学校党委要在"双高建设"中发挥全面领导作用,这既是"双高建设"新时期党委的职责所在,也是新时代加强高校党建工作的要求所在。然而,如何在党委领导下真正形成一个党政齐抓共管的建设大格局,汇集起共建共赢的有效机制,必须把党委总揽全局,协调各方的工作在"双高建设"中落到实处。

(一)加强"双高建设"的组织领导

曾经在一段时间、一些单位、一些质量工程项目中,一般都由学校校长或某个分管副校长担任领导小组的组长。按照党委领导下的校长负责制的领导体制,这也不能为错,据我们所知,国家示范高职和国家骨干高职建设就是这样。"双高建设"是高职内涵建设和质量提升工程的继续,但不同于简单的财政支持项目,双高计划是党中央、国务院发展中国特色、世

界水平高职教育的一项重大决策,目标定位很高,它要求通过建设使一部分高职学校和专业建设达到世界水平,引领我国职业教育形成国际先进水平的制度、标准,探索形成中国特色职业教育发展模式,因此,我们的站位必须更高,目标必须更明,定位必须更准。正因为这样,"双高建设"必须在党委统一领导下进行,在学校党委领导下成立领导小组,建立有效的工作推进机制。关于领导小组的建立模式,有三种方式可供借鉴:一是由党委书记、校长共同担任双组长,体现党政领导对"双高建设"的高度重视,有利于昭示工作的重要性和调动基层的积极性,但具体工作中可能会出现基层需要双请示从而影响效率的情况,也容易造成领导小组会议、校长办公会、党委会三会之间职责的不明晰。二是由党委书记担任领导小组组长,校长担任常务副组长,这种模式适用党委书记对学校和教育教学工作比较熟悉,又有足够时间精力处理具体事务的情况,有利于工作运行,但不利于调动校长积极性,如党委书记业务工作不熟悉或精力难以集中会影响"双高建设"平稳顺利进行。三是由校长担任领导小组组长,这种模式比较好地体现了党委领导下的校长负责制这一领导体制,也有利于充分发挥校长的积极性和创造性,重大工作由领导小组或办公会议讨论后提交党委集体决策,也符合常规工作运行机制,如果校长对全局工作把握能力较强,那么这种模式比较理想,但不方便之处在于,上级和有关方面会认为学校对此工作不够重视,党的组织系统参与这项工作会受到一定影响。以上方式如何选择,由各学校具体而定,关键是形成健全规范的组织领导制度。

(二)切实抓好双高文件确定的"加强党的建设"任务落实

《教育部、财政部关于实施中国特色高水平高职学校和专业建设计划》(教职成〔2019〕5号)明确了"双高建设"的总体要求(包括指导思想、基层原则、总体目标)和改革发展任务及组织实施要求,其中改革发展任务第一条即是加强党的建设。我认为,党委要发挥作用、承担责任,首先必须把教育部财政部下达的任务要求搞明白,做清楚。改革发展服务可以概括为:一是深入推进习近平新时代中国特色社会主义思想进教材、进课堂;二是在全体党员中开展不忘初心、牢记使命主题教育并形成长期制度;三是大力开展社会主义核心价值观教育,尤其把爱国、敬业、诚信、友善落到实处,使富强、民主、文明、和谐、自由、平等、公正、法制深入人心;四是从学校特点出发,全力构建思想政治工作和立德树人大格局,真正做到全员、全过程、全方位育人;五是在立德树人、教书育人工作中坚持重视思政课程和课程思政并重,培养学生过程中做到职业技能和职业精神高度融合;六是认真落实党委领导下的校长负责制,并充分发挥学校党组织的领导核心和基层党组织政治核心作用;七是牢牢把握意识形态主导权,建立良好的教风、学风、校风;八是引导广大教师干部和学生树牢"四个意识",坚定"四个自信",坚决做到"两个维护";九是加强党的基层组织建设,将党的建设与学校事业发展和"双高建设"同部署、同落实、同考评;十是充分发挥基层党组织战斗堡垒和共产党员先锋模范作用,带动工会共青团等组织建设,凝聚"双高建设"和学校改革发展正能量。

(三)形成同心同德合力开展"双高建设"的正能量

东西南北中,工农商学兵,党是领导一切的。在"双高建设"过程中,我们要充分发挥学校党委的领导核心作用,在学校党委领导下强化组织指挥体系建设,切实提高政治站位,明确具体任务定位,创新工作方式方法,就需要有一个正能量机制。

一是正确处理各方面关系。要正确处理党委与行政、书记与校长、班子集体与班子个人、正职与副职,实施操作与评价监督、资金投入与绩效产出、上级规定与学校实际、硬件提高与软件提升等各方面关系,更要处理好改革创新与长期坚持,即期效率与长期效果等方面的关系,在上级党组织正确领导下,在有关文件规定的基本框架内,用全面辩证的思维、科学合理的方法,推动"双高建设"有效开展和客观公正评价。

二是要充分调动校内各方面力量。"双高建设"是一项全校工作,基本任务要做到横向到边、纵向到底;"双高建设"也是一项改革创新工作,必然有重心重点和点上突破创新。正因为这样,"双高建设"在一个特定学校必须坚持保证重点和兼顾一般,要发挥重点专业带头引领作用,以重点专业引领带动一般专业建设;要发挥学术研究力作用,用研究带动创新,以创新带动建设;要发挥教职工代表大会力量,善于把学校领导班子意志转化为全校师生意志,形成人人参与、人人支持的局面;要充分发挥民主党派的力量,发挥统一战线的作用;要发挥评先评优机制的作用,使评先评优成为"双高建设"巨大的促进和杠杆力量;要以改革促建设,尤其要改革创新绩效工资考核和发放办法,使其在"双高建设"中产生巨大推动力。

三是要善于调动校外各方面力量。"双高建设"强调地方统筹,实际上也包括了调动地方政府、行业主管部门、合作企业和校友及社会各界力量的含义。共产党的最大优势是协调各方,充分凝聚力量,学校党委在"双高建设"中必须充分利用这个平台和载体,在凝聚力量方面发挥作用,要积极争取地方政府的支持,不仅在资金投入上,还要在政策创新上积极争取行业主管部门的支持,更需要在企政行企合作机制和政策业务运行上争取支持;要善于组织企业尤其是骨干企业协同建设,包括共建实训基地、就业基地,共同开展技术研发等,真正形成校企命运体;要凝聚校友力量,聘请校友上讲台、进课程,在打造教师学生校友共同体中推进学校人才培养、科学研究、社会服务和文化创新。

"双高建设"是一个大工程,是一个大时间跨度的工程,我们要坚持党的领导,加强党的领导,充分发挥校党委领导核心作用,在党委领导下凝聚各方智慧,调动各方力量,形成中国特色高水平高职学校建设的巨大正能量。

[参考文献]

[1] 江金权.改革开放40年党的建设改革的基本经验[J].学习与研究,2019(1):13-27.

[2] 陈哲.改革开放以来高校党建的发展历程和基本经验[J].高校党建与思想教育,2019(1):50-52.

[3] 黄建军.新中国成立70年党对高校全面领导的历史考察与基本经验[J].中国高等教育,2019(12):4-6.

[4] 周建松.牢牢把握党对高校工作的领导权[J].中国高等教育,2017(8):22-24.

[5] 周建松.新时代高等职业院校党建工作的使命与担当[J].中国职业技术教育,2018(22):5-9.

[6] 陈秋明.坚决打好新时代高职院校党建工作三大攻坚战[J].中国职业技术教育,2018(25):23-27.

2010—2019 年我国高职院校党建的热点及趋势
——基于 CNKI 852 篇文献的知识图谱分析

（浙江工贸职业技术学院　周妍妍）

［摘　要］为了准确地了解我国高职院校党建研究的热点及趋势，本研究利用 BI-COMB2.0 软件及 SPSS24.0 软件从 CNKI 筛选出 2010—2019 年 10 年间的 852 篇文献，绘制出高职院校党建研究的热点知识图谱。研究结果表明，我国高职院校党建研究主要围绕四大领域展开，学生党建与基层党建逐渐成为热点，高职院校校企合作和党建创新也越来越受到关注，但高职院校党建研究在"点"和"面"的结合、"量"和"质"的结合、"实践研究"和"理论研究"的结合三方面仍需进一步加强。

［关键词］高职院校党建；热点及趋势；知识图谱分析

一、问题提出

在党的十九大会议上，党中央与时俱进地提出了新时代党的建设总要求。习近平总书记也曾指出：加强和改进高校党的建设，"为办好中国特色社会主义大学提供根本保证"[1]。高职院校作为我国高校的"半壁江山"，高职院校党的建设与人才培养、思想政治教育和意识形态工作等紧密相关。因此，在新时代加强高职院校党建研究，既是高职院校加强党的建设本身的需要，也是高职院校落实立德树人根本任务的需要。

从已有关于高职院校党建研究的综述看，学者们多从学生党建、党建研究方法的角度进行论述，且文献来源时间跨度短，以主观性概括为主，无法从总体上客观地揭示较长时间以来我国高职院校党建研究的现状。当前知识图谱分析技术兴起，该技术的优点在于能全面系统地梳理时间跨度长、文献数量多的研究成果，进行科学的分析和归纳。因此，采用知识图谱技术分析自 2010 年以来我国高职院校党建研究的现状，有助于精准把握当前我国高职院校党建研究的热点与趋势。

本文获浙江省高职院校党建研究会 2019 年年会论文一等奖。

［作者简介］周妍妍，浙江工贸职业技术学院国际商贸学院讲师，主要研究方向为高职院校党建、高校学生事务。

二、研究方法

(一)资料来源

于 2019 年 8 月 6 日进行检索,以 CNKI 为搜索引擎,以"高职院校党建"为主题,以"2010年至今"为时间年限,来源类别不限,在剔除与主题不相关的文献后,确定有效文献 852 篇。

(二)研究工具

研究工具主要是书目共现分析系统 BICOMB2.0 和统计软件 SPSS24.0。

(三)研究过程

第一,以"高职院校党建"为主题输入到 CNKI 进行检索,筛选出有效文献 852 篇,将其转化为 ANSI 编码格式。第二,运用 BICOMB2.0 系统对 852 篇文献的所有关键词进行提取和统计,确定高频关键词。第三,运用 SPSS24.0 软件获得高频关键词相似矩阵。第四,采用 SPSS24.0 软件对相似矩阵进行聚类分析,对高频关键词进行聚类。第五,使用 SPSS24.0 软件对相似矩阵进行多维尺度分析,得出高频关键词的知识图谱并圈画出研究领域。最后,对知识图谱进行分析与解释。

二、研究现状结果与分析

(一)高频关键词确认与统计分析

统计分析我国高职院校党建研究的 852 篇文献,有 745 个关键词共计出现 2945 次,选出频数≥9 的 30 个关键词作为高频关键词。高频关键词共计出现 1793 次,占关键词总频次的 60.88%,符合知识图谱分析要求,具体如表 1 所示。

表 1　30 个高频关键词排序(频数≥9)

关键词	出现频数	关键词	出现频数	关键词	出现频数
高职院校	648	顶岗实习	27	实效性	14
党建工作	212	新媒体	24	思想政治教育	12
学生党建	177	学生党员	21	互联网+	12
党建	150	学生公寓	19	实践	11
创新	79	高职学生	18	党建带团建	11

关键词	出现频数	关键词	出现频数	关键词	出现频数
学生党建工作	73	民办高职院校	17	途径	10
对策	58	校企合作	17	新形势	10
问题	36	工学结合	16	学生党支部	10
学生	33	党的建设	15	信息化	9
基层党建	31	思考	14	基层党建工作	9

由表 1 可知,除去高职院校,前 8 个关键词分别为:党建工作(212)、学生党建(177)、党建(150)、创新(79)、学生党建工作(73)、对策(58)、问题(36)和学生(33)。由此推断,我国高职院校党建研究多围绕"高职院校学生党建工作""高职院校党建创新"和"党建存在的问题与对策"等方面展开。

(二)高频关键词相异矩阵

把 BICOMB2.0 系统生成的词篇矩阵在 SPSS24.0 软件中打开,勾选二分类 Ochiai 系数度量标准,获得相似矩阵再转化为相异矩阵。本文选取前 8 个高频关键词形成 Ochiai 相异矩阵,具体见表 2。在表 2 中,数值代表着两个高频关键词之间的距离。数值在大于等于 0,小于等于 1 之间,数值越靠近 0,说明关键词之间的距离越小,相似性越大,两个关键词较多结合在一起研究。反之,两个关键词较少结合在一起。

表 2　前 8 个高频关键词的 Ochiai 相异矩阵

项目	高职院校	党建工作	学生党建	党建	创新	学生党建工作	对策	问题
高职院校	0.0000	0.5572	0.5479	0.6565	0.7125	0.7239	0.7729	0.8034
党建工作	0.5572	0.0000	1.0000	1.0000	0.8532	1.0000	0.9098	0.9084
学生党建	0.5479	1.0000	0.0000	1.0000	0.8055	0.9912	0.8322	0.8246
党建	0.6565	1.0000	1.0000	0.0000	0.8898	1.0000	0.8928	0.9456
创新	0.7125	0.8532	0.8055	0.8898	0.0000	0.8947	1.0000	0.9812
学生党建工作	0.7239	1.0000	0.9912	1.0000	0.8947	0.0000	0.8156	0.8830
对策	0.7729	0.9098	0.8322	0.8928	1.0000	0.8156	0.0000	0.4748
问题	0.8034	0.9084	0.8246	0.9456	0.9812	0.8830	0.4748	0.0000

由表 2 可知,前 8 个高频关键词的距离关系如下:距离高职院校由近及远的顺序依次是学生党建(0.5479)、党建工作(0.5572)、党建(0.6565)、创新(0.7125)、学生党建工作(0.7239)、对策(0.7729)和问题(0.8034)。由此说明,在讨论高职院校党建时,更多将高职院校与党建工作、学生党建、党建创新结合起来。

(三)高频关键词聚类分析

为更直观地展现多个高频关键词之间的亲疏关系,运用 SPSS24.0 软件将高频关键词的相似矩阵进行聚类分析,得出树状图。依据树状图,将我国高职院校党建研究的 30 个高频关键词分为四类,具体见表 3。

表 3   高频关键词聚类

分 类	关键词
种类 1	对策、党建工作、问题、基层党建、思考、学生党建、学生党建工作、民办高职院校
种类 2	党建、顶岗实习、学生公寓、校企合作、途径、高职院校、创新、工学结合、学生党员
种类 3	新形势、信息化、"互联网＋"、实践、新媒体
种类 4	学生党支部、党建带团建、学生、实效性、基层党建工作、高职学生、思想政治教育、党的建设

由表 3 可知,我国高职院校党建研究领域具体可以分为四类。

第一类为高职院校学生党建和基层党建,由对策、党建工作、问题、基层党建、思考、学生党建、学生党建工作和民办高职院校 8 个关键词构成。杨七娣认为,从现状看,高职院校学生党建在"组织生活、队伍建设和阵地建设"[2]等方面存在问题。程文香认为,产生问题的原因是"高职院校在学校和学生层面"[3]都存在问题。王琦从"党务工作队伍建设、学生党建制度和学生党员思想政治教育体系"[4]三方面提出建议。学者们还提出,高职院校学生党建应关注学生党员质量提升、工作载体和模式创新、如何与中国特色社会主义核心价值观融合等内容。关于高职院校基层党建,学者们认为要重视基层党建的考核内容、考核机制,高职院校基层党建要走内涵式发展道路,也要关注基层党建的工作模式和实践。关于民办高职院校党建,主要关注学生党建方面。

第二类为高职院校校企合作与党建创新,由党建、顶岗实习、学生公寓、校企合作、途径、高职院校、创新、工学结合和学生党员 9 个关键词构成。荣家俊认为,"工学结合、校企合作等人才培养模式"[5]是高职院校必经之路。周艳等认为,当学生党建工作遇到学生顶岗实习环节,会出现"学校管理难度加大,学生参与党组织培养活动存在困难、学校与企业党建领域合作深度不够"[6]等问题。贾琼提出了"协同创新"[7]的理念,王靖提出了"校企党建联盟育人模式"[8],丁立群等提出了顶岗实习学生党建"校企联动机制"[9]等。也有学者建议借力网络、云平台和"党员之家"等创新党建的媒介,解决校企合作中党建工作遇到的困难。

第三类为新媒体下的高职院校党建,由新形势、信息化、"互联网＋"、实践和新媒体 5 个关键词构成。随着"互联网＋"时代的到来,高职院校如何开展"互联网＋党建"和"智慧党建"成为关注的焦点。刘衍诚认为,新媒体在一定层面给高职院校学生党建带来了"红利"[10],但是新媒体与学生党建融合在"内容运营、价值引领、平台维护"[11]方面也存在一些困境。对于两者融合的路径与模式,何峰提出"网络党建"的理念,建议"构建'微信、微博'网络平台,创建'党建红色网站',建立'网上党支部'"[12]。学者们也关注到新媒体视野下高职院校思想舆论和意识形态如何引导和把控的问题。高职院校党建"新形势"还包括党中央提出的全面从严治党,周建松等探讨了在全面从严治党的新形势下高校院校如何加强基层党建。

第四类为高职院校党的建设实效性,由学生党支部、党建带团建、学生、实效性、基层党建工作、高职学生、思想政治教育、党的建设 8 个关键词构成。古志华指出,党的建设对高职院校人才培养"有重要的推动作用"[13]。加强高职院校党的建设,卢林佳认为,"高职院校要明确以党的政治建设为统领"[14];陈秋明提出,"高职院校要奋力打好三大攻坚战"[15];赵小平提出要不断完善"党的思想、组织、制度、作风和反腐倡廉"[16]五方面建设。冯晓玲认为,"党组织规范化建设和品牌化建设"[17]是党建工作的"一体两翼",两者合力能有效提升党建科学化水平。此外,学者们还关注党建带团建、廉洁文化建设、党建品牌创建、党建考核管理等与党的建设实效性息息相关的具体内容。

(四)知识图谱分析

为了更加清楚地展现我国高职院校党建研究热点,运用 SPSS24.0 软件对高频关键词的相异矩阵进行 ALSCAL 多维尺度分析。结合表 3 高频关键词聚类,使用画图软件勾画出我国高职院校党建研究热点领域图谱,具体如图 1 所示。

从图 1 可知,2010 年以来,近十年我国高校高职党建研究热点主要集中在四大领域,知识图谱划分研究领域和高频关键词聚类情况大致一致:领域一对应种类 1,领域二对应种类 2,领域三对应种类 3,领域四对应种类 4,从而证实知识图谱的科学性。

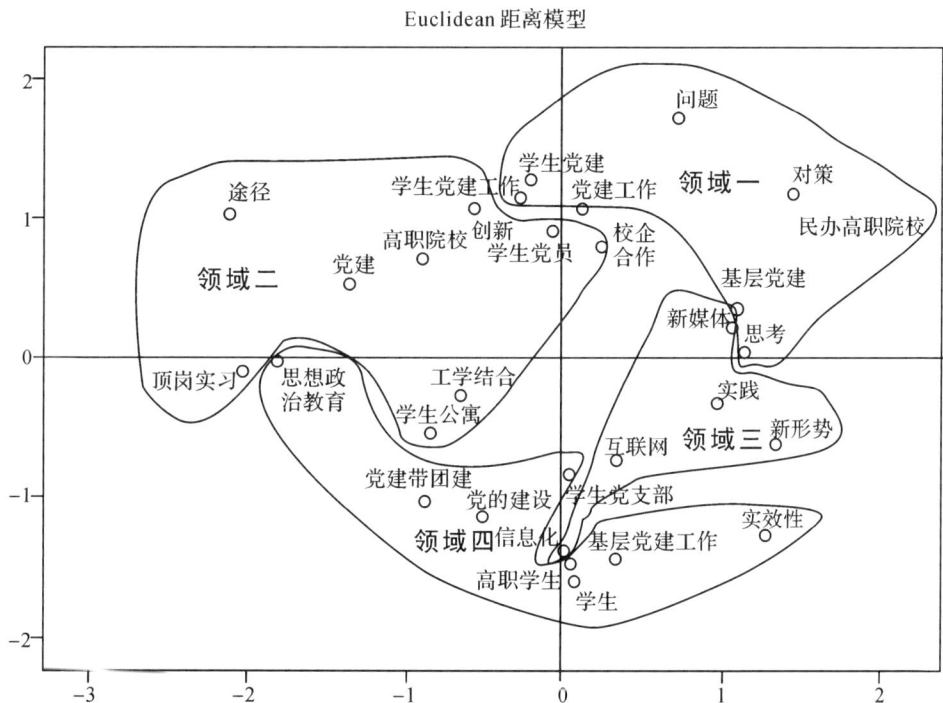

图 1　热点知识图谱

知识图谱的纵轴代表密度,即研究领域内部联系的强度;横轴代表向心度,即不同领域间相互影响的强度。小圆点代表各高频关键词所处的位置,关键词关系越紧密,小圆点之间的距离越近；反之，关系越松散，距离越远。根据图1可知，第一，高职院校学生党建与基层党建（领域一）主要位于第一象限，密度和向心度都比较高，说明该领域研究成果多，与其他领域联系密切，是研究的热点。第二，高职院校校企合作与党建创新（领域二）主要横跨第二、第四象限，密度尚可，说明已积累一定的研究成果；向心度较低，说明该领域处于研究的边缘，与外界联系不紧密。第三，新媒体下的高职院校党建（领域三）主要位于第三象限，向心度高，说明该领域与其他领域联系紧密；密度较低，说明研究成果少，尚未引起足够的重视。第四，高职院校党的建设实效性（领域四）横跨三、四象限，向心度尚可，说明该领域与其他领域有一定的联系；密度较低，说明研究成果少，较少被关注。

三、结论与展望

通过对我国高职院校党建研究知识图谱进行定量与定性分析，发现我国高职院校党建研究主要围绕以上四大领域展开。这进一步反映了我国高职院校党建研究的热点领域是我国高职院校学生党建与基层党建，高职院校校企合作与党建创新也越来越受到关注。同时，研究也存在不足之处：第一，对新形势下高职院校党建创新、高职院校党的建设实效性关注度不够；第二，我国高职院校党建研究成果质量不高，2010年至今，核心期刊相关论文仅有50余篇；第三，高职院校党建研究理论深度不够，主要停留在实践的总结和归纳上。

这就意味着，我国高职院校党建研究领域的学者们，可以从以下三个"结合"努力：第一，高职院校党建研究要做到"点"和"面"的结合。既要关注高职院校学生党建这一热点领域，又要从更宏观、全面的视角看待高职院校党建。第二，高职院校党建研究要做到"量"和"质"的结合。对关注不够的领域既要有"量"的增多，又要提出"质"的要求，论文研究深度、论文发表期刊的层次都应有所提升。第三，高职院校党建研究要做到实践研究和理论研究的结合。既要研究高职院校党建工作中有创新意义的实际案例，又要加强高职院校党建的理论研究，科学理论体系的构建有助于推动高职院校党建研究的发展。

[参考文献]

[1] 中共北京市委教育工作委员会.为办好中国特色社会主义大学提供根本保证[N/OL].（2015-02-02）[2019-12-10]. http://theory. people. com. cn/n/2015/0202/c49157-26490808. html.

[2] 杨七娣.高职院校加强学生党建工作的实践探索[J].江苏建筑职业技术学院学报，2018,18(4):79-81.

[3] 程文香.宁夏高职院校学生党建工作对策研究[J].科教导刊（下旬），2018(12):83-84,125.

[4] 王琦.新时期高职院校学生党建工作现状与应对策略[J].延边教育学院学报，2018,32(5):14-15,18.

[5] 荣家俊.在工学结合校企合作模式下高职院校学生党建工作的探索与实践[J].泰州职

业技术学院学报,2015,15(2):25-27.

[6] 周艳,林芳.基于云平台的高职院校顶岗实习学生党建工作的研究[J].大学教育,2018 (1):171-172,191.

[7] 贾琼.高职院校学生顶岗实习期间党建工作协同创新研究[J].职业,2015(15): 116-117.

[8] 王靖.高职院校校企党建联盟育人模式创新研究[J].开封教育学院学报,2018,38(11): 147-149.

[9] 丁立群,张晶.校企互动视域下顶岗实习学生党建机制研究[J].辽宁农业职业技术学院 学报,2016,18(2):15-16.

[10] 刘衍诚.新时代高职院校学生党建工作创新研究[J].江西电力职业技术学院学报, 2019,32(2):131-133.

[11] 时文龙.关于新媒体环境下创新高职院校学生党建工作的思考[J].新闻研究导刊, 2019,10(11):11-12,14.

[12] 何峰.新媒体环境下高职院校学生党建工作创新研究[J].镇江高专学报,2017,30(3): 84-86.

[13] 古志华.试论高职院校党建工作与人才培养工作的有机结合[J].传承,2013(7): 56-57.

[14] 卢林佳.党的十九大精神指引下高职院校党建质量提升研究[J].哈尔滨职业技术学院 学报,2018(3):16-18.

[15] 陈秋明.坚决打好新时代高职院校党建工作"三大攻坚战"[J].中国职业技术教育, 2018(25):23-27.

[16] 赵小平.高职院校基层党建工作的科学化建设[J].产业与科技论坛,2013,12(20): 255-256.

[17] 冯晓玲.不断提升高职院校基层党建科学化水平[J].经济与社会发展,2011,9(6): 101-105.

高校纪委在推动"清廉校园"建设中的履责路径研究

（浙江艺术职业学院　徐　芳　单　烨）

[摘　要]推进全面从严治党以来,高校发生了深刻的变化,巡视曝光了高校存在的党建弱化、招生腐败、师德失范等问题,反映出高校纪委履职偏松偏软的问题。高校纪委履行好监督责任对于落实纪检监察体制改革要求,深入推进全面从严治党工作意义重大。文章通过分析全面推进"清廉校园"建设,提出高校纪委履责的重要意义、工作重点和履责方式,梳理高校纪委的工作着力点,助推"清廉校园"建设取得新成效。

[关键词]高校纪委;清廉校园;监督作用

近年来,党中央高度重视高校全面从严治党工作,把高校纳入巡视工作全局进行通盘谋划、整体推进,着力发现高校在政风、校风、教风、学风建设中的问题。"清廉校园"建设是提升高校全面从严治党工作成效的重要途径,也是营造清廉教育生态的基础性工程。建设"清廉校园"从具体业务领域着手推动净化高校政治生态,为提升校园管理水平、建设和谐美丽校园提供了重要保障。面对新形势新任务新要求,高校纪委须明确职责定位,精准开展监督执纪问责,推进"清廉校园"建设。

一、把握"清廉校园"建设重要意义,认清高校纪委落实监督责任的现实使命

建设"清廉校园"是建设风清气正教育生态,推动教育事业健康快速发展的现实需要,也是建设良好师德师风环境、落实立德树人根本任务的必然要求。必须要从这个高度,认清高校纪委的使命责任,提高政治站位、落实工作举措、确保工作效果。

本文获浙江省高职院校党建研究会2019年年会论文一等奖。

[作者简介]徐芳,浙江艺术职业学院校党委委员、纪委书记,副研究员,主要研究方向为党建与思政教育。单烨,浙江艺术职业学院纪检监察室干事,助教,主要研究方向为党建与思政教育。

(一)纪委落实好监督责任是构建风清气正政治生态的重要保障

政治生态是检验管党、治党是否有力的重要标志。在党的十九大报告中,习近平总书记明确提出"全面净化党内政治生态";十九届中央纪委二次全会对实现党内政治生态根本好转做出了重要部署。良好政治生态下培育的清廉意识、清廉习惯、清廉作风,是立德树人的题中之意,是教育系统的基本职责,也是打造"清廉浙江"的基础性工程。营造良好的政治生态,是纪委履职工作中的"必答题",这要求纪检监察机关扎实履责,强化政治监督、做实日常监督、靠前监督、主动监督,把践行监督执纪"四种形态"贯穿于工作全过程。在党委做出决策时,纪委要分析和把握所监督高校的政治生态,向党委提出对策建议,提供工作参考。在具体监督事项中,始终坚持围绕上级重大决策部署开展专项监督,做到监督检查全程跟进,确保令行禁止,着力营造有序的发展环境。在研判案件线索环节中,注重定期分析学校形势、研判政治生态,认真开展政治生态问题每月自查、每季一评、半年中评和年度总评工作,分析梳理存在的问题,认真抓好问题整改"后半篇文章",为开创各项工作新局面提供坚强政治保证。

(二)纪委落实好监督责任是防范和化解廉政风险的必然要求

2017年,党中央第十二轮巡视对中管高校进行集中"体检",浙江省启动了对高职院校的专项巡视。巡视发现,高校纪委"监督执纪问责偏松偏软"问题较为普遍。高校纪委监督乏力下存在全面从严治党不力,落实"两个责任"不到位;执行干部选拔任用规定不够严格;整治违反中央八项规定精神问题不够坚决,自查自纠不够彻底;招生考试、职务评聘、基建采购、合作办学、科研经费、校办企业等重点领域存在廉洁风险问题,直接影响了校风、教风、学风建设。高校纪委落实好监督责任和协调责任,强化"监督的再监督",积极主动为推动落实党委主体责任当好参谋助手,结合学校实际情况,提出防范和化解廉政风险的工作方向、重要举措和有效建议。通过整合审计监督、群众监督、审查调查等方面信息,着力发现可能存在的苗头性倾向性问题,精准研究对策,协助校党委从制度设计、程序规范、强化监督等方面补齐短板,推动压紧压实全面从严治党主体责任。

(三)纪委落实好监督责任是适应高校纪检监察体制改革的现实需求

2018年,中央办公厅印发了《关于深化中央纪委国家监委派驻机构改革的意见》,指出要推进中管高校纪检监察体制改革。2019年,浙江省纪委、省监委召开推进高校、国企和金融企业深化纪检监察体制改革动员部署会,下发了关于推进高校纪检监察体制改革的实施意见等规定,全面推进高校、国企和金融企业纪检监察体制改革。推进纪检监察体制改革,从职能、人员、工作深度融合,纪法贯通、法法衔接等方面对纪委履职提出了具体要求,有利于督促高校进一步强化清廉建设的政治责任,也对高校纪委聚焦主业主责,把制度优势转化为治理效能提出了更高的要求,推动纪检监察工作不断迈上新台阶。高校纪委落实好监督责任,是落实改革决策部署的政治考量和政治要求,纪委要强化目标引领和问题推动,坚持在上级纪委领导下进行查办案件、干部提名考察、履职考核,建立健全内部管理制度、沟通协调机制,做好协助、监督、管理、服务工作。

二、梳理"清廉校园"建设主要问题,找准高校纪委监督重点

近年来,浙江省高校认真贯彻落实全面从严治党要求和"清廉浙江""清廉教育"的决策部署,扎实推进"清廉校园"建设,为推进学校健康发展提供了坚强保障,取得了不错的成效。但是客观上讲,"清廉校园"建设还存在一些问题和不足,需要我们引起重视、认真对待。

(一)主体责任落实层层弱化、虚化、边缘化现象依然存在

少数党员领导干部对党风廉政建设的主体责任认识存在偏差,对贯彻落实党风廉政建设责任制的重要性认识不足,履行"一岗双责"的自觉性不高,主体责任履行漂浮在口头上、材料上、会议部署上,主抓直管的意识不够强。有的对党风廉政建设工作中出现的新情况、新问题研究不多,日常工作与党风廉政建设"两张皮",紧密联系本部门实际采取针对性的措施少,对如何将党风廉政建设与思政教育相融合,融入专业建设、教师发展与学生成长成才的全过程,思考不够、办法不多。存在"重日常应对、轻主动作为"的倾向,少数党组织和领导干部对纪检监察工作的认识不到位,存在上级布置什么就做什么的惰性思维,主动作为意识不强,需要进一步强化责任意识。

(二)评奖评优、资助对象认定等"小微权利"使用依然需要进一步规范透明

评奖评优、贫困生资助工作是涉及学生切身利益的最直接问题,也是社会关心的重点问题。有的学校评奖评优标准不够量化,评价主体单一,评价过程信息公示不及时;一些高职高专教师参与校外专业培训辅导可能影响学校招生考试公平,有的教师课堂上不讲重点,却暗示、推荐学生参加校内外的有偿补课;有高校在该学院研究生复试结束后,调高考生复试成绩并录取。因为权力集中、资源丰富的特性,教育公平原则被少数人异化,成为他们谋求利益的手段。目前,对贫困生的认定对象标准、认定原则、联动协作上还存在薄弱环节,如目前高校的通常做法是让学生自主申报,如提出申请、提供生源地的证明材料等,实践中,学生从生源地开具一份家庭贫困证明时会出现当地政策存在监管盲点,学校在审核把关时存在"重证明、轻实际"的情况,奖助贷动态跟踪和监管不够。

(三)学术不端、师德失范等违反师德师风问题依然存在

2019 年,教育部公开曝光 4 起违反教师职业行为十项准则典型案例,其中暴露出高校存在的学术不端和师德失范问题,这些问题不仅严重损害了学校、教师的社会形象和职业声誉,更关系到群众信赖、教育质量和教育公平等问题。教育部注重强化制度约束,印发了《新时代高校教师职业行为十项准则》《高校教师师德失范行为处理的指导意见》,以"负面清单"的形式进一步规范了教师职业行为。

(四)招生入学、项目招标、选拔选聘等重点领域治理仍需加强

根据中央和浙江省委巡视反馈意见,基建工程、科研经费、校办企业等领域违纪违法易

发多发,存在较高的廉政风险。浙江省教育厅印发了全省各级各类学校小微权力清单和办学行为负面清单,围绕学校治理和学生学业管理等方面提出具体规范,要求各学校认真梳理编制小微权力清单,规范教育、管理、服务各个环节的标准和要求。如大额维修工程中存在对实际工程量审计监督不足,工程完成后直接付款,未严格执行"先审计后付款"的要求,招投标、发包分包、施工、验收、预决算和工程进度款预付等环节监管有待加强;有的学校食堂物资采购环节监管还不到位,实际操作中不相容岗位与职责仍未分离,涉餐主要物资的采购未严格按规定程序办理,对部分原材料价格公开监督不足,价格信息公布方式不透明、公布时间还不够及时。

三、注重"清廉校园"建设顶层设计,探寻高校纪委履责方式

《党章》规定党的各级纪律检查委员会是党内监督专责机关,职责是监督、执纪、问责。高校纪委要准确把握职责定位,深化转职能、转方式、转作风,注重结合"清廉校园"建设,不断提升监督工作针对性和实效性。

(一)以压实责任提升"清廉校园"建设成效

压实责任是推进"清廉校园"建设的首要任务。习近平总书记在十八届中央纪委三次全会上从选好用好干部、纠正损害群众利益行为、从源头上防治腐败、支持执纪执法机关工作、主要负责同志做好廉洁从政的表率等五个方面,明确了党委主体责任的具体内容。助推"清廉校园"建设,就是要明确责任清单、强化监督检查、落实责任报告等有效经验,以主体责任履责清单、岗位廉政风险清单、重点工作问题清单"三张清单"为载体,就"三张清单"履行情况与基层党组织主要负责人面对面谈话交流,针对性地开展对学校各党组织履行主体责任情况的督查,层层传导管党治党责任压力,打通责任落实的"最后一公里"。要始终把党的领导融入学校发展各环节,使党建工作要求体现到办学治校各方面。紧紧围绕上级决策部署贯彻执行情况、意识形态工作情况、内部审计发现问题等开展监督检查,坚决纠正"上有政策、下有对策"等行为,将推进党风廉政建设与育人工作融合、与教育教学融合、与学校改革发展融合,推动全面从严治党向基层延伸。梳理中央、省委重大决策和部署以及校党委会、校长办公会做出的重要工作安排,选择重点项目开展专项督查。围绕巡视整改成效的巩固和政治生态自查工作,健全能用、管用、实用的长效机制。

(二)以防范风险补齐"清廉校园"工作短板

防范廉政风险是推进"清廉校园"建设的核心内容。要推进监督工作项目化管理,强化精准监督、精准问责。树立精准意识,指的是聚焦问题多发领域和信访反映较多问题,抓好监督。实行监督项目化管理,旨在准确把握监督着力点,有针对性地开展重点项目监督,强化全程跟踪式监督,用好监督执纪"四种形态",发现并督促解决存在的突出问题,推动出台行之有效的制度,有力管理中间地带,有效填补监督空白,动真碰硬跟踪问效。紧紧围绕教职工关心的热点难点问题,梳理学校预算管理、资产管理、建设项目、合同管理等领域业务和

岗位职责的廉政风险,通过实地调研了解、查阅工作台账、谈话提醒等方式,开展合同管理、设备采购等廉政风险防范领域的专项检查,全面加强资产采购、基建工作、专项经费使用管理、校办企业管理等重点领域环节的监管,着力寻找反映党员领导干部问题线索,延伸监督触角,消除监督死角,有的放矢抓好监督和规范。充分发挥内部审计防患于未然的作用,实行"问题清单""整改清单""销号清单"对接机制,通过审计压实责任、督促整改。认真处理信访举报,严格分类处置问题线索,及时开展谈话提醒、约谈函询等方式,做到早发现、早提醒、早报告、早处置。用好内部审计、问题线索处置成果,剖析典型案例,追根溯源,倒查制度与管理上的漏洞,并严格执行招投标、采购验收、招生招聘等有关制度,加强此类关键环节的监督。

(三)以优化作风提升"清廉校园"建设氛围

优良的作风是推进"清廉校园"建设的内在动力。注重巩固深化作风建设成果,始终发扬钉钉子精神,持之以恒落实中央八项规定及实施细则精神和省委36条办法以及学校具体实施办法。紧盯重要时间节点和"关键少数",密切注意"四风"问题新动向和新表现,加强教育提醒,并加大集中检查、重点督查和明察暗访力度,点名道姓通报曝光,达到"发现一起、处理一起、教育一片"的效果。实施新教师入职宣誓制度,要求全体教师签署师德承诺,引导教师以身示范。注重完善作风建设长效机制,构建学校党委牵头抓总,校纪委和党委工作部门及各二级教学单位等协同配合的工作格局,各行政主要负责人与书记共同抓好本部门的作风建设,加强廉政文化阵地建设,积极打造校园廉政文化品牌,切实发挥基层党组织纪检委员和党风廉政建设监督员对所在部门党员干部进行一线监督的优势。

(四)以落实考核促进"清廉校园"有序推进

考核督促是推进"清廉校园"建设的治本之举,也是坚持标本兼治、综合治理,提高一体推进不敢腐、不能腐、不想腐体制机制水平的具体要求。以清明政风、清净校风、清正教风、清新学风建设情况为一级指标,以学校和二级教学单位两级责任清单建设、廉政文化阵地建设、职能部门工作效率等具体类别为二级指标,以党风廉政建设情况分析会、廉政文化品牌建设、"最多跑一次"工作情况等项目为三级指标,并设置自选特色加分栏目,通过主观考评与客观考核相结合、平时考核和年终考核相结合、规定项目考评和自选项目考评相结合的方式,全面评价"清廉校园"建设实施情况,深化信息公开,畅通师生职工参与民主管理民主监督渠道。建设"清廉校园"是一项系统工程,需要汇聚学校各方智慧和力量,更需要严格落实各方责任。强化协调推进,学校党政办公室、党委组织部、纪委办公室、宣传部、学工部和人事处等各有关部门要各负其责,全校师生要广泛参与,形成工作合力。

[参考文献]

[1] 李锦斌.扛起主责抓好主业当好主角 推动全面从严治党向纵深发展[J].机关党建研究,2019(4):20-22.

[2] 连社会,汪素霞,涂欢.高校二级纪委履行监督责任过程中的困难及对策研究——以浙

江省属本科高校为例[J].法制博览,2019(4):56-57.

[3] 陈静源.高校纪委协助党委落实主体责任工作的定位及原则[J].管理观察,2016(7):109-110.

[4] 金荣蓉,顾建跃,胡宏亮.新常态下高校纪委落实党风廉政监督责任路径探析[J].开封教育学院学报,2018(10):174-175.

[5] 王晓兵.当前高校纪委工作认识误区的几点澄清[J].长春大学学报,2019(5):96-99.

[6] 张磊.高校纪委履行监督责任的意义与困境[J].湖北函授大学学报,2016(5):9-10.

[7] 周建松.试论高校纪委书记职能作用的有效发挥[J].学校党建与思想教育,2015(4):34-35.

[8] 王洪玉,崔来成.纪委多任务性对高校纪委监督履职能力的影响——基于全国184所高校调查数据的分析[J].辽宁大学学报,2018(7):179-185.

新时代高校辅导员职业发展路径探究

——基于全国92所高校辅导员的调查数据

（浙江工业职业技术学院　刘小文）

[摘　要]职业发展是衡量职业吸引力和活力的重要标尺之一,没有职业发展就没有职业忠诚度。通过采用文献综述、焦点小组座谈和数理统计法对全国92所高校辅导员进行实证分析,结果表明高校辅导员存在职业发展目标不明、职业发展地位偏低、职业发展前景堪忧、职业发展规划匮乏、职业发展管理缺位等问题。因此,应完善顶层制度设计,建构扁平化组织架构,应用发展型绩效考评,细化个人目标管理,注重人力资本投入。

[关键词]高校辅导员;职业发展;人力资源;优化路径

习近平总书记曾指出,高校思想政治工作关系高校培养什么样的人、如何培养人以及为谁培养人的根本问题,思想政治工作是学校各项工作的生命线,要关心思想政治工作队伍成长,使他们工作有条件、干事有平台、待遇有保障、发展有空间。近年来,教育部陆续颁布《普通高等学校辅导员队伍建设规定》(以下简称《规定》)、《高等学校辅导员职业能力标准(暂行)》(以下简称《标准》)等文件,不断深化高校辅导员专业化和职业化,助推辅导员职业高质量发展。职业发展是自我实现范畴,亦是衡量职业活力和吸引力的重要标尺。只有辅导员职业发展生态平衡,其队伍才能稳定,思想政治教育才有生机活力,否则,将极大削弱其工作能动性、创造性。以往辅导员职业发展研究较为零散,缺乏系统性、针对性,囿于中观和微观层面,鲜从人力资源视野多维度探索辅导员职业发展路径。尤其进入中国特色社会主义新时代,辅导员职业发展问题是否消解,新形势下辅导员职业发展情状如何,存在哪些困境及如何优化是当下的重要议题。鉴于此,对全国92所高校辅导员进行实证分析,摸清新时代辅导员职业发展真实境况,从人力资源的宏观、中观和微观层面研究辅导员职业发展优化路径,推进高校辅导员职业发展管理和政策的完善,助推高校实现"立德树人"根本目标,培养社会主义合格建设者和接班人。

本文获浙江省高职院校党建研究会2019年年会论文二等奖。

[作者简介]刘小文,浙江工业职业技术学院助教,主要研究方向为思想政治教育。

一、研究结果

(一)新时代辅导员职业发展认知

由表1可知,题1选"非常认同"和"比较认同"的占62.7%,"不认同"和"非常不认同"的占11.1%,说明多数辅导员有强烈的职业发展观念,重视职业发展。

题2选"非常认同"和"比较认同"的占59.5%,"不认同"和"非常不认同"的占7.3%,说明多数辅导员在工作中能获得上级信任,常被授权开展工作。

题3选"非常认同"和"比较认同"的占55.4%,"不认同"和"非常不认同"的占9.7%,说明多数辅导员时间管理能力较强,工作被认可度较高。

题4选"非常认同"和"比较认同"的占57.5%,"不认同"和"非常不认同"的占5.8%,说明多数辅导员能够建立良好职业发展关系,协同发展。

题5选"非常认同"和"比较认同"的占29.4%,"不认同"和"非常不认同"的占49.5%,均值为2.754分,说明多数辅导员岗位发展目标不明。

表1 新时代辅导员职业发展认知(N=289)

自变量	非常认同 人数(%)	比较认同 人数(%)	认同 人数(%)	不认同 人数(%)	非常不认同 人数(%)	(x ± s)
1.你有强烈职业发展意识	71(24.6)	110(38.1)	76(26.3)	25(8.7)	7(2.4)	3.737±1.0035
2.你获得领导信任,常被授权开展工作	43(14.9)	129(44.6)	96(33.2)	17(5.9)	4(1.4)	3.657±0.8521
3.你能管理时间,获得他人尊重	51(17.7)	109(37.7)	101(34.9)	23(8)	5(1.7)	3.616±0.9249
4.你能建立相互促进的职业发展关系	51(17.6)	115(39.9)	106(36.7)	14(4.8)	3(1)	3.682±0.8554
5.你把辅导员岗位作为职业发展目标	19(6.6)	66(22.8)	61(21.1)	111(38.4)	32(11.1)	2.754±1.1235

(二)新时代辅导员职业发展前景

由表2可知,1—3题选"不认同"和"非常不认同"的分别占38.4%、37.3%、70.8%,各项均值得分偏低,表明多数辅导员职业发展前景不明,缺乏信心,不及其他教师。

题4选"非常认同"和"比较认同"的占59.5%,均值高达3.657分,说明多数辅导员职业发展地位认同偏低。

表 2　新时代辅导员职业发展前景(N＝289)

自变量	非常认同	比较认同	认同	不认同	非常不认同	(x±s)
	人数(%)	人数(%)	人数(%)	人数(%)	人数(%)	
1.你对未来职业发展前景认识清晰	24(8.3)	71(24.6)	83(28.7)	83(28.7)	28(9.7)	2.931±1.1190
2.你对未来职业发展充满信心	35(12.2)	70(24.3)	76(26.4)	79(27.3)	29(10)	3.014±1.1864
3.你比其他教师职业发展前景好	12(4.2)	34(11.8)	39(13.5)	157(54.5)	47(16.3)	2.330±1.0184
4.教师比辅导员职业发展地位更高	103(35.6)	69(23.9)	51(17.6)	47(16.3)	19(6.6)	3.657±1.2898

(三)新时代辅导员职业发展支持

由表3可知,1—3题选"不认同"和"非常不认同"比在24.5%—30.1%区间,各均值分不高,说明高校对辅导员职业发展支持力度有待提高。

题4选"不认同"和"非常不认同"的占47.8%,均值仅有2.747分,表明高校对辅导员职业教育和指导欠佳。

表 3　新时代辅导员职业发展支助(N＝289)

自变量	非常认同	比较认同	认同	不认同	非常不认同	(x±s)
	人数(%)	人数(%)	人数(%)	人数(%)	人数(%)	
1.领导经常协助拓展职业发展空间	39(13.5)	83(28.7)	93(32.2)	61(21.1)	13(4.5)	3.256±1.0754
2.领导经常提供职业展示和提升机会	31(10.7)	81(28.1)	106(36.7)	51(17.6)	20(6.9)	3.180±1.0650
3.学校经常创设职业交流与平台	32(11.1)	67(23.2)	103(35.6)	68(23.5)	19(6.6)	3.087±1.0815
4.学校经常提供职业教育和指导	27(9.3)	45(15.6)	79(27.3)	104(36)	34(11.8)	2.747±1.1407

(四)新时代辅导员职业发展管理

由表4可知,1—4题选"不认同"和"非常不认同"比均在47%以上,各均值均低于2.77分,充分说明高校对辅导员职业发展管理缺位,未发挥主导作用。

表 4　新时代辅导员职业发展管理（N＝289）

自变量	非常认同 人数（％）	比较认同 人数（％）	认同 人数（％）	不认同 人数（％）	非常不认同 人数（％）	（x±s）
1.辅导员学科体系建设完善	16(5.6)	56(19.4)	76(26.4)	123(42.7)	18(6.2)	2.760±1.0129
2.辅导员职业流动机制有序	18(6.2)	42(14.5)	85(29.4)	112(38.8)	32(11.1)	2.661±1.0554
3.辅导员专业化和职业化配套成熟	8(2.8)	59(20.4)	69(23.9)	129(44.6)	24(8.3)	2.647±0.9860
4.辅导员职业发展政策与制度完善	15(5.2)	61(21.1)	77(26.6)	103(35.6)	33(11.5)	2.730±1.0784

二、新时代辅导员职业发展优化路径

（一）顶层维度

尽管目前有关辅导员的政策不少，但多属纲领性文件，措辞模糊，执行不力，后续检查和落地措施匮乏。实践证明"政策生命力在于执行，执行成效取决于政策可行性和督查性，否则形同虚设"。因此，要完善顶层制度设计。一方面，明确政策问题，确保政策可行。政策问题是政策制定的关键因素，找准政策症结，才能精准施策。对此，坚持问题导向，通过实地走访、座谈和研讨等多层调研，善用网络、数字媒体和传播媒介摸清问题，实行"两上两下、双向互动"工作模式，即上级下发政策征求意见，下级上报政策完善议案，上层下发政策初核意见，下级修调上报二次议案，上下联动查摆问题，完善施策方案。另一方面，明确督查机制，确保执行到位。督查自成体系，是推动责任落实、执行有力、政策落地的有效手段。为此，要建立公开、报告、责任联动和检查问责四项制度。具体而言，一是公开。以新旧媒体、文件和手册等宣传方式，公开辅导员相关政策，确保透明性和公开性。二是报告。高校每三年向教育主管部门上报辅导员队伍建设、举措和成效状况，供动态掌控和决策参考。三是责任联动。执行不力，多缘于权责不清，以致管理责任弱化。因此，应明确政府与高校辅导员队伍建设各级责任，形成领导分级、部门分口和个人分项的责任联动制，保证各级管理尽责到位。四是检查问责。由教育主管部门牵头，联合高校成立检查或指导组，以明察、暗访和函证等方式指导工作，检查结果上报，根据工作需要，对管理弱化和执行不力的高校进行通报和约谈，并纳入高校排名、考核和资助范畴。

（二）高校维度

1.建构扁平化组织架构

组织结构状况决定职业发展通道现状。策略、规模、环境和技术是组织结构调整的四要素,新时代辅导员发展策略、规模和环境与以往有显著差异。因此,组织结构应适需调整。诸多高校组织结构为"金字塔形",层级分明,但组织弹性不足。辅导员位于层级结构底端,内部局限上传下达,横向沟通少,外部高中层互联,少有高低层互动,职业发展需求被忽略。因此,要构建辅导员扁平化组织架构:(1)组织结构流程再造(见图1),由层级结构转成水平结构。依古典设计原则,一组人因单一部门和上级管理,加之辅导员队伍庞大,学生处自顾不暇。对此,首先应明确组织职权,将二级学院辅导员抽离,合成辅导员管理处。其次应明确组织架构。辅导员管理处下设辅导员管理办公室、辅导员职业发展中心、思想政治教育中心和学生事务指导中心。最后应明确组织分工。辅导员管理处统筹,办公室牵头辅导员招聘、管理、考评和班级配备,职业发展中心负责辅导员培训和专业化、职业化,思政教育中心负责学生思想、德育和行为教育,事务指导中心负责学生管理和服务。(2)组织从属关系划分。明确以党委书记为辅导员队伍建设第一责任人,辅导员管理处管理为主,学生处和二级学院为辅。(3)组织分工协同有序。应将上下级转为平级关系,减少矛盾。对此,应从立德树人与学校大局出发,细化责任分工,同向互助发展。如互邀代表参会或座谈,加深了解,互提意见。以上变革既增强辅导员职业发展自主权和认同感,又畅通高校、辅导员、学生信息通道,有利于确保高层精准管理,规避组织虚设,实现全校辅导员管理和发展统一化与整体化。

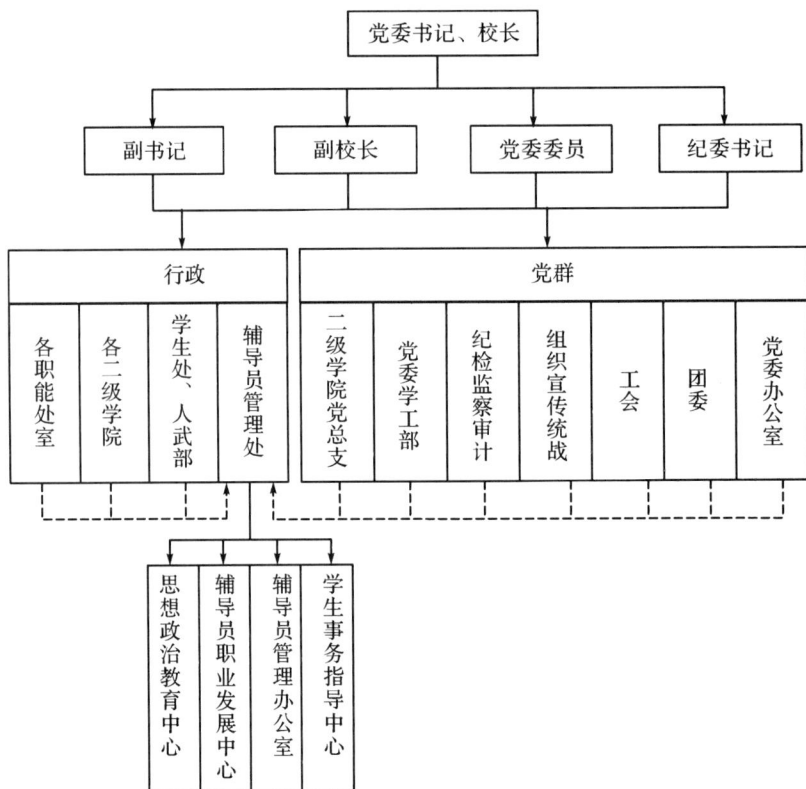

图1　辅导员组织架构流程再造(实线箭头代表权利、责任线,虚线箭头代表沟通、控制线)

2.应用发展型绩效考评

发展型绩效考评以促发展为核心,影响个人的组织承诺、组织认同及社会交换感,提升个人和组织绩效水平,促进组织人才培养及科学化管理。因此,应以发展型绩效考评辅导员。(1)设定绩效目标。一方面依据高校战略目标确定辅导员 KPI 关键绩效指标,如引入平衡计分卡(BSC)[①];另一方面根据辅导员职业化要求确定 CPI 行为绩效指标,即锚定辅导员行为指标,确定不同等级行为量表,评价其行为表现。(2)绩效辅导。一方面强化绩效宣传和培训,形成绩效考评要点、方法和目标共识;另一方面侧重发展而非考核,及时反馈绩效结果,指出改进方向,动态提升绩效水平。(3)绩效考核。明确 KPI 关键绩效和 CPI 行为指标权重、分值和评价标准,落实绩效考评。(4)绩效应用。"三职"是辅导员职业发展重要通道,亦是外界认可的基本标志。因此,在职称上参照《规定》,辅导员职称单列计划、单设标准、单独评审。在辅导员绩效达标前提下,科研短板以成果替代。根据职称等级决定代替育人成果级别,以实际需要设限。课时短缺则用转化法。将班会、讲座等纳入公共课时,实践活动和谈心谈话等转为实训课时,按课程标准提交佐证材料,确保规范化与育人成效。在职务上参照《意见》,将辅导员作为党政后备干部选拔来源,根据工作需要,向校内管理岗或地方组织部门推荐。同等条件下,辅导员有政治意识,具备学生教育、管理和服务经验和能力,可优先作为干部晋升考察预备人员。不等条件下,以辅导员育人成果和绩效水平等同相应职务要求。在职级上参照《标准》,实施辅导员校内非领导职级制。一是坚持习近平新时代中国特色社会主义思想,贯彻国家教育方针政策,结合辅导员实际确定职级制指导思想、评定原则;二是在党委领导下,确定不同职级定职标准和评审程序;三是坚持"三公"原则,规范执行职级评审程序,如广东外语外贸大学在年限和荣誉上做规定,聘用 4 名六级辅导员,与副处级干部同等待遇。

(三)个人维度

1. 细化个人目标管理

目标实现是循序渐进的过程,多方协同与分解细化为具体行动,才能达成目标。当前辅导员职业发展目标泛化,加之支撑平台和理论体系不完备,使其岗位发展目标淡化。(1)辅导员目标细化。在辅导员专业化、职业化的总目标指引下,结合职业发展四阶段理论、《标准》和岗位职责,制定四阶段分目标和行动,以分目标完成带动总目标达成,实现组织与个人目标相融。在职业形成期,确立学生事务管理三年短期目标,通过业务钻研、技能培训和考取资证提升自我,胜任学生事务管理。在职业应用期,确立网络思想政治教育五年中期目标,以学以致用、反思改进,强化网络思想政治教育能力。在职业累积期,确立就业指导和心理咨询八年中长期目标,以就业导师和工作室为平台,提升就业指导和心理咨询水平。在职业生成期,确立思想政治教育和研究十年长期目标,开展思想政治教育理论与实践研究,实现辅导员专业化和职业化目标。(2)辅导员目标评估。职业发展有明显阶段性变化与特征,应切实评估调整。对此,应制定辅导员职业发展目标检验标准,定期检视分目标和总目标差距,分析偏差,制定修正方案。(3)辅导员目标预案。职业目标实现无法预测,处于动态发展之中,甚至修正后,目标仍无法达成。因此,辅导员应以自身优势为导向,通过纵向学习、经

---

① 平衡计分卡是基于战略目标,利用成果状况、客户服务、学习与成长、内部业务运作 4 个维度间的影响,展现组织战略轨迹,实现绩效考核及后期修正目的。

验储备及横向职业转换拓展职业发展空间。

2.注重人力资本投入

人力资本存量决定价值创造,是职业发展的战略资本。当职业发展欲进不能和欲罢不忍时,多思考是否因个人和组织关系认知不清所致。组织与个人关系,由人力成本转为雇佣关系,再由雇佣进阶为资源合作关系,最后,个人以影响力、杠杆力赢得职业成熟度和话语权,进阶为资本共赢关系。这表明当人力成本转化为人力资本时,就可创造资本共赢关系。一是强化辅导员人力资本复合型投入。单一路径难以适应多学科交融和综合化发展趋势,复合型投入才能实现人力资本升华,可通过线上、线下多渠道扩充业务知识,参与培训、实训和课题实现能力跃升,融入学习型社团、辅导员联盟和协会组织,让人力资本溢价。二是强化辅导员人力资本能动性。一方面发挥时间管理能动性,用好碎片化时间,提升专注能力,不断反思和创新工作模式,实现人力资本升值;另一方面发挥优势和信息能动性,优势是最易成功场域,信息则是资源存量,专注优势领域,获取职业信息资源,赢得资源配置主动权,实现人力资本优化。三是强化辅导员身心资本投资。访谈得知,多数辅导员表示工作压力大、事务多和负荷重,尤其当学生突发事件发生时,身心状态不稳定,自我效能感不高。身心健康作为身心资本,是保证人力资本价值最大化的基础。职业有生命周期,黄金期在 20—50 岁,巅峰值在 40 岁上下。因此,为延迟职业生命周期、身心资本下降及人力资本退减,要适时运动、定期体检、规律生活,塑造强健体魄。学习身心健康知识,拓展心理能力素质,掌握心理困境排解技法,强化心理保健。

[参考文献]

[1] 陈君芳,胡昱东,章贝贝.高校辅导员职业生涯管理体系研究[J].当代青年研究,2011(12):94-96,91.

[2] 童文胜.高校辅导员的职业化困境[N],光明日报,2015-06-16(14).

[3] 龚伟,张正光.高校辅导员职业认同机制建构——基于施恩职业发展运动形式理论的视角[J].思想理论教育,2017(2):101-106.

[4] 李夏芳.高校辅导员职业发展途径创新探究——基于职级制的视角[J].高教论坛,2017(3):84-87.

[5] 冯刚.论辅导员的专业化培养和职业化发展[J].思想教育研究,2007(11):13-15.

[6] 罗海燕,冯建.从职业自主性反思我国高校辅导员职业的发展[J].理工高教研究,2009,28(3):9-12.

[7] 谢守成."阶梯式"辅导员职业发展模式探讨[J].高校辅导员,2014(5):3-5.

[8] 陈春花.管理的常识:让管理发挥绩效的 8 个基本概念[M].北京:机械工业出版社,2019.

"不忘初心、牢记使命"主题教育背景下加强高职院校党员党性修养的探析

(浙江机电职业技术学院　黄　熠　周　琳)

[摘　要]不忘初心、牢记使命,是党保持永远年轻的重要法宝,是党铭记历史的重要力量,是党开创未来的重要基础。在主题教育背景下,需要更好地提升高职院校党员队伍的党性修养,建立一支生龙活虎、廉政高效、忠诚担当、勇于革新的党员队伍,为实现"两个一百年"奋斗目标奠定坚实的组织基础和思想条件。

[关键词]不忘初心;牢记使命;党性修养

不忘初心,方得始终;牢记使命,继续前进。党员同志坚定信念、提升修养,为中国人民谋幸福,为中华民族谋复兴,这是激励一代代中国共产党人前赴后继、英勇奋斗的根本动力。党的十九大强调,经过长期努力,中国特色社会主义进入新时代,新时代面对新问题和新挑战,积极开展"不忘初心、牢记使命"主题教育,进一步提升党员同志党性修养,具有极其重大而深刻的意义。

一、主体教育背景下,加强高职院校党员党性修养的意义

国运兴衰,系于教育,教育是国家发展的基石。只有办一流教育,才能培育一流人才,才能建设一流国家;而一流教育的创办,关键在于师资。高职院校只有培养一支有信念、善作为、敢担当的教师队伍,尤其是具备较强党性修养的党员队伍,才能坚定不移地贯彻国家方针政策,围绕培养中国特色社会主义事业合格建设者和可靠接班人这个根本任务,培养有理想、有本领、有担当的国家栋梁,为实现伟大的中国梦、中华民族的伟大复兴奠定坚实的人才基础。

本文获浙江省高职院校党建研究会 2019 年年会论文二等奖。

[作者简介]黄熠,浙江机电职业技术学院党支部书记,助理研究员,主要研究方向为党建与思政教育。周琳,浙江机电职业技术学院党总支书记,教授,主要研究方向为党建与思政教育。

（一）高职院校党员党性提升的时代意义

"不忘初心、牢记使命"主题教育本身是一次思想洗礼、道路指引的学习过程。在把习近平新时代中国特色社会主义思想确立为全党全国指导思想之时,迫切需要进行一次集中教育;在全面从严治党向纵深发展之时,迫切需要进行一次集中教育;在"两个一百年"奋斗目标的历史交汇期,迫切需要进行一次集中教育;在中国共产党执政70周年之际,迫切需要进行一次集中教育。这"四个迫切"表明提升党员党性修养迫在眉睫、正当其时,这对于提升高职院校党员党性修养具有非常重大的时代意义。

（二）高职院校党员党性提升的理论意义

党员党性修养即是党性锻炼,是党员的自我教育、自我改造、自我完善;是对中国共产党的本质属性的内化;是党员在改造客观世界中自觉运用党性原则规范自己的行为,克服和抵制各种错误思想,不断改造主观世界,不断开创实践和认识新境界的过程;是党员自强和自律的统一。在高职院校开展党员党性修养的提升教育活动,既提升了党员的马克思主义理论修养、政治修养、思想道德修养,又提升了他们立德树人、教书育人的业务修养。

（三）高职院校党员党性提升的实践意义

"不忘初心、牢记使命"主题教育是一次找差距良机,是高职院校党员同志党性修养自检的良机。解放思想、实事求是是我们党的思想路线,直面问题、刮骨疗毒一直是我们党的好传统,我们党从来没有遮遮掩掩,而是靠自身的力量纠正问题,一次次克服缺点,战胜错误,走向胜利。党的十八大以来,我党严肃认真开展了反腐败斗争,取得了举世瞩目的成绩,得到了人民群众的拥护;修订了党章,出台了一系列党规;有力地加强了党的领导,有力地加强了党的建设,有力地全面从严治党。继党的群众路线教育实践活动、"三严三实"专题教育、"两学一做"学习教育之后,我们党又开展了"不忘初心、牢记使命"主题教育活动,这是对照党章党规、以问题为导向、找差距自我整改的又一大好机会。

二、主体教育背景下,高职院校党员党性修养存在的问题及原因分析

（一）理论学习不深

学习是基础,政治上的坚定、党性上的坚定都离不开理论上的坚定。党员要成长,就必须用理论武装头脑,加强党性修养。这就要求我们加强理论学习,掌握和运用辩证唯物主义和历史唯物主义,掌握贯穿其中的马克思主义立场、观点、方法,深入认识共产党执政规律、社会主义建设规律、人类社会发展规律。在现实中,我们的某些党员对党的思想路线、方针政策的理解、贯彻、执行不够坚定,不能做到与时俱进,发现问题、分析问题、解决问题的能力有待提高。究其原因,一是学习力度不够,没有用马克思主义中国化的最新成果——习近平

新时代中国特色社会主义思想武装头脑；二是理论联系实际不够，没有把理论学习转化为实践能力。

(二)政治意识不强

党的十八大以来，习近平总书记对政治纪律和政治规矩做过多次强调和论述。牢固树立政治意识，自觉维护习近平总书记的核心地位，对维护党中央权威、维护党的团结和集中统一领导，对全党全军全国各族人民更好地凝聚力量抓住机遇、迎接挑战，对全党团结一心、不忘初心、继续前进，对保证党和国家兴旺发达、长治久安，具有十分重大的意义。但有的党员同志政治立场不坚定，组织观念不牢固，在执行决策部署时应付了事，凡事只求过得去。究其原因：一是政治理论学习不够深入，"四个意识"理解不够透彻；二是安于现状，缺乏责任担当。

(三)纪律修养不足

纪律是党的生命线。伴随党由小到大、由弱到强的光辉历程，纪律始终是党的建设重要法宝。习近平总书记强调："我们这么大一个政党，靠什么来管好自己的队伍？靠什么来战胜风险挑战？除了正确理论和路线方针政策外，必须严明规范和纪律。"而某些党员组织纪律意识薄弱，甚至在课堂上毫无原则、信口开河，在网络上热衷于传播小道消息，东家长西家短地乱发议论，转发不良信息。究其原因，一是没有把纪律印在心中、刻在脑中；二是没有做到知敬畏、存戒惧、守底线。

三、如何在主题教育背景下加强高职院校党员党性修养

(一)教育报国，初心不改，做新时代长征路上的奋进者

开展主题教育是党中央的重大决策部署，是用习近平新时代中国特色社会主义思想武装全党、推进新时代党的建设、保持党同人民群众血肉联系、实现党的十九大目标的迫切需要，是加快推进教育现代化、建设教育强国、办好人民满意教育的强大动力，是高职院校营造良好政治生态的重要机遇。在新时代教育事业的长征路上，高职院校党员任重道远，应不忘教育初心，树立终身学习观念、提高政治理论素养、锤炼思想道德品质、践行科学发展道路，正确认识党性修养的重要性，身体力行、义无反顾，以党员先进性标杆做漫漫长征路上的奋进者。

(二)立德树人，牢记使命，做学生人生发展道路上的引领者

凝心聚魂，深学笃行。习近平总书记指出："我国是中国共产党领导的社会主义国家，这就决定了我们的教育必须把培养社会主义建设者和接班人作为根本任务，培养一代又一代拥护中国共产党领导和我国社会主义制度、立志为中国特色社会主义奋斗终身的有用人才。这是教育工作的根本任务，也是教育现代化的方向目标。"扎根中国大地办大学，时刻要保持

对中国特色社会主义文化理想、文化价值的坚定信心,保持对中国特色社会主义文化生命力、创造力的坚定信心,这是我们更加从容自信地推进文化建设、做好文化育人工作的重要前提。学校积极实践回答"培养什么人"这一教育的首要问题,党员同志以学生人生导师的引领身份,通过"课堂思政"将思想政治工作贯穿于教育教学全过程,实现全程育人、全方位育人,坚持把立德树人融入每个专业、每堂课、每位教师的教学实践中,弘扬劳动光荣、技能宝贵、创造伟大的时代风尚,让受教育者牢固树立敬业守信、精益求精等职业精神,努力培养高素质劳动者和技术技能人才,使之与高等职业教育及"能力为本,实践领先,学练交替,重在综合"的实践技能教学理念形成辉映。通过职业发展教育引导学生树立共产主义远大理想和中国特色社会主义共同理想,增强学生的中国特色社会主义道路自信、理论自信、制度自信、文化自信,立志肩负起民族复兴的时代重任。

(三)提升内涵,检视整改,做思政教育工作的先行者

学高为师,身正为范。在"不忘初心、牢记使命"主题教育引领下,用新时代中国特色社会主义思想武装头脑,引导学生树立正确的人生观、价值观和社会观,将主题教育思想贯穿于教学全过程,让学生深刻认识到伟大的党和国家才是实现中国梦的最大依靠、最大源泉。要凝聚初心使命,紧扣学习主线,创新载体,筑牢真信笃行的思想根基,以刀刃向内的精神,自我剖析、自我提高、自我革命,真刀真枪把思想摆进去、把工作摆进去、把学习摆进去,把落实作为推进主题学习的关键举措和提高师生思想政治的有效途径,对表对标检视整改,着力解决实际问题,做到真改、实改、彻底改。

四、总 结

总之,在"不忘初心、牢记使命"主题教育下加强高职院校党员同志的党性修养,要不断加强党性锻炼,持续磨炼意志品质,既做到广泛深入开展理论学习,又做到脚踏实地进行躬身实践。此外,还要充分发挥党员教师先锋模范带头作用,切实以党员标准以身作则、树立标杆、做出表率,做一个党性坚强、忠诚老实、干净担当的好党员。

[参考文献]

[1] 赵兴仙.贯彻落实"两学一做"推进高校党建工作[J].农村经济与科技,2018,29(20):267-268.

[2] 张慧.高校基层党支部建设实践探索[J].新西部,2019(20):109-110.

[3] 刘纯一.党校教师自身党性修养的提升探究[J].智库时代,2018(26):14,16.

[4] 刘海邦,任月.全面从严治党背景下高校基层教师党支部建设创新研究[J].辽宁经济,2019(10):86-89.

高职院校基层党建"模块＋机制＋能力"的实践研究
——基于某高职院校党建"五个起来"的视角

（湖州职业技术学院　周桂林　单文峰）

[摘　要]全国高校思想政治工作会议、浙江省高校思想政治会议陆续召开,对当前高校的党建工作和思想政治工作提出了新的具体要求。本文结合调研和具体实践,紧密结合高校思想政治工作会议的要求和某高职院校党委党建"五个起来"工作要求,以二级学院党总支为立足点和实施主体,以解决现实问题为导向,力争打造"模块＋机制＋能力"基层党建工作机制,努力践行学校党委"五个起来"的基本要求。

[关键词]基层党建;"模块＋机制＋能力";实践研究;"五个起来"

众所周知,变革重塑的时代,更需要思想统一;砥砺奋进的征程,更需要精神提振。近期全国高校思想政治工作会议、浙江省高校思想政治会议陆续召开,对当前高校的党建和思政工作提出了新的具体要求。习近平总书记在全国高校思想政治工作会议中指出:"要加强高校党的基层组织建设,创新体制机制,改进工作方式,提高党的基层组织做思想政治工作能力。"[1]在全面从严治党的新常态下,某高职院校党委提出的党建基层组织强起来,党务干部硬起来,党建工作实起来,党风廉政严起来,党建研究热起来"五个起来"的具体要求正是基于现实基层党建工作中存在的诸多薄弱环节,特别是基层党建工作面临的许多新情况、新问题和新矛盾,坚持问题导向,结合调研和具体实践,打造"模块＋机制＋能力"基层党建工作机制,做到高职院校的基层党建工作有的放矢、瞄准靶心,突出重点、纲举目张。

本文获浙江省高职院校党建研究会 2019 年年会论文二等奖。

[作者简介]周桂林,湖州职业技术学院机电与汽车工程学院学工办主任、组织员,讲师,主要研究方向为高校思想政治教育。单文峰,湖州职业技术学院机电与汽车工程学院学工部副部长,讲师,主要研究方向为高校思想政治教育。

一、当前高职院校基层党建工作中的薄弱环节

(一)基于高职院校基层党组织建设工作队伍视角:组织建设不够完善

1. 组织设置科学性有待完善

当前高职院校的基层党支部虽然组织基本健全,但还存在设置不合理、覆盖面不广、组织活动不力等问题,一定程度上削弱了党组织的战斗堡垒作用,桎梏了党员先锋模范作用的发挥,同时使党员教育管理的成效不佳。

2. 党建工作队伍素质有待提升

一是业务上不精。当前高职院校党支部书记一般都是由党员教职工兼任,但是高校的教学、科研任务压力较大,行政人员的事务性工作较多,兼职党支部书记对党建工作精力投入不足,党务工作专业性不强。二是能力上有限。部分党务干部的综合素质难以担负起创新高校管理的工作任务,对如何通过开展党建工作来推动和创新高校管理缺乏思路和办法。三是思想上轻视。有些基层党务工作者一贯有"重业务,轻党务"思想,对党建工作没有热情,形成了应付了事的心理,长期处于"党建工作的迷茫期",甚至把党建工作当"负担","检查抓一抓、不查就不抓"的工作态度在一定程度上制约了高职院校基层党建工作的开展。

(二)基于高职院校基层党组织建设工作过程视角:管理体制不够健全

1. 党政管理体制分割

"党建工作是软指标,业务工作是硬任务"的认识误区仍然存在,致使部分基层党组织在开展工作时,与中心工作结合的文章做得不够,甚至为了党建而党建,形式主义仍然存在,造成了党政分割的现象,严重削弱了党的领导力。

2. 监督评价机制缺失

对党员进行教育、管理和监督的重要手段是严格组织生活,但是部分党组织的组织生活过得不够严肃,少数基层党组织不能严格按照规定时间正常过组织生活,批评和自我批评也只是蜻蜓点水,不能直指要害。例如,对于入党前的考察较为细致严格,但是对党员入党之后的监督评价不到位,不少党员一入党就觉得完事大吉,出现身份意识淡化,党员形象走样,"四个意识"缺失等问题,损害了党组织的形象。

(三)基于高职院校基层党组织建设工作效果视角:工作方法不够创新

1. 工作内容缺乏针对性

学生党员和教职工党员由于身份不同、岗位不同、需求不同,都应该依据矛盾的特殊性,有所区别地创新党性教育内容,有针对性地开展党性教育活动。粗放型、囫囵吞枣式的工作方法是难以奏效的。

2. 工作载体缺乏创造力

基层党组织的活动缺乏创新与吸引力一直是党建的难题,究其原因,绕不开基础薄弱、

活动传统、阵地陈旧等因素。不少基层组织依然凭经验、靠惯性来抓党建工作,党建工作的平台搭建、载体设计缺少创新举措,仍然停留在"读读书、看看报、写写心得"的传统方式。只有"有创意的"党建才能激发党建活力。

综上所述,从工作队伍视角、工作过程视角、工作效果视角全方位审视分析当前高职院校基层党建工作的薄弱环节,结合新形势下高校基层党建工作的新要求,笔者觉得当前的高校基层党建工作有五大实质性的核心问题:一是基础党建模块需健全组织生活机制;二是信息党建模块需健全教育培训机制;三是效益党建模块需健全提质增效机制;四是责任党建模块需健全自我评价和监督约束机制;五是创新党建模块需健全激励奖励机制。

二、高职院校基层党建"模块＋机制＋能力"的模型解析

基于以上实际问题,高职院校的基层党建工作必须从认知问题出发,强化问题意识,坚持问题导向,结合调研和具体实践,打造"模块＋机制＋能力"基层党建工作机制(见图1),通过"聚焦五大核心问题、健全五大机制、增强五大能力"的基本思路,真正做到高职院校党建基层组织强起来,党务干部硬起来,党建工作实起来,党风廉政严起来,党建研究热起来这"五个起来"的具体要求,从而解决问题、提升能力、实现创新。

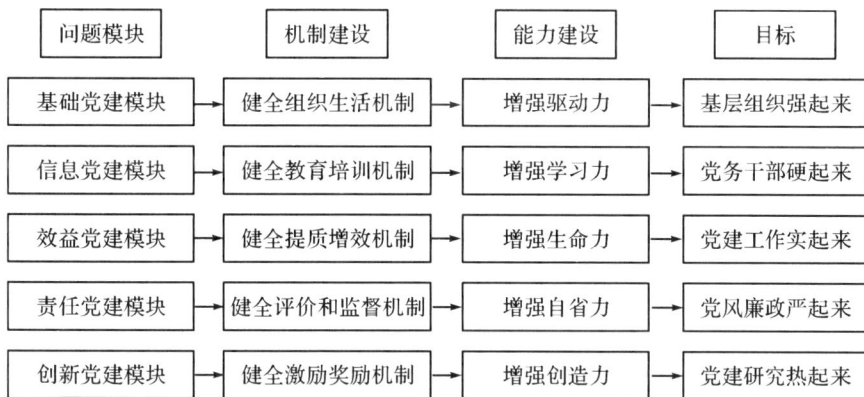

图 1 强化问题导向打造"模块＋机制＋能力"基层党建工作机制模型

三、"模块＋机制＋能力"基层党建工作机制模型

(一)基础党建模块

健全组织生活机制,增强驱动力。针对基础党建模块的突出问题,以"有人管事、有章理事"为重点,健全队伍、建章立制。例如进一步健全完善组织生活制度,落实支部书记抓党建责任制,使每个党员都按照要求参加严格的组织生活,严守党规党纪,增强组织观念,净化思想灵魂,真正成为合格党员。基础不牢,地动山摇。通过坚持不懈地抓基层、打基础,抓责任

落实、抓机制创新、抓典型引领,让党支部活起来、党员动起来,真正让基层组织强起来。

(二)信息党建模块

健全教育培训机制,增强学习力。针对信息党建模块的突出问题,除传统的制定和完善党员教育学习培训制度外,重点推动网络阵地建设,创新学习方法和学习形式,解决党员学习手段落后滞后的问题。要突破传统的思维和工作模式,把学习形态、工作形态从"有形"拓展到"无形",特别是充分利用互联网搭建平台,通过 QQ 群、微信群、贴吧等开展党员活动,改进党员教育管理,密切联系师生群众。党务干部信息素养和学习力的提升更是如此,只有通过不断强化党务工作者的教育培训和实践锻炼,特别是顺应新形势,提升"互联网＋管理"水平,提高政策把握的能力、执行落实的能力、改革创新的能力,才能让党务干部硬起来。

(三)效益党建模块

健全提质增效机制,增强生命力。针对效益党建问题模块突出问题,探讨在融入和促进学校中心工作上下功夫,打造效益党建,破解党建工作与中心工作"两张皮"的问题。"基层党建工作只有在大局下行动、为大局服务,更好地融入中心、服务中心,才能找准定位、把握方向、凸显价值。"[2]因此,必须将党建工作与实际工作结合起来,虚功实做,通过看得见、摸得着的方式和贴近实际、贴近生活的有效载体,例如校内岗位练兵、校外服务地方等方式,引领行政服务岗党员成为"服务先锋",教学技能岗党员成为"敬业先锋",让党建工作实起来。

(四)责任党建模块

健全自我评价和监督约束机制,增强自省力。针对责任党建问题模块突出问题,明确基层党员干部作为党组织负责人,要牢固树立"抓好党建是本职、不抓党建是失职、抓不好党建不称职"[3]的理念,认真学习党建工作政策制度,勤于思考、善于谋划、勇于探索、主动创新、及时总结,在虚实结合中体现责任意识、担当精神。同时拓展监督渠道,创新监督方式,开展党性分析,强化廉洁自律,开展党建工作述职评议考核,努力形成比学赶超的良好氛围,助推党风廉政严起来。

(五)创新党建模块

健全激励奖励机制,增强创造力。针对创新党建问题模块突出问题,提出责任目标奖励、为优秀党员搭建成长成才平台、建立多种形式的奖励激励机制,激发党员的内在动力,坚持精神引领、品牌带动、典型示范,引导党员通过"手段创新、模式创新、机制创新"在工作上创新求变,特别是创新探索"党建＋"工作融合模式,带动党建研究热起来。

四、高职院校基层党建"模块＋机制＋能力"模型的实践运用

近一年来,笔者所在的二级学院以学校党建"五个起来"为指引,围绕"模块＋机制＋能力"基层党建工作模型,在"聚焦五大核心问题、健全五大机制、增强五大能力"方面做了一些

具体实践,取得了明显成效。

(一)增强驱动力有方向

以党建特色工作为例,抓好基础,做足特色,明确方向,健全完善组织生活制度,建立支部书记抓党建责任制,增强驱动力。学院在党总支层面实施了红色领航工程,围绕学院中心工作,管思想、管干部、管人才、管政策。例如理顺学院管理体制和工作机制。按照民主集中制原则,完善二级学院党政联席会议制度,完善二级学院党政沟通协调、决策和监督机制。学院在支部层面启动"一支部一特色"工程,明确特色支部建设标准和考核要求。例如教工一支部实施阳光关爱计划,突出服务育人。开展寝室走访,学生约谈,课堂指导。教工二支部实施先锋机器人计划,突出专业特色。支部教师下企业,担任创新工场导师。学生一支部实施标杆工件计划,侧重于学生党员先锋性的发挥。本支部为机电、电气、自动化学生。学生二支部实施绿色发动机计划,侧重于环保、绿色发展、新能源。本支部为汽车类专业学生。

(二)增强学习力重深度

以"两学一做"专题活动为例,将传统阵地与网络阵地相结合,谋、学、做结合,健全教育培训机制,增强学习力。一是在"谋"字上细化。学院党总支统一思想,制定工作计划,部署"两学一做"工作;督促推进支部落实"三会一课"制度,确保各位党员做到政治合格、执行纪律合格、品德合格、发挥作用合格。二是在"学"字上拓展。把周四下午定为党建活动时间,以党章、讲话为主要学习内容,与时俱进地开展习近平"7·26"讲话精神学习、十九大学习等活动。把业余党校和夜校开辟为"两学一做"主要阵地,把视频学习作为辅导学习的主要手段,把支部讨论学习作为深入学习的主要途径,特别是把线上学作为学习的重要手段,网上学、网上测。三是在"做"字上深化。学生支部与村支部、企业支部结对开展关爱特殊学习、协助人大换届等党员活动;勇当先锋,鼓励引导广大党员在创新创业中比做先锋,在学生工作中甘当服务先锋,在业务攻坚中敢做专业先锋。

(三)增强生命力接地气

以学生党建工作为例,学院实施了"四位一体"学生党建工作品牌,围绕学生党员入党前后有效教育评价机制缺失的短板和薄弱环节,因地制宜,充分做好"结合"文章,健全提质增效机制,增强生命力。一是突出技能考量,强化学生职业素养。通过企业家导师论坛、学长实习沙龙等途径提升职业技能,通过敬业为核心的价值观教育活动、走访一流制造业企业感受工匠精神等活动提升职业道德。在发展时,把专业技能竞赛和证书作为考量标准之一。二是迈好学、做"两只脚",加强学生党性修养。"学"字为先,以"党员议事"为主要载体,聚焦焦点热点,开展学习交流;落脚在"做",组织学生党员和入党积极分子开展各类党员微服务。三是念好"三字诀",提升学生人文修养。念好"博"字诀,组织学生参观活动、寻访活动,开拓学生的视野。念好"雅"字诀,开展诗会,朗诵诗歌,提升个人审美品位。念好"家"字诀,邀请学生走上讲台,讲述家乡故事。四是巧借四方力,形成"社会+企业+教师+学长"的学生成长素养提升体系。以"我的经历·你的成长"为主要载体组织邀请企业家和知名校友走进企业家导师论坛,组织教师党员和积极分子讲述成长经历,发挥言传身教的作用,组织党员学长学姐讲述实习经历,发挥朋辈教育作用。

(四)增强自省力有约束

以教工党员队伍建设为例,针对工作运行的"关节点"、内控管理的"薄弱点"、问题多发的"风险点",准确排查风险,完善自我评价管理机制和监督约束机制,增强自省力。一是唤起党员攻坚意识。通过开设讲座学党章知党规,开展亮身份树先锋等活动,唤醒党员身份意识,引导党员以先进的姿态投身到教书育人的第一线。二是组织内涵攻坚行动,按照拉高标杆、补齐短板的要求,组织教工党员查找自身缺点,通过列出问题找到工作不足,每个党员每个支部都开出了整改清单,完善自我评价管理机制。三是凝聚师生监督力量。进一步加强监督力量的整合,特别是凝聚一线师生力量,形成群众监督合力,例如采取邀请部分师生担任廉政监督员、设置意见征集箱等举措,督帮结合开展党风廉政工作。

(五)增强创造力显实效

以党建工作引领专业建设和教学工作为例,学院坚持"围绕教学抓党建,抓好党建促发展",全面实施"创新工场"活动,健全各类激励奖励机制,不断创新"党建＋"教育教学新思路,开拓党建引领专业建设新局面,增强创造力。一是教学科研硕果累累。在做强做大工科学院号召下,教工党支部结合省优势专业、特色专业申报,确定中心工作,在业绩考核中配套奖励机制,充分调动支部党员教师的积极性,将"四有教师"的具体要求落实到专业重点工作中去,为专业发展贡献力量。过去一年,以教工第二党支部为例,顺利完成省高校"十三五"优势专业、省高校"十三五"特色专业申报立项工作;团队党员先后主持10余项省级、市厅级重大科研课题,在核心期刊发表论文多篇,授权发明、实用新型专利10余项,指导学生获全国职业院校技能大赛二等奖以上4项。二是"党建＋"创新项目获点赞好评。创新探索"党建＋"工作融合模式,例如"党建＋志愿服务""党建＋微心愿""党建＋课改"等工作,特别是将"党建＋公益"等活动与"主题党日活动"相结合,促使党员不忘初心与使命,培养出了一支素质高、战斗力强的党员教师队伍,获学校党委部门好评。同时由此带动学院专任教师参与党建科学研究,推动了党建研究热起来。实践证明,脱离专业和学科的实际工作来开展党建工作,会缺乏载体、脱离实际,形成"走过场,搞形式"的不利局面。将党建工作与专业建设、专业发展工作相融合,既解决了党政管理体制分割的问题,又让基层支部工作扎实了,党员素质提升了,责任意识增强了,业务能力进步了,专业和学科建设稳步推进了,成果也就更丰富了。

[参考文献]

[1] 习近平.把思想政治工作贯穿教育教学全过程[N].中国社会科学报,2016-12-09(1).

[2] 陈向群.党的十七大以来基层党组织建设的实践与思考[J].党建研究,2012(8):12-16.

[3] 曾长江.夯实基层基础突出重点抓党建[J].四川党的建设(城市版),2017(8):34.

新时代高职院校党建工作
"对标争先"考量研究

（湖州职业技术学院　亓　嘉）

[摘　要]在高职院校实施"对标争先"建设计划,是落实全面从严治党的创新性举措。通过分析"对标争先"理论的起源与发展,对该理论在高职院校党建工作领域应用的可行性进行考量,继而指出高职院校开展"对标争先"建设提升党建工作质量的五项关键举措,最终提出强化"五个意识"的建设路径。

[关键词]新时代;高职院校;党建工作;"对标争先"

党的十九大以来,以习近平同志为核心的党中央坚定不移地推进全面从严治党,系统架构新时代党的建设总体布局。[1]2018年,教育部党组首次将"对标争先"概念引入高校党建工作领域,针对高校党组织创设了一整套推行方案,重点设计了选树标杆、比对争先、典型培育、经验推广四项工作举措,着眼于党对高校的全面领导、高校党组织的自我革命与自我革新、引领高等教育事业的新发展与新跨越,矢志写好中国高等教育的"奋进之笔"。[2]笔者将结合某职业技术学院全省高校党建工作示范校的建设思路,探寻"对标争先"语境下高职院校党建工作质量提升的有效路径。

一、"对标争先"理论的起源及应用

早在1970年末,美国施乐公司就创造性地在复印机生产营销方面启用对标管理,收获了极佳的实践效果,随后,对标管理理论得到其他商业公司的广泛认可及采用,成为企业推动内部管理以及获得综合水平有效提升的最佳工具,备受西方管理学界追捧,被称作世界三大管理方法之一。该理论的主要概念是指企业在发展过程中,结合自身弱项,寻找标杆企业或标杆部门,以之为目标,通过剖析自身问题、逐一对照分析、学习先进经验、弥补自身差距,最终实现赶超、保持最优状态的良性循环过程。[3]

所谓"对标",就是找到标杆、补齐短板。标杆的确立,有两种方式:其一是将企业中的最

本文获浙江省高职院校党建研究会2019年年会论文二等奖。

[作者简介]亓嘉,湖州职业技术学院党委组织部副部长,讲师,主要研究方向为党的建设理论。

佳表现看作内部标杆,通过与企业自身历史最好水平的纵向比或者与企业内部优秀部门班组岗位的横向比,厘清企业内部机构职能,剖析企业运行面临问题,制定有效整改措施,其优点是标杆选树便捷、资料收集容易,有利于充分挖掘企业管理的深层次问题,但也存在视线狭隘、闭门造车的缺点;其二是将行业中的最优水平看作外部标杆,通过与企业竞争对手的竞争性对标或者与行业一流企业且不存在竞争关系的功能性对标,确定指标值,搜集标杆企业信息,建立数据库,结合自身现状有效提升,其优点是易于把握行业发展方向与企业自身定位,但也存在信息收集的困难。

对标管理理论自 20 世纪末由国内学者引入至今经历了三个发展阶段:第一发展阶段是 20 世纪后 10 年,为"懵懂期"。彼时中国学者将概念引入后,基本就停留在理论层面,国内少数餐饮企业效仿"洋快餐"的连锁发展模式,却没有理论体系的支撑,仅从外在表征做一些效仿,既没有深入实践,更没有成功案例。第二阶段是 21 世纪头 10 年,为"尝试期"。随着我国对外开放的不断深入发展,一些国企央企率先扛起"对标管理"的大旗,形成热潮,但理论研究与实践运用并没能很好地匹配起来,也没能与中国实际相结合。第三阶段是 2010 年至今,为"深化期"。我国工业和信息化部以"质量标杆"活动为抓手,在商品生产、市场营销、后勤保障等环节的企业能力提升方面积累了不少好的做法与成功经验促进了企业间的密切交流,有助于企业提升综合能力,也为其他领域的对标管理提供了参考范本,实践层面的成功还反推学术界持续加强对标管理本土化的理论研究。

二、"对标争先"视角下高职院校党建工作考量分析

当前,我国经济正经历转型发展的关键期,全社会对高职院校服务地方经济社会发展的能力提升都有着巨大期盼,而高职院校的党建工作是一切工作的基础,也是各项工作的核心,理应通过党建工作成效确保教学管理、学生管理、科技创新、后勤服务等各项工作实现新发展。

教育部党组在"对标争先"建设计划中清楚表明,我国高校党组织普遍存在政治功能不强、工作体系不完备、少部分基层组织软弱涣散等问题,[2]而高职院校由于历史渊源、办学条件、师生数量等因素的影响,基层党组织在这些方面的短板问题较本科院校要更为凸显。因此,要从整体上有效提升高校的管理水平与核心竞争力,始终追求卓越,在高职院校党组织全面推行对标管理理念合乎高职教育发展规律,更是势在必行的。

(一)从高职教育的发展方位来看

伴随着改革开放的脚步,我国高职教育从无到有、逐步发展成熟,先后经历了职业教育法贯彻实施、职业教育改革、职业教育体系完善等多个重要节点的雕琢,已然形成了中国特色高职教育的崭新模式,成为服务地方经济社会发展一支重要力量,"排头兵"作用得到充分发挥。[4]党的十九大报告中,明确要求推动我国职业教育和培训体系的发展完善,[1]国务院发出高职院校今年扩招 100 万的号召,教育部启动高职院校"双高计划",身处高职院校的职教人深切地感受到:高职教育的春天已经来了。在这个关键时期,高职院校更要以开放的态

度和宽广的胸襟,抢抓发展机遇,确立标杆院校,通过密切接触、剖析自身、主动比较,矢志学习标杆院校的成功经验和先进做法,提升综合实力,推动高职院校高水平建设、高质量发展。

(二)从高职院校的内外环境来看

高职院校当下的首要任务是外引办学资源、内塑治理结构,全面推进办学现代化,重视育人体系中各项工作的成效,确保办学规模日益扩大背景下人才培养质量的稳步提升,以培育"德行为先、技能为基"的高素质人才来回应全社会对高职院校的最大期盼。在高职院校实施对标管理,之于内部环境,能有效推动高职院校更好地争取外部资源、提升办学条件、加快转型升级,以适应高质量发展的需要,提升人才培养质量;之于外部环境,能紧跟国家高等教育和职业教育的政策导向,在办学自主权不断扩大的背景下,让高职院校逐渐成长为每个细节都被激活、拥有旺盛生命力的主体。

(三)从高职院校的党建质量来看

对标管理理论有助于高职院校党建工作整体质量的提升,特别是针对教育部党组提出的诸项短板内容,可通过党建工作标准化建设予以攻克,实现提升基层组织"组织力"、增强党务干部"履职力"、增加党建品牌"感染力"、磨砺师生党员的"感召力",从而推动高职院校强化全面从严治党、提升办学治校水平,实现新发展。在对标管理过程中,需要高职院校各职能部门和二级党组织领会目标任务,彼此通力协作,确保各项工作有标杆、明差距、补弱项、争先进。

三、以"对标争先"促进高职院校党建工作提质增效的方法探析

将原本运用于企业领域的对标管理理论引入高职院校党建工作,确是一项创造性的举措。所谓"对标",就是要树立标杆、深入比对,是工作的基础;所谓"争先",就是要正视自身、实现赶超,是行动的目标。高职院校党组织开展"对标争先"建设,最关键的就是要审视高职院校党组织"过硬"、二级党组织"到位"、基层党支部"有力"的本质内涵,高职院校党组织要加强顶层设计,当好"指挥官";二级院系党组织要发挥承上启下的关键层级作用,当好"先头兵";基层党支部要在标准化建设指引下夯实各项基础工作,当好"冲锋者"。在"对标争先"过程中,努力挖掘出一批推动"对标争先"建设的先进典型,大力宣传推广,以发挥党员的先锋模范作用。

(一)以"对标争先"推动党建引领发展的核心举措

1.推进基层组织强起来

"强化二级党组织建设",着眼"五个到位",充分发挥其政治核心功能,完善二级院系党政负责人在人才引进、绩效考核等大事要事的"双签制";"强化基层党支部建设",着眼"七个有力",教师支部以党员教师打造优质课堂为抓手,行政支部以转变机关工作作风为抓手,学生支部以学生党员引领文明实践为抓手,推行支部标准化建设,夯实党建基础工作;"强化目

标导向与问题导向",有效开展基层党组织书记抓基层党建述职评议。

2.推进党务干部硬起来

"硬在二级院系党组织书记配强",选拔具备重要岗位经历、具备高级专业技术职务的干部担任,配齐二级院系党组织副书记;"硬在党支部书记选优",按"双带头人"标准选拔教师支部书记,选拔中层干部担任行政支部书记,选拔优秀辅导员担任学生支部书记;"硬在高质量干部队伍培育",打造学历、职称、专业、年龄结构合理的中层干部队伍,举办"读书会""培训班",推动干部挂职锻炼。

3.推进党风廉政严起来

"严格履行党委'主体责任'",以制度为保障,定期分析党风廉政建设情况,打造清廉教育;"严格履行纪委监督责任",确保二级院系党组织纪检委员全覆盖,强化重点领域内部审计;"严格落实中央八项规定精神",抓细抓实监督执纪问责。

4.推进党建研究热起来

"热在党建思政工作有平台",成立学校党建与思政工作研究会;"热在理论研究有阵地",利用学校的学报及自制的学习刊物,开设专门板块,分析成果、体会、经验;"热在党建思政课题申报选送",设立学校党建与思政研究专项课题,给予经费支持。

5.推进党建工作实起来

"实在与学校中心工作结合",召开深改组会议,推动内部治理革新;"实在与教师发展结合",组织教师党员认领改革攻坚项目,培养教师骨干为党员、培养教师党员为骨干;"实在与学生成长成才结合",让学生党员引领校园新风尚,在各方面各领域均发挥先锋模范作用。

(二)高职院校党组织"对标争先"的路径选择

1.认清自身现状,强化自审意识

我国千余所高职院校在成长、发展各个方面情况不一、差异明显,因此"对标争先"的首要任务,是进行彻底的自身检视,梳理查摆学校事业发展中的弱点短板,针对基层党组织思想建设、工作作风、推动工作等方面查明的短板弱项开展"专项检查"、找出"病痛原因"、开出"诊断报告",制定完备的检视问题清单和责任清单。

2.选定标杆院校,强化调研意识

在高等职业教育大发展的当下,设立外部标杆的优势要明显强于设立内部标杆,结合"双高计划"名单,基于院校规模、省属或市管院校、行业企业背景、综合排名等因素考量,选择一家或多家高职院校作为标杆院校,通过文献检索、资料收集、实地调研、座谈交流、个别访谈等形式,掌握标杆院校总体情况,审视标杆院校的品牌特色,从定性和定量两个方面汇总、梳理、保存数据。

3.开展比对分析,强化目标意识

"对标争先"的目标是解决高职院校党建工作的突出问题,获得整体质量的提升,因此在比对环节,重点理应推进党建工作体制机制的完善、基础党务工作的夯实、党建特色品牌的雕琢、党建工作成效的显现。在充分收集或提炼标杆院校的特色工作与经验做法并进行耐心比对的基础上,理性客观地分析存在问题的类型、性质与成因,想方设法获得标杆院校的到场指导,将问题看准、看清、看透,设计对策措施。

4.补齐短板弱项,强化示范意识

在补短板过程中,要做到整改、创建、培育、推广一体推进,要及时将党建工作,特别是在解决政治功能弱化、工作体系不完善、组织生活不规范、基层组织软弱涣散等问题上富有实效性的工作举措,在完善自身过程中,提炼好、总结好做法经验,对其中的亮点进行宣传报道,以营造"对齐标杆、奋勇前行"的良好氛围,实现"争先"的既定目标。

5.建立长效机制,强化发展意识

要将"对标争先"工作中的经验做法固化下来,切实建立起一整套长效机制,更好地落实全面从严治党的要求,取得更多可供借鉴、可做推广的政治成果、发展成果、作风成果、治党成果,搭建起党建工作的"四梁八柱",确保高职院校党建工作有力有序又有效。

综上所述,在高职院校党组织全面推行"对标争先",是深入贯彻新时代党的建设总要求的具体举措,能有效发挥学校党组织、院系党组织、基层党支部的主体作用,以"抓院促系、整校建强"铸魂行动为抓手,推动千余所高职院校党建整体提升、全面过硬,以高质量党建引领高等职业教育实现跨越式发展。

[参考文献]

[1] 习近平.决胜全面建成小康社会夺取新时代中国特色社会主义伟大胜利——在中国共产党第十九次全国代表大会上的报告(2017 年 10 月 18 日)[N].人民日报,2017-10-28(1).

[2] 中共教育部党组关于高校党组织"对标争先"建设计划的实施意见[EB/OL].(2018-05-23)[2020-08-24].http://www.moe.gov.cn/srcsite/A12/moe_1416/s255/201805/t20180524_337018.html.

[3] 沈阳.企业对标管理:如何在第四次工业革命中再造卓越品牌[M].武汉:武汉大学出版社,2018.

[4] 中国特色高职教育发展的方位、方向与方略[EB/OL].(2018-04-08)[2020-08-24].http://www.moe.gov.cn/jyb_xwfb/xw_zt/moe_357/jyzt_2019n/2019_zt8/zjjd/201904/t20190424_379347.html.

融合创新高职院校学生党建
工作载体实践研究

（浙江交通职业技术学院　李金磊）

[摘　要]在新形势下,高职院校学生党建工作面临西方价值体系渗透、抢占网络意识形态高地、传统党建模式跟不上发展等诸多挑战。运用"互联网＋党建"的思维,构建移动学习平台,整合"微党课"教学资源,完善"一二六"运行机制,探索构建学生党建工作"四对接"模式,强化意识形态领域的主导地位,实现"网络党建"向"智慧党建"转型,迈向学生党建工作融合创新新高度。

[关键词]高职院校;学生党建工作;载体

当代大学生作为一个朝气蓬勃、奋发向上的社会群体,承担着民族复兴、国家富强的历史使命,培养每一位大学生成为坚定的共产主义信仰者、忠贞不渝的爱国者,成为中国特色社会主义合格建设者和可靠接班人,具有重要的时代意义和历史意义。新时期,高职院校学生党建工作是高职院校思想政治教育的重要引领,加强学生党建工作亟须将思想教育传统优势同信息技术高度融合,创新学生党建工作载体,增强时代感和吸引力。

一、新时期高职院校学生党建工作面临的挑战

当前,"00后"大学生已经阔步迈进大学校门。作为21世纪的新一代,他们身上曾被贴上各种标签:"捧着手机的草莓青年""网络原住民"……互联网的基因融入了他们的行为与思想,他们追求个性化的表达,也追寻着牢固的价值基座。[1]"他们朝气蓬勃、好学上进、视野宽广、开放自信,是可爱、可信、可为的一代。"[2]当然我们也要看到,新时代高职院校学生党建工作还面临着诸多挑战:

[基金项目]本文为教育部人文社会科学研究青年基金项目"'红色领航'微党课平台运行机制研究"(项目编号:17YJC710040)的阶段性成果。

[作者简介]李金磊,浙江交通职业技术学院讲师,主要研究方向为思想政治教育。

(一)西方价值体系渗透的挑战

经济全球化进程中,文化全球化已成趋势,国际政治格局的变化加速了西方价值体系对大学生的渗透。一些反华势力以"民主、人权"为幌子,对我国社会主义制度进行恶意诽谤和攻击,在意识形态领域对大学生思想教育提出了挑战,有的大学生对社会主义制度认识模糊,对社会主义前途存在疑虑,共产主义信仰发生动摇。能否一如既往地坚定共产主义信念,坚决抵制西方价值体系的渗透,对处于新形势下的大学生来说是一个关乎其成长和发展的关键问题。

(二)信息技术快速发展带来的挑战

信息技术的发展是一把双刃剑。以微信、微博、短视频等为代表的互联网新媒体在给我们带来方便的同时,也潜藏着危机。在信息高度开放、资源高度共享的网络舆论场,鱼龙混杂的信息和掺杂了西方政治意图的有意渗透,使网络意识形态领域的话语权争夺日趋激烈,极大增加了学生党建工作的复杂性和挑战性。由于我国与一些信息技术大国在网络技术方面还存在着差距,这些大国支配着互联网的信息传递,必然带来信息流量和流向的不平等。国内外一些敌对势力、反华分子,经常利用互联网传播信息的快捷性、隐蔽性及广泛性来展开对我国在意识形态范畴的强劲攻势[3]。

(三)传统党建教育模式跟不上发展的挑战

部分高职院校学生入党教育工作模式陈旧,实效性不强。大学生对于党的知识主要通过"两课"和党校培训两个途径获取,而抽象空洞的说教和针对性不强的教育工作模式,使得党的基本知识和理想信念教育游离于师生和社会发展的实际之外。

综上所述,如何将传统学生党建工作和新技术高度融合,增强党建工作的时代感和吸引力,提升学生党建工作成效,是我们迫切需要解决的课题。

二、融合创新高职院校学生党建工作载体的设计策略

(一)加强顶层设计,统筹谋划

推进学生党建工作融合创新,需要学校党委从顶层设计、整体谋划,凝聚各方合力,不断整合资源。通过各部门的大力配合和相互协作,从横向上消除部门间的壁垒,从纵向上畅通、加速上下级间的信息传递,从而为党建工作的创新与实践营造良好环境。

(二)以问题为导向,解决痛点

学生党建工作只有找准问题,摸清需求,才能精准发力。融合创新高职院校学生党建工作载体建设是在调查研究的基础上,找准难点和痛点,对症施策、因材施教。例如,在"红色领航"微党课平台建设过程中,我们经过三次大型调研,撰写了多份研究报告,为不断完善平

台建设奠定了坚实的基础。

(三)以学习科学为指引,创新实践

通过跟踪学习科学的前沿研究成果,为构筑"红色领航"微党课平台提供深厚的理论积淀。不同于传统的应试教育模式,深度学习强调借助具有整合作用的实际问题激活深层动机,展开切身体验和高阶思维,促进深度理解和实践创新,进而对学习者产生深远的影响。加强课内与课外的结合,促进学生知行合一,强化知识、能力、价值观"三位一体"的发展。

三、高职院校学生党建工作载体创新与实践

针对高职院校党建与思政教育工作的新挑战,运用"互联网+党建"的思维,结合大学生思政教育工作规律和特点,我们策划并开发"红色领航"微党课移动学习平台。通过几年实践,我们探索构建了传统与创新相结合的"红色领航"党员深度学习模式,并编写了与之配套的"新形态教材"。"红色领航"微党课平台项目荣获浙江省第七轮全省机关党建工作优秀创新成果奖,并立项教育部人文社科青年基金项目,《"红色领航"入党教程》立项浙江省十三五"新形态"教材。

(一)搭建学习载体,优化学习环境

搭建"红色领航"微党课移动学习平台。"红色领航"微党课平台以模块化对象为导向搭建动态学习环境(Moodle),包括课程管理、学习资源、学习活动、学习评价、学习交互五大模块(见图1),囊括了党课教学需要的大部分功能,为实现党员教育提供了强大和丰富的技术支持[4]。"红色领航"微党课平台将用语言、文字、图片、动画、微电影、短视频等多媒体方式言简意赅地阐述理论知识,以加深学习者的理解,为学习者提供事实知识,激发情感认同,融入价值观点,达成视觉传播的吸引、感染和接受的效果。

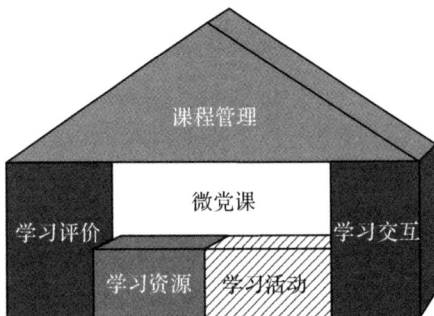

图1 "红色领航"五大功能模块

编写"红色领航"新形态教材,实现线上线下混合式教学的有效联结。在教育信息化背景下,传统的课堂教学模式及学习方式正在悄然发生变化,仅以纸质教材为媒介的课堂教学载体已不能适应当前的教育需要,纸质教材与数字化资源一体化的新形态教材成为必然。新形态教材,是基于移动互联网技术、通过二维码或增值服务码将纸质教材、在线课程网站

和教学资源库的线上线下教育资源有机衔接起来。依托已获得立项的教育部人文社会科学青年基金项目"'红色领航'微党课平台运行机制研究",充分运用"红色领航"微党课平台,我们将传统纸质文本与互联网教育资源有机结合,通过扫描二维码开展"微案例""微测验""微课堂""学习强国""党课随身听"等教学,融合创新高职院校学生党员教育新载体,使学生可以一键获得音频、视频、文字等多种媒体的学习资源。

(二)整合学习资源,精心设计模块

"红色领航"微党课平台设立了党史教育、信仰教育、党章学习、专题学习、时政要闻、志愿服务、在线考试等主题和内容(见图2),有效整合了党员教育资源。"红色领航"微党课平台通过生动活泼的视频形式,传递党的各项基础知识及理论,为党员提供定期学习的"移动教材",并定期组织党员进行在线测试,可以及时了解党员在发展过程中理论知识的掌握情况。"红色领航"微党课平台作为一种新型的教育信息资源的汇集教学形式,以其主题突出、短小精悍、交互性好、应用面广等特点被广大党员高度认同。同时,组建资源开发团队,大量运用图片、动画、微视频等多媒体作品提供事实知识,激发情感认同,融入价值观点,提高学习资源观赏性、教育性和吸引力。

图2 "红色领航"微党课平台手机学习界面

新形态教材激活学生党课学习的深层学习动机,促进学生对党的理论和知识的深度理解,培养学生的辩证思维、抽象思维和创造性思维等高阶思维。教材以一个贯穿全书的当代大学生形象(红小航),以第一人称视角,提出关于理想信念、政党知识、形势政治等一系列问题和困惑;通过扫描二维码学习线上的"微案例""微测验""微课堂",参与线下的"微研讨""微调研";通过线上线下相结合的"微反馈""微评价",在团队合作与交流中寻找解决问题的途径和方法。同时,教材结合"红色领航"平台设计的电子勋章系统,对参与学习的读者予以及时的奖励与反馈。通过加入团队、完成任务、参与研讨、线下实践、收集勋章,提高学生的

参与度,培养学生主动思考的意识,激发学生党课学习的深层学习动机,促进学生对党的理论和知识的深度理解。

(三)完善运行机制,运用多种策略

探索推进线上线下相结合、传统与创新相结合的"一二六"运行机制,即"一个平台,两个体系,六个环节"。一个平台,即"红色领航"微党课平台;两个体系,即课堂显性教学体系和课外隐性教学体系;六个环节,即设计并实施"任务引导、自主学习、课堂答疑、实践锻炼、检测考核、总结归纳"这六个教学环节。

在做好"红色领航"平台辅助教学的基础上,我们成立了学生社团"习近平新时代中国特色社会主义思想研究会",充分利用学习平台上的各种学习资源,在专业教师的指导下,组织开展内容新颖、形式多样的社团活动,诸如志愿服务活动、党的十九大知识比赛、时政课堂等,推进课堂显性教学体系和课外隐性教学有机结合。同时,在意识形态教育中,运用多种深度学习发展策略(见图 3),加强基于问题、项目、现象、案例的线上线下相结合的教学方法创新,将平台上的视频知识展示与书本知识讲授相结合,增强课程讲授的趣味性与生动性,使线上学习与线下学习相得益彰。

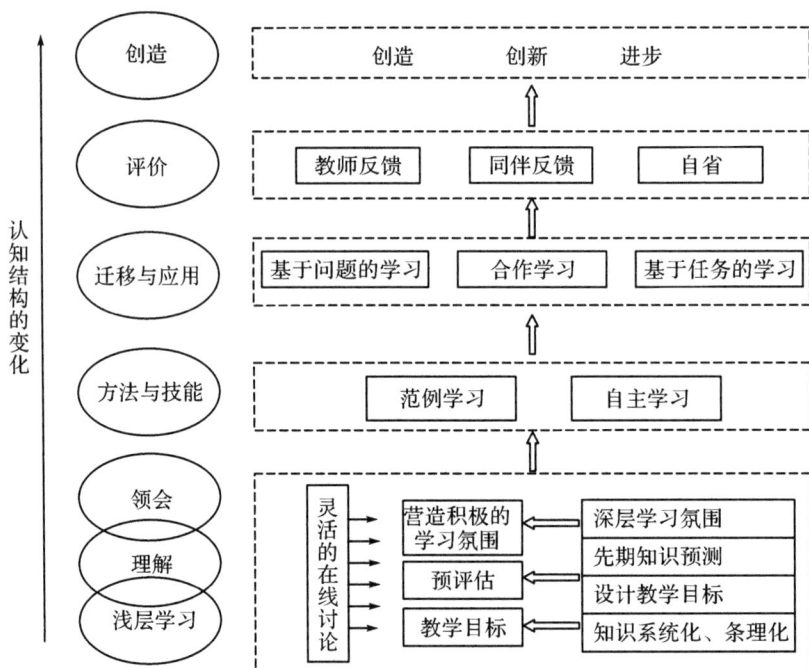

图 3 深度学习发展策略[5]

四、融合创新高职院校学生党建工作的主要成效

(一)构建学生党建工作"四对接"模式

学校高度重视党建工作,不断强化专题教育,形成了有效抓手。通过几年的积累和完善,学校逐步形成了"党建工作与学校发展大局对接,与育人工作对接,与服务师生对接,与学生校外实践对接"模式。"四对接"模式通过学校开展的移动学习平台牢牢地链接在一起。学校党建工作"四对接"模式使党建工作形成了有效抓手,对推进学校教育教学工作起到了积极的推进作用。

(二)强化意识形态领域的主导地位

互联网的虚拟性、开放性特征,使其传播的信息良莠难辨,对党员的思想认识造成较大负面影响,给党建工作带来严峻挑战。此种情况下,学校充分认识到利用移动学习平台做好党的思想建设、政治建设、作风建设的重要性,进一步增强广大党员的政治意识、大局意识、核心意识、看齐意识,坚持马克思主义在意识形态领域的指导地位,坚定对中国特色社会主义的信心,始终保持先进性,强化学校意识形态工作主导地位。

(三)形塑多维度"立体党建"新形态

由于互联网可以打破时间和空间的界限,党组织活动不必在特定的时间、空间内进行,这使党组织活动维度无限延伸,由实体空间拓展到虚拟空间,极大拓展了基层党组织的活动领域,让在职党员和流动党员有了更为便捷的组织参与条件。本着"哪里有党员,哪里就有党组织"的原则,充分运用平台,构建立体化的党建工作体系,建立一整套完善的网上党员培训系统,通过平台载体,为党员提供自主式、定单式、菜单式、点播式的学习培训方式,依托互联网能够打破时空界限和身份壁垒的特点,把不在同一空间、时间但具有同一目标、属性、特性的党员凝聚在一起,形成多维度立体化的教育结构,充分利用平台辐射功能,融入党员的生产生活和行为方式中,增强党在大学生中的影响力和向心力。

(四)实现"网络党建"向"智慧党建"转型

"互联网+"是全面深化改革的技术引领,具有特有的大数据功能优势,充分运用平台数据分析手段,对基础数据进行采集、分析、管理、开发和运用。自平台上线以来,至今共上传视频 462 个,总时长达 5320 分钟,视频点击率已达 10 万余次。同时调查显示,75% 党员认为对学习有很大的帮助;95% 的党员认可该平台的学习资源;80% 党员对其充满期望,认为学习更自主方便,可以随时随地学习,比较方便和轻松;78% 的党员认为"红色领航"微党课平台的交互性有利学习质量的提高。"红色领航"微党课平台让"网络党建"向"智慧党建"换挡升级,实现党员、入党积极分子的动态管理的网络化、系统化、智能化。

(五)迈向学生党建工作融合创新新高度

近年来,在学校党委的重视下,学生党建与思想政治教育创新与研究取得了一批成果和荣誉,有 15 名党员和党务工作者、多个基层党组织荣获省交通运输厅、省教育厅颁发的先进荣誉称号。学校注重思想政治教育创新与研究,近年来,党建工作研究获得教育部人文社科青年基金课题 2 项,浙江省社会哲学规划课题 1 项,浙江省教育厅思想政治教育课题 6 项,浙江省高职院校党建研究会重点科研项目 2 项,同时还有其他党建和思想政治教育课题 30 多项。

[参考文献]

[1] 赵婀娜.期待"00 后"书写青春精彩[N].人民日报,2018-09-04(9).

[2] 潘旭涛.习近平寄语青年[N].人民日报,2017-05-03(5).

[3] 蔡晓平.网络时代高校学生党建工作面临的挑战及对策[J].黑龙江高教研究,2008 (5):103-105.

[4] 李金磊.基于智能移动终端的"微党课"学习平台的构建——以浙江交通职业技术学院"红色领航"平台为例[J].山东商业职业技术学院学报,2016,16(1):77-80,126.

[5] 景红娜,陈琳,赵雪萍.基于 Moodle 的深层学习研究[J].远程教育杂志,2011(3): 27-33.

第二编

思政理论探索

基于"四个正确认识"的高校思政课育人动向嬗变的研究

（浙江舟山群岛新区旅游与健康职业学院　吕青云）

[摘　要]"四个正确认识"以二元对照形式对新时代思想政治教育工作提出了新目标、新要求、新任务，使思想政治理论课教学研究和创新动向产生了嬗变。因此，根据"四个正确认识"指导，在立德树人根本目标的指引下，研究课程教学立足点、教学重点、教学难点和教学任务，整合教学内容、创新教学模式、改革教学评价、开拓教学渠道，对于我们回答好新时代"三个提问"，增强教学实效，实现思想政治理论课育人目标具有重要价值。

[关键词]"四个正确认识"；思想政治理论课；育人动向；嬗变

新时代思想政治教育关系着大学培养什么人、为谁培养人、怎样培养人这"三个提问"的根本解决。2016 年 12 月 7 日—8 日，习近平总书记在全国高校思想政治工作会议上提出"四个正确认识"，即要教育引导学生正确认识世界和中国发展大势，正确认识中国特色和国际比较，正确认识时代责任和历史使命，正确认识远大抱负和脚踏实地。[1]2019 年 3 月 18 日，习近平总书记在学校思想政治理论课教师座谈会上指出，"用新时代中国特色社会主义思想铸魂育人，贯彻党的教育方针，落实立德树人根本任务"，再次强调了思想政治理论课教学的重要性。因此，新时代思政课程教学应该以"四个正确认识"来强化教学重点化解教学难点，整合教学内容、创新教学模式、改革教学评价、开拓教学资源、增强教学实效，实现"新时代中国特色社会主义思想铸魂育人"目标。

一、中国梦：思政课育人立足点的嬗变

中国梦是立足马克思主义揭示的世界与人类社会发展规律，总结世界社会主义运动成功经验和失败教训以及中国改革开放和新时代中国全面发展与矛盾变化基础上，提出的全体中华儿女共同奋斗目标。中国梦教学就是立足中国革命和建设的历史与实践，改革开放

本文获浙江省高职院校党建研究会 2019 年年会论文一等奖。

[作者简介]吕青云，浙江舟山群岛新区旅游与健康职业学院思政教研室主任，讲师，主要研究方向为公民人格教育。

的重大成就和中国特色社会主义最新理论和实践基础上,教育和引导学生正确认识人类社会发展规律和中国历史、现实和未来,从思想上廓清错误认识或观念,树立民族自信心、自豪感。习近平总书记指出,思想政治教育要教育引导学生"从我们党探索中国特色社会主义历史发展和伟大实践中,认识和把握人类社会发展的历史必然性,认识和把握中国特色社会主义的历史必然性,不断树立为共产主义远大理想和中国特色社会主义共同理想而奋斗的信念和信心"[2]。开展中国梦教学是新时代思想政治理论课教学模式和方法创新、实践和内容强化、管理和评价改革的立足点,因此,必须加强学生对中国梦的价值意蕴、丰富内涵、实践意义的理解和引导。一是加强中国梦价值意蕴的教学。中国梦是中国发展进入新时代更加接近"两个一百年"目标,面临新形势、新挑战、新任务以及社会矛盾的变化,立足中国发展取得多方面成就的基础上,对全体中国人实现民族复兴而做出的努力奋斗的未来规定。二是加强中国梦丰富内涵的教学。习近平指出,"现在,大家都在讨论中国梦,我以为,实现中华民族伟大复兴就是中华民族近代以来最伟大的梦想"[3]。"中国梦的本质是国家富强、民族振兴、人民幸福。"[4]深化中国梦教学,需要教师从时代背景、社会矛盾、国际挑战以及与其他理论范畴之间的关系开展教学,帮助学生自觉理解中国梦包含的内容以及与其他理论范畴之间的联系与区别,自觉学习党和国家的大政方针政策,廓清一些错误认识,在思想上、行动上与党和国家保持高度一致。三是加强对中国梦实践意义的教学。中国梦教育作为提高学生思想素质的切入点,必将对学生的学习与实践产生积极意义。

二、"四个自信":思政课育人教学重点的嬗变

新时代思想政治理论课教学的重点任务就是要教育和引导学生"正确认识中国特色和国际比较,全面客观认识当代中国、看待外部世界"[5],"引导学生增强中国特色社会主义道路自信、理论自信、制度自信、文化自信,厚植爱国主义情怀,把爱国情、强国志、报国行自觉融入坚持和发展中国特色社会主义事业、建设社会主义现代化强国、实现中华民族伟大复兴的奋斗之中"[6]。"四个自信"教育是实现培育思想合格、担当民族复兴大任的时代新人的必然要求。中华人民共和国成立 70 周年的实践证明,受马克思主义理论指导的中国自觉选择了中国特色发展理论、发展道路、发展制度、发展文化,在经济、社会、文化、科技、生态建设等方面取得了显著成就,国际地位不断提高,国际话语权不断增加。相反,循着原先道路发展的西方国家暴露出了无法克服的缺陷,即经济发展乏力、暴力恐怖主义横行以及文化冲突不断等问题。对比中国与世界其他国家的发展模式或轨迹,充分说明中国道路、理论、制度、文化选择的科学性与正确性。思想政治理论课教学应通过比较教育和引导学生明确中国特色社会主义选择的科学性、正确性和必然性,认清"四个自信"的时代价值、现实意义以及严密的逻辑关系。

一是"四个自信"的时代价值。"四个自信"是基于实现中华民族伟大复兴目标中国梦与新时代中国特色社会主义建设面临的机遇与挑战,以及"五位一体"建设的现状与任务,而确立的对当前中国与未来发展的信念、信心要求。"四个自信"的时代价值教学可以为中国特色社会主义的伟大实践指明方向,提供行动指南,为巩固制度保障和焕发精神动力实现伟大

梦想开创光明前景。二是"四个自信"的现实意义。"四个自信"即中国人民对发展道路、理论、制度、文化的确信,既包含了对中国历史、所取得的成就的自觉认同,也包括了对未来中国发展必将取得全方位突破,从而实现中华民族伟大复兴的信心与自豪感。教育和引导学生正确理解中国特色社会主义道路的正确性、理论的科学性、制度的优越性和文化的先进性所蕴含的理论与实践内涵,在复杂国际环境中正确比较中国特色和国际差别,廓清错误认识,自觉抵制国际反华势力的不实言论,可以帮助学生坚定"四个自信",树立民族自信心。三是"四个自信"严密的逻辑关系。围绕"四个自信"的逻辑关系以及与其他理论范畴之间的关系开展教学,可以帮助学生坚定在更加开放的民族未来和人类命运共同体建设中增强民族在世界舞台中的话语权自信心。

三、责任意识:思政课育人教学难点的嬗变

所谓责任意识是指青年实现中国梦、践行社会主义核心价值观行动时自觉自律的情感、意志、能力,本质上是青年如何正确处理个人发展与国家发展、民族振兴关系的能力意识。习近平总书记指出要教育引导学生"正确认识时代责任和历史使命,用中国梦激扬青春梦,为学生点亮理想的灯、照亮前行的路,激励学生自觉把个人的理想追求融入国家和民族的事业中,勇做走在时代前列的奋进者、开拓者"。[7] 因此,责任意识的培育对于大学生成长和社会发展具有重要价值。

首先,青年的责任意识是民族发展的原动力。"历史和现实都告诉我们,青年一代有理想、有担当,国家就有前途,民族就有希望,实现我们的发展目标就有源源不断的强大力量。"[8] 正是有了青年不断开拓奋进、锐意创新、理性爱国、热爱自由、追求独立的精神,才有了新时代面临复杂挑战背景下中国国际地位的迅速提升。其次,责任意识是大学生对中国梦自觉认同的保证。大学生对中国梦的自觉认同起到凝聚力量、坚定信心、克难攻坚的作用并决定着这一目标能否最终得以实现。"没有广大人民特别是一代代青年前赴后继、艰苦卓绝的接续奋斗,就没有中国特色社会主义新时代的今天,更不会有实现中华民族伟大复兴的明天。"[9] 再次,责任意识是大学生践行社会主义核心价值观保证。青少年时期处于世界观、人生观和价值观形成的关键时期,"大学生能否扣好人生的第一颗扣子"决定着他今后人生的每一个阶段,决定着社会主义核心价值观能否被他们真信、真接受。最后,责任意识培育是大学生适应复杂意识形态环境的要求。培育责任意识是做到"四个自信"的精神动力,有助于大学生坚定信心正确应对国内外各种挑战,保持镇定与适应复杂环境,克服诱惑,廓清各种错误认识;促使他们在学习和生活中自觉学习马克思主义理论,高举中国特色社会主义旗帜,对比中国和外国的发展成就,把握正确舆论导向,接受主流思想舆论,自觉抵制互联网上的不实言论或错误言论。

但是,随着国内外各种挑战的出现——迅速发展的科技对校园生活的渗透、多元化价值观的交叉影响、青年"亚文化"的迅速发展以及国外反华势力无时无刻的引诱与误导,一些大学生在国家政治和经济发展的重大事件中罔顾社会需要与社会利益,同时,在日常生活中又过于看重个人需要和个人利益,缺乏责任意识。因此,围绕责任意识开展的思想政治理论课

教学，一方面有助于学生正确理解时代赋予的责任与要求，在学习、生活中以社会主义核心价值观为行动指南，自觉自律提高自身的政治素质和思想道德修养，提升专业能力和综合素质，承担起实现中华民族伟大复兴的重任，另一方面有助于高校通过课程、制度、文化等建设创新育人理论、手段或方式、途径，发挥制度或资源优势，开展思想政治教学改革。

四、务实笃行：思政课育人教学任务的嬗变

务实笃行是指学生正确理解远大抱负与脚踏实地的关系，处理好把握机遇和努力学习的关系，在正确的时间里不断求得真学问、练就真本领，用伟大的理想信念指导行动，踏踏实实地学习，理性地行动，用平常心来看待前进道路中出现的困难挫折，增长知识和本领，成为祖国需要的有为青年。习近平总书记指出，要教育引导学生正确认识远大抱负和脚踏实地，"珍惜韶华、脚踏实地，把远大抱负落实到实际行动中，让勤奋学习成为青春飞扬的动力，让增长本领成为青春搏击的能量"[10]。思想政治理论课务实笃行教育要注重对学生的引导，使其在实现个人和社会理想过程中能处理好理想与现实、理想与个人努力、理想与脚踏实地等方面的关系，消解存在于青年群体中各种"亚文化"，如"丧文化""佛系"对学生的消极影响。

第一，理想与现实的密切联系。理想与现实是对立统一关系。当下的青年大学生身处国家快速发展的重要机遇期，拥有更加富裕的物质与精神生活、和谐稳定的社会环境，更加容易实现个人梦想。实现中华民族伟大复兴的远大理想需要大学生有清醒的头脑和坚强的意志，把握好时代责任，正确看待理想与现实中存在的问题或矛盾，克服各种困难，付出艰辛和努力，扎扎实实做事、踏踏实实做人，一步一个脚印，不断调整心态，努力过好人生中的每一个阶段、每一天。"不要顺利的时候，看山是山、看水是水，一遇挫折，就怀疑动摇，看山不是山、看水不是水了。"[11]

第二，理想与个人努力的密切联系。理想是社会、个人努力目标和价值取向，集体与个人的辛勤付出则是目标得以最终实现的前提。中华民族辉煌发展的历史、近代以来波澜壮阔的革命和中华人民共和国成立70周年的建设经验以及改革开放的实践告诉我们，在一个伟大的党领导与正确的目标指引下，我们有能力和信心不断克服各种困难，改革创新、锐意进取，在经济、政治、文化、社会、科技、生态建设上取得成功。"只要中国人民和中华民族勇于为改变自己的命运而奋斗牺牲，我们的国家就一定能够走向富强，我们的民族就一定能够实现伟大复兴！"[12]

第三，把握机遇和努力学习的密切联系。当前的中国特色社会主义建设成果、良好的社会环境是几辈中国人付出巨大牺牲和艰辛努力的结果，为广大学生的个人成长和事业成功创造了大好机遇，同时，也对他们正确认识我们来之不易的好日子，维护好社会稳定发展的大好环境，把握住大好机遇，提高思想道德素养、提升能力和增强创新意识提出了新要求。"青年有着大好机遇，关键是要迈稳步子、夯实根基、久久为功。心浮气躁，朝三暮四，学一门丢一门，干一行弃一行，无论为学还是创业，都是最忌讳的。"[13]因此，要教育好学生如何借国家发展之东风增强学习意识，不断提高对中国特色社会主义的认识和理解，提高思想素

质,提升专业能力水平和职业素养,为今后服务社会、实现人生价值做充分准备。

[参考文献]

[1][2][5][7][10] 习近平在全国高校思想政治工作会议上的讲话[N].人民日报.2016-12-09(1).

[3][4] 习近平谈治国理政(第一卷)[M].北京:外文出版社.2018:36-56.

[6] 习近平.用新时代中国特色社会主义思想铸魂育人 贯彻党的教育方针落实立德树人根本任务[EB/OL].(2019-03-18)[2020-8-04].http://www.xinhuanet.com//video/2019-03/18/c_1210085510.htm.

[8] 习近平:在同各界优秀青年代表座谈时的讲话[EB/OL].(2013-05-04)[2020-8-04].http://news.xinhuanet.com/politics/2013-05/04/c_115639203.htm.

[9][12] 习近平.在纪念五四运动100周年大会上发表重要讲话[EB/OL].(2019-04-30)[2020-8-04].http://www.xinhuanet.com//politics/2019-04/30/c_1124437046.htm.

[11][13] 习近平.青年要自觉践行社会主义核心价值观——在北京大学师生座谈会上的讲话[EB/OL].新华网.2014-05-05.http://www.xinhuanet.com/politics/2014-05/05/c_1110528066_2.htm.

五四精神的理论品质、四维向度与当代传承

（浙江国际海运职业技术学院　刘笑菊）

[摘　要]五四运动距今已有100年,但运动中所倡导的五四精神在当代仍熠熠生辉。作为理论建构的特质,它是仰望星空、勇于担当的精神,脚踏实地、求真务实的精神,勇立潮头、乐于奉献的精神,勇于探索、改革创新的精神。对于五四精神,应始终从逻辑的维度、历史的维度、发展的维度、时代的维度进行全方面、全方位的把握,通过对五四精神的传承,培养当代青年的历史责任感、社会责任感与时代责任感。

[关键词]五四精神;理论特质;四维向度;青年

习近平总书记在纪念五四运动100周年大会上的讲话中强调,中国青年无论过去、现在还是未来,始终是实现中华民族伟大复兴的先锋力量! 党的十九大报告提出到21世纪中叶把我国建设成为富强民主文明和谐美丽的社会主义现代化强国的发展战略目标。这一目标的实现需要我们付出更多、更为艰苦的努力。"今天,新时代中国青年处在中华民族发展的最好时期,既面临着难得的建功立业的人生际遇,也面临着'天将降大任于斯人'的时代使命。新时代中国青年要继续发扬五四精神,以实现中华民族伟大复兴为己任,不辜负党的期望、人民期待、民族重托,不辜负我们这个伟大时代。"[1]

100年前爆发的五四运动是中国近现代史上一个具有划时代意义的重大事件,习近平总书记在中共中央政治局第十四次集体学习时强调,五四精神是五四运动创造的宝贵精神财富,我们必须纪念五四运动,而"广大青年对五四运动的最好纪念,就是在党的领导下,勇做走在时代前列的奋进者、开拓者、奉献者"[2],在五四精神的激励下,传承爱国、进步、民主、科学的五四精神,培养历史责任感、社会责任感和时代责任感,紧紧抓住机遇和机缘,努力拼搏奋斗,为夺取新时代中国特色社会主义伟大胜利、为决胜全面建成小康社会、为振兴中华谱写豪迈的青春乐章。

本文获浙江省高职院校党建研究会2019年年会论文一等奖。

[作者简介]刘笑菊,浙江国际海运职业技术学院副教授,主要研究方向为思想政治教育。

一、五四精神的理论特质

理论特质必须在特定时代背景下,与特殊的事件相联系,符合某些形式标准。学者们就此进行了理性的理论思考,深入探析五四精神,发现其具有鲜明的四大理论特质。

(一)爱国——仰望星空、勇于担当的精神

爱国主义是五四精神的精髓,也是贯穿五四运动的一条主线。100 年前,一个任人宰割的国家,在内忧外患、民族危亡的时刻,一群爱国爱家的热血青年,在巴黎和会外交失败的新闻传来时,愤慨万分,于 5 月 4 日下午 1 时许汇集于天安门前举行了声势浩大的游行示威,喊出了"头可断,青岛不可失""誓死力争"的爱国口号,奏响了浩气长存的爱国主义壮歌,彰显了勇于承担、敢于斗争的崇高爱国情怀,更是体现了"国家兴亡,匹夫有责"的爱国精神。

"历史和现实都告诉我们,青年一代有理想、有担当,国家就有前途,民族就有希望,实现我们的发展目标就有源源不断的强大力量。"[3]100 年前的五四青年仰望星空,怀揣追求真理、实现价值、报效祖国的理想信念,推动中国社会的发展。今天,我国已经迈入新时代,虽然不同的时代会赋予爱国主义不同的内涵,但爱国主义精神已深深植根于中华民族的血脉中,去不了、打不破、灭不了,成为民族精神的核心和中国精神的重要组成部分。因而,在新时代的背景下,当代大学生不仅要传承、弘扬五四爱国主义精神,高举爱国主义旗帜,更要赋予爱国主义新的内容,以更坚定的理想信念、更深厚的爱国情怀、更强烈的责任担当成为推动社会发展进步的主力军。

(二)民主——脚踏实地、求真务实的精神

中国是从半殖民地半封建社会发展而来,没有经过完备的资本主义发展阶段,因而,中国民族资本主义的发展需要一个思想上的启蒙运动为它开辟道路。五四前夕的新文化运动,就是思想上的启蒙运动。随着"一战"期间中国资本主义的进一步发展和社会矛盾的进一步激化,一场启封建之蒙、催促青春中国诞生的新文化运动便应运而起了。《新青年》杂志的创办是新文化运动兴起的标志,《新青年》提出了民主和科学的口号,并认为只有民主和科学才能救治中国政治上、道德上、学术上、思想上的一切黑暗。几千年的封建统治和将近八十年的半殖民地半封建统治使中国根本就无民主可言。民主不仅仅是政治制度的民主,而且是更广泛的民主观念和民主精神。《新青年》得到了人们的青睐,读者们称《新青年》为青年界之"明星""良师益友",五四运动倡导民主,唤醒了中华民族,人们开始追求民主和自由,五四青年成为推动社会主义民主进步的重要力量。

蔡元培先生曾说:"一个真正的民主国家是建立在民众的良好的民主意识上的。民主宪政是世界发展的潮流,但民主意识淡薄一直是困扰中国进步的问题;精英人士为之叹息,保守人士以之为借口,拒绝民主。"[4]从中华人民共和国成立到今天,中国的发展取得了举世瞩目的成就,从站起来到富起来再到强起来,我国的民主法制建设也随之取得了巨大的成就,但我国的社会主义民主政治还需要不断地发展和完善。民主不仅是一种基本的政治制度,

也是一种政治信仰。五四运动的先驱们为了中国的民主发展大胆尝试、勇于探索,作为新时代的青年更应自觉传承五四精神,从中国的国情出发,以脚踏实地、求真务实的精神探索有中国特色的社会主义民主制度,坚定不移地走有中国特色的社会主义民主道路。

(三)科学——勇立潮头、乐于奉献的精神

中国作为四大文明古国之一,曾经是世界大国、强国,无论是在军事、科技、经济、政治,还是在文明、艺术等方面都遥遥领先于其他国家。可是,到了近代,中国却在外敌的入侵中屡战屡败,不仅丧失了世界地位,甚至主权也开始一步步沦丧。巴黎和会上中国外交的失败告诉我们:弱国无外交。弱国之所以弱,主要弱在科技上,陈独秀认为:"近代欧洲之所以优越他族者。科学之兴,其功不在人权说下,若舟车之有两轮焉。"[5]五四运动的先驱们从近代欧美资本主义发展史中深刻认识到,一切发展都得益于"科技之兴",因此,科学成为五四运动高举的另一面伟大旗帜,五四青年在运动中追求真理,倡导科学,用科学的思想来武装自己,指导整个运动,在运动中实现报国之志、救国之责。

五四运动唱响的科学精神,虽然是针对当时的封建制度,目的是清除封建迷信糟粕,但它所倡导的相信科学知识、依靠科学理论、学习科学技术、弘扬科学精神在实现中华民族伟大复兴的今天仍然熠熠生辉。五四以来,从李大钊、陈独秀到邓稼先、钱学森再到屠呦呦、黄大年等,这些思想先驱、科学巨匠为国家富强、民族复兴、人民幸福孜孜以求、默默奉献,这种追求真理、严谨治学、乐于奉献的科学精神是我们民族精神的体现。新时代,我们国家的发展面临新的机遇和挑战,新的科技革命在竞争中孕育,当代青年必须弘扬五四精神,在全面建设小康社会和实现中国梦的关键时期,刻苦求学、拼搏奋斗、奋勇担当,以广博的基础知识、精深的专业知识、扎实的业务能力做科学的探索者;以勇立潮头、精益求精、甘于奉献的精神做发展的推动者;以报国之志、兴国之志、强国之志做时代的奋进者。

(四)进步——勇于探索、改革创新的精神

五四运动是中国历史发展上具有划时代意义的事件,这是一场彻底的反帝反封建的爱国运动,不仅直接影响了中国共产党的诞生和发展,更是成为旧民主主义革命和新民主主义革命的分水岭,开辟了 20 世纪中国历史的新纪元。五四运动发生在特殊的历史时期,五四青年以强烈的责任意识,走在时代的最前端,以敢想、敢干、敢于探索、敢于改革创新的精神救国救民于危难之中,自觉地将自己的理想信念追求与推动社会变革发展相结合,促进国家走向独立并不断向前发展。

五四精神是一种爱国主义精神,也是一种革命精神,激励着一代又一代中国青年追求进步和光明。今天的中国正在实现从大国向强国的转变,历史告诉我们,把我国建设成为社会主义现代化强国是一项长期任务,需要一代又一代的青年前仆后继、努力拼搏。习近平在北大师生座谈会上指出,从五四运动到中国特色社会主义进入新时代,中华民族迎来了从站起来、富起来到强起来的伟大飞跃,"当代青年是同新时代共同前进的一代。我们面临的新时代,既是近代以来中华民族发展的最好时代,也是实现中华民族伟大复兴的最关键时代。广大青年既拥有广阔发展空间,也承载着伟大时代使命"。[6]因此,当代青年应以五四精神为动力,以青春之我、奋斗之我,培养自己为国为民的责任意识,以报国之心做事业的搏击者,以勇于探索、改革创新的精神为民族复兴铺路架桥!

二、五四精神的四维向度

思想决定行动,思维决定行为。五四运动100年来,我们以更加宽广的视野审视五四精神,传承五四精神,实现五四精神在当代的新发展。

(一)逻辑的维度

五四运动中形成的五四精神是一个内涵丰富、结构严谨、层次分明的逻辑体系。"一战"结束后,中国以战胜国身份参加巴黎和会,但列强所操纵的巴黎和会,不顾作为战胜国的中国政府和国民的意志,与日本帝国主义相勾结,把山东问题交给日本支配,从而激起了全中国人的愤怒。五四青年为了维护国家民族利益,举行了声势浩大的示威游行,整个中华民族也在五四运动中被唤醒,人们高举民主和科学两面旗帜,运用科学的武器反对封建迷信,同各种反科学与伪科学进行斗争,尤其是五四青年始终走在时代的前列,以爱国之心、报国之志推动了社会的进步。

爱国主义是五四精神的源泉,思想界的先进分子,尤其是先进青年知识分子,面对中国在巴黎和会受屈辱的情形,以及曹汝霖等觍颜媚日的行为,立即以责无旁贷的爱国精神决定举行学生大会,血书"还我青岛"以及"中国是中国人的中国""内惩国贼,外抗强权"等标语,举行声势浩大的示威游行,揭开了五四运动的序幕。行动需要思想的引领,进化论"物竞天择,适者生存"思想的传播让人们明白弱国终将被强国所灭,号召国人一定要积极进取、自强不息。《新青年》提出民主和科学两大口号,强烈反对孔教、礼法、贞节、旧伦理、旧宗教,反对封建八股,要求打倒吃人的礼教,彻底破除封建迷信,使真正的科学兴旺发达起来,引导人们推动社会进步。五四运动前启蒙运动所创造的百家争鸣局面,为马克思主义在中国的传播开辟了道路;五四运动后的新文化运动中,马克思主义在思想领域逐渐占据了主导地位,成为革命和反帝的武器。中国的革命迫切需要马克思主义的指导,在李大钊、李达等一批思想界前驱的介绍和研究下,当时包括先进青年在内的一些知识分子,开始接受马克思主义并宣传这一学说。马克思主义作为科学的指导思想在中国传播以后,使中国人民的反帝斗争进入了理性认识阶段,因此,科学和民主是五四精神的重要内涵。五四运动促进了民族的觉醒、推动了社会的发展,使中国的旧民主主义革命转变为新民主主义革命,所以说进步是五四精神的宗旨。爱国、民主、科学、进步相互联系、相辅相成,共同构成了五四精神的核心内容。

(二)历史的维度

恩格斯说:"历史从哪里开始,思想进程也应当从哪里开始。思想进程的进一步发展不过是历史过程在抽象的、理论上前后一贯的形式上的反映。"[7] 五四精神形成于100年前的五四运动,我们应重温那段历史、重温那段激情燃烧的岁月,从历史的维度去解读五四精神、弘扬五四精神、践行五四精神。习近平总书记强调研究五四运动的历史意义和时代价值,要坚持大历史观,把五四运动放在中华民族 5000 多年的文明史中来认识,看到五四运动前的启蒙运动涉及范围非常广泛,它的作用虽然没有达到 14 至 16 世纪的欧洲文艺复兴运动对当时欧洲所产生的巨大影响的程度,但对于中国当时思想的解放和文明的发展却有着不可低估的作用;把五四运动放在中国人民近代以来 170 多年斗争史中来认识,看到五四爱国运动发展到第二阶段以后,运动的中心由北京移到了上海,运动的主力也由学生变为工人,到后来运动已经迅速普及到全国,参加运动的不仅有学生、工人、工商业者、市民,还有军队士兵和一些乡镇的农民群众,随着运动的进一步发展,留日的学生以及在南洋、欧洲、美洲等各地华侨学生及团体,也展开了各种声援五四运动的活动,这场反帝反封建的伟大爱国运动丰富了中国人民近代以来的斗争史,也坚定了广大人民为国家而斗争的信念;把五四运动放在中国共产党 90 多年奋斗史中来认识,看到五四时期是需要巨人而且产生巨人的时代,启蒙运动不仅产生了李大钊、鲁迅这样的时代巨人,而且后来又培育出毛泽东、周恩来那样的革命领袖,他们在马克思主义的指导下,使中国共产党由弱变强,经过艰苦奋斗,使中国不断从贫穷走向富强。

当时五四运动的先驱们面对积贫积弱、日益沉沦的社会现状,满怀深厚的爱国之心,高举民主和科学的旗帜,呼吁倡导科学、发展科学;重视民主、发展民主;追求真理、追求进步。只有这样,才能挽救民族危亡,才能使中国获得新生,找到新的出路。纵观中国发展的历史,每个时代有每个时代的特点,每个时代相应地有每个时代的价值观念,五四精神代表了当时历史条件下先进的价值观,承载着中华民族的精神追求。今天,我们提倡和弘扬的社会主义核心价值观也从五四精神中汲取了丰富营养,是对五四精神的传承与创新。

(三)发展的维度

毛泽东指出:"马克思主义一定要向前发展,要随着实践的发展而发展,不能停滞不前。停止了,老是那么一套,它就没有生命了。"[8]虽然五四运动在中国的历史长河中只是转瞬之间,但五四精神却已深深融入中国历史、中华文化和中国人民的血液中。从发展的维度来看待五四精神,就是要认识到五四精神不是固态、静止的,而是动态、不断发展的。五四运动 100 年来,随着社会的不断发展进步,对五四精神价值和意义的认识也在不断深化。经济是时代的骨骼。五四时期的中国,帝国主义或通过大量向中国输出资本和输出商品,或通过支持军阀取得对中国进行各种贷款的权利,或通过在中国开设厂矿、洋行和公司等方式侵略中国的经济,压榨、剥削中国人民。帝国主义的经济侵略、封建军阀的经济掠夺,加上地主阶级的残酷剥削,中国人民生活在水深火热之中,国家也处于危亡之中。政治是社会的血肉,文化是社会的灵魂,政治、文化是经济的集中表现。五四时期先进的青年知识分子,高举爱国的旗帜,高呼民主和科学的口号,高喊国家富强、社会进步的心声,掀起了反帝反封建的运动。今天的中国在经济、政治、文化、社会、环境上实现了富强、民主、文明、和谐、美丽,但中国的进一步发展仍然面临着各种挑战和一些阻碍,仍然需要弘扬爱国主义、需要发展民主和科学、需要推动社会不断进步,需要五四精神与时俱进的新发展,需要呼唤新时代的五四精神。

五四精神之所以在今天仍然熠熠生辉,就是因为五四运动 100 年来,每年的 5 月 4 日,我国都会举办各式各样的活动来纪念五四青年节、传承五四精神,实现五四精神的新发展。

国家领导人也会参加一些纪念活动并发表重要讲话,习近平总书记曾在多次讲话中提到,创新是最好的继承,发展是最好的坚持,在继承中创新,在创新中发展,新时代我们要继续加强对五四精神的传承与发展。青年是国家的未来、民族的希望,一定要从发展的维度来看待五四精神,认识到五四精神随着时代、实践、科学的发展并没有停滞,而是与时俱进、不断发展的。广大青年必须坚定理想信念,在五四精神的激励下,努力学习、拼搏奋斗,为祖国建设添砖加瓦。

(四)时代的维度

"时代是思想之母,任何科学理论的发展都是时代的出场、时代的精华与时代的烙印。"[9]社会存在决定社会意识,任何时代精神都是由时代需要产生并为这个时代服务的。中国曾经在政治、经济、文化、外交上都是世界上的大国、强国,但是当世界工业革命在西方国家如火如荼地进行,西方国家经济获得巨大腾飞,社会发生深刻变革的时候,中国却没有与世界同步发展,不仅失去了原有的地位,而且远远落后于西方国家,甚至沦落到被动挨打的境地。在经济上,日本、美国、英国是中国近代史上侵略我国的三个主要帝国主义国家,他们通过在中国办厂、开公司、开银行、控制煤矿等对中国进行经济侵略。另外,由于封建军阀掠夺土地、霸占工矿企业、扩充军费、同帝国主义相勾结,使中国在半殖民地半封建社会的深渊越陷越深。而在此背景下产生的中国民族资本主义虽然有了很大的发展,但在整个社会经济中仍然没有占据优势,轻重工业发展不平衡,重工业严重落后,1919 年我国平均每年每人用铁量是美国的 1/250,是英国的 1/130,是日本的 1/40,经济严重落后于西方国家。经济上的落后导致中国陷入被动挨打的局面,尤其是鸦片战争之后,中华民族更是陷入主权沦丧、任人宰割的悲惨境遇。在巴黎和会上,中国代表提出的条件和废除"二十一条"的要求都被无情地拒绝了,冷酷的事实再次告诉我们弱国无外交。中国决不能就此沉沦,中国必须觉醒。最先觉醒的是中国的文化,五四前的一些启蒙思想家们通过《新青年》发起了新文化运动,对封建文化进行了有力地打击,提出为民主和科学而战斗的口号,这些启蒙运动为马克思主义在中国的传播开辟了道路。十月革命后,马克思主义在中国迅速传播开来,一些青年学生也较早地受到马克思主义的影响并积极宣传这一学说。在马克思主义的指导下,五四运动进入了一个新的阶段,文化运动和政治运动真正结合了起来,真正出现了"人民大众反帝反封建的文化"。任何思想都是时代的产物,五四的先驱们挺身而出,喊出了那个时代的最强音。五四时期呼唤五四精神,五四精神引领五四运动。因此,从时代的维度来看,蕴含着爱国、科学、民主、进步的五四精神回应了时代的呼声、把握了时代的诉求、契合了时代的步伐、承担了时代的使命。

三、五四精神的当代传承

马克思指出:"思想根本不能实现什么东西,为了实现思想,就要有使用实践力量的人。"[10]实现中华民族伟大复兴的中国梦关键在当代青年,新时代呼唤新青年,当代青年的责任感与新时代中国的发展有着密切关联。五四运动 100 年来,中国青年一直传承五四精神,并以勇于拼搏奉献、敢于变革创新的精神不断增强历史责任感、社会责任感和时代责任感,主动肩负起振兴中华的历史使命。

(一)传承五四青年的使命感,培养当代青年的历史责任感

五四时期的青年人以强烈的使命感挽救民族于危亡之中,推动社会向前发展。五四运动之后,一代又一代的青年在五四精神的鼓舞下,积极回应历史的召唤,以强烈的历史责任感始终走在时代前列,成为推动社会进步的主力军。1840 年鸦片战争以来,中国陷入半殖民地半封建社会的深渊,各阶层人民在屈辱苦难中奋起抗争,为实现民族复兴进行了种种探索和英勇斗争。通过五四运动,中国青年发现了自己的力量,中国人民和中华民族发现了自己的力量。中国从站起来、富起来到强起来,中间经历了社会主义革命、改革开放、现代化建设等历史时期,中国在迈向伟大复兴征程中,青年一直都以青春之人生谱写奋斗之人生,推动民族复兴的步伐。习近平强调:"现在,我们比历史上任何时期都更接近实现中华民族伟大复兴的目标,比历史上任何时期都更有信心、更有能力实现这个目标。行百里者半九十。距离实现中华民族伟大复兴的目标越近,我们越不能懈怠,越要加倍努力,越要动员广大青年为之奋斗。"[11]

从 1919 年巴黎和会中国外交的失败到今天,中国在世界上扮演的角色正在逐渐改变。1949 年中华人民共和国成立后,由于美苏争霸,中国在外交上遭到排斥,当时比较注重国内事务,而对于参与国际机制则态度较为消极;20 世纪 70 年代初,随着中国在联合国合法席位的恢复,中国开始重返国际社会,并主动学习适应国际机制和规制;20 世纪 80 年代末,改革开放使中国的经济获得了快速发展,中国开始积极参与国际机制的会议、谈判和行动;21 世纪,由于全球性问题增多和国内综合国力稳步提升,中国参与全球治理更为主动,国际话语权和国际规则制定权得以大幅提升,中国在全球治理中,从消极被动转变为积极主动,从融入者演变为建设者。与此同时,从 2008 年奥运会的举办到 2010 年世博会、2014 年上海亚信峰会、2014 年北京 APEC 会议、G20 峰会、"一带一路"国际合作高峰论坛、金砖五国会议等一系列会议的召开,这一次次中国主场外交活动持续向全世界释放一个强烈的信号:中国正在日益走向世界舞台的中心,正在努力对人类社会做出更大的贡献。随着中华民族复兴步伐的加快,中国面临的困难越来越多、挑战越来越严峻、压力也越来越大,需要全国人民,尤其是青年增强自身强烈的责任意识,不仅要有爱国之心,更要有爱国之行,坚持用科学的思想和精神武装自己,提升科学素质、学习科学知识、投身科学实践,在科技的竞争与挑战中,实现科技兴国、科技复兴、科技强国。当代青年是实现中国梦的主力军,身上肩负着实现中国梦的历史重任,更应当自觉传承五四青年的使命感,培养自身的历史责任感,积极履行振兴中华的历史使命。

(二)传承五四青年的创新精神,培养当代青年的社会责任感

五四运动发生在社会变革和革命的特殊时代背景之下,社会的发展需要具有探索、创新精神和强烈社会责任感的人,走在时代发展的前列,运用创新的力量去打破社会发展的桎梏和阻碍,以推动社会向前发展。五四青年作为社会的特殊群体,就是在这样的历史召唤下,走到了时代的最前端。在五四运动中,五四青年高举民主和科学两面旗帜,呼吁解放思想、变革创新,要求改变中国群众思想蒙昧和落后的状况,要求变革封建专制主义政治制度和意识形态,要求探索中国发展的新道路。在 1919 年这一特殊的历史节点,五四运动的先驱们以勇于改革创新的精神,喊出了那个时代的最强音;五四青年以敢想敢干的魄力、坚韧不拔的毅力和开拓创新的能力成为那个时代的探索者、开拓者、奋斗者。

今天的中国已经进入了发展的新时代,在新的历史条件下,中国青年肩负着新的使命与担当。随着中国不断发展壮大,中国所面临的风险也越来越多,这些风险既来自经济、政治、文化、社会、生态、国家安全、党的建设等各个方面,也来自错误思想、固化利益、腐败现象、分裂势力、霸权主义、自然灾害等不同问题。在国际问题上,美国总统特朗普发布《国家安全战略报告》,将中国定位为美国"战略上的竞争对手",主动挑起贸易摩擦,千方百计阻碍中国的发展进程。新的时代要求我们必须进行具有新的历史特点的伟大斗争,以扫清中国前行道路上的障碍。这场伟大斗争虽然不同于五四时期的斗争,不是武装革命和群众运动,而是以维护最广大人民根本利益为前提,以遵循社会发展基本规律为基础,原则性与灵活性相结合的斗争,但都需要参与者勇于担当、具有强烈的社会责任感。当代青年是同新时代共同前进的一代,他们与五四青年虽然所处的时代迥然不同、所持有的价值理念也不完全相同,但社会发展对他们的要求却是相同的:强烈需要广大青年具有勇于探索的决心、敢于改革的勇气和善于创新的能力,奉献国家、服务社会。由于我们面临的新时代是实现中华民族复兴的关键时代,也是世界竞争最为激烈的时代,要实现从大国向强国的转变,广大青年必须瞄准世界前沿科技、研究世界前沿科技、攻关世界前沿科技,自觉培养创新意识、发展创新思维、提高创新能力,努力使自己成为高素质、高技能、高层次的创新型复合人才,同时代结合,为社会服务。"纸上得来终觉浅,绝知此事要躬行",当代青年对五四青年创新精神最好的弘扬就是将所学知识运用到实践中,在实践中运用、在实践中创新、在实践中发展,培养自身的社会责任感,自觉履行服务国家、人民的社会责任。

(三)传承五四青年的担当意识,培养当代青年的时代责任感

五四运动前的中国处于北洋军阀的反动统治之下,虽然辛亥革命以后建立了中华民国,但因为袁世凯窃取了政权,中华民国徒具形式而无实质内容。"辛亥革命以前,中国社会长期以来(两三千年来)都是一个封建社会,是一个'和外界隔绝,不知外面还有世界'的封闭社会,鸦片战争以来虽然受到欧风美雨的波及,但是封建专制主义的根基却始终没有动摇。中国人仍然是从娘肚子里生下来就没有民主,也不晓得民主为何物。"[12]在军阀统治时期,各个军阀之间割据纷争不断,社会动荡不安,军阀混战给人民带来了深重的灾难。不仅如此,由于当时劳动人民深受帝国主义和封建主义的残酷剥削,始终生活在社会的最底层,终日劳累却食不果腹,因此,人们反抗的意愿越来越强。随着帝国主义和中华民族、封建主义和人民大众矛盾的进一步激化,在先进知识分子的带领下,广大青年学生、民族工商业者、爱国华侨和其他爱国人士因不满中国堕入半殖民地半封建社会深渊的现状,都参加了挽救民族于危亡的斗争。尤其是广大青年学生因富于政治敏锐性、不甘国家沉沦而痛心疾首、义愤填膺,始终以勇于担当的意识积极参与各种爱国活动,担负起救亡图存、振兴国家的时代责任。

今天,中国特色社会主义已经进入了新时代,党的十九大报告提出到 21 世纪中叶把我国建成富强民主文明和谐美丽的社会主义现代化强国,近期目标是到 2020 年全面建设惠及

十几亿人口的更高水平的小康社会,即全面小康。我国现在达到的小康人均水平还比较低,是低水平的小康;基本上是物质需要和生存性消费的满足,其他更高层次的需求还没有得到有效满足,是不全面的小康;地区之间、城乡之间、各阶层之间的发展水平和生活消费水平还存在较大差距,是发展很不平衡的小康。共同富裕是社会主义的本质要求,是对社会主义公平和理想的一种形象概括,为了使全国人民共享经济发展成果,习近平总书记强调"小康路上一个都不能掉队",提出了精准扶贫理念和精准脱贫方略。"小康不小康,关键看老乡",2020年是决胜全面建成小康社会的关键之年,习近平总书记指出,当前要加强对青年学生的政治引领,引导广大青年在党的领导下,自觉把个人理想融入中国特色社会主义思想,激励他们在学习中拼搏奋斗、勇于探索、敢于创新;自觉把个人理想融入全面建设小康社会的实践中去,激励他们在各行各业中发挥生力军和突击队的作用。因此,要实现全面小康除了需要党的领导和正确的方针政策,更需要全国各族人民艰苦奋斗,尤其需要广大青年在担当中历练、在尽责中成长。当代青年既是追梦人,也是圆梦人,第一个百年目标的实现需要广大青年的激情和理想,需要广大青年的奋斗和奉献,更需要广大青年自觉传承五四青年的担当意识,培养自身的时代责任感,主动担负起全面建设小康社会的时代责任。

[参考文献]

[1] 习近平.在纪念五四运动100周年大会上的讲话[EB/OL].(2019-04-30)[2019-04-30]. http://www.xinhuanet.com//2019-04/30/c_1124440193.htm.

[2] 习近平.青年要自觉践行社会主义核心价值观[N].人民日报,2014-05-05(2).

[3][11] 习近平.在同各界优秀青年代表座谈时的讲话[N].人民日报,2013-05-05(2).

[4] 蔡元培.蔡元培全集[M].杭州:浙江教育出版社,1996:189.

[5] 任建树.陈独秀著作选[M].上海:上海人民出版社,1993:115.

[6] 习近平.在北京大学师生座谈会上的讲话[N].人民日报,2018-05-03(2).

[7] 马克思,恩格斯.马克思恩格斯选集:第2卷[M].北京:人民出版社,1995:43.

[8] 毛泽东文集:第7卷[M].北京:人民出版社,1996:281.

[9] 左雪松.改革开放40年来中国共产党理论创新的基本线索[J].新疆社会科学,2018(4).

[10] 马克思,恩格斯.马克思恩格斯文集:第1卷[M].北京:人民出版社,2009:320.

[12] 彭明.五四运动史[M].北京:人民出版社,1998:32.

思想政治教育教学中审美文化的赋能及其实现

——基于德育与美育功能耦合视角的理论化探讨

（宁波职业技术学院　刘军峰）

[摘　要]思想政治教育与审美教育在具体的实践中,不是抽象孤立的,而是在教育目标、内容要求等方面融合交织、相互促进,在"立德树人"教育任务目标上存在功能耦合与资源融构。审美文化的"赋能",其要旨在于充分发挥并不断挖掘思想政治教育过程中以及社会生活、校园生活中的审美要素与资源,并在思想政治教育教学中充分发挥审美文化在促进受教育者情感提升、心理认知发展、信仰信念培育、创新力提升等方面的独特优势,基于审美文化的"情感赋能""认知赋能""形式赋能"的功能特质,进一步活化及完善思想政治理论及实践教育过程,统筹整合、协同推进、有效实现思想政治教育教学的目标和任务。

[关键词]思想政治教育教学;审美文化;赋能;实践;理论化

一、理论政策背景

党的十八届三中全会对全面改进美育教学做出重要部署,国务院对加强学校美育提出明确要求。近年来,经过各地、各有关部门的共同努力,学校美育取得了较大进展,对提高学生审美与人文素养、促进学生全面发展发挥了重要作用。但总体上看,美育仍是整个教育事业中的薄弱环节,主要表现在一些地方和学校对美育功能认识不到位,重应试轻素养、重少数轻全体、重比赛轻普及,应付、挤占、停上美育课的现象仍然存在;资源配置不达标,师资队伍仍然缺额较大,缺乏统筹整合的协同推进机制。早在 2015 年,国务院办公厅发布《关于全面加强和改进学校美育工作的意见》,其中提出要大力改进美育教育教学,加强美育的渗透与融合,将美育贯穿在学校教育的全过程各方面,渗透在各个学科之中。加强美育与德育、智育、体育相融合,与各学科教学和社会实践活动相结合,并且指出到 2020 年初步形成大中

本文获浙江省高职院校党建研究会 2019 年年会论文一等奖。

[基金项目]本文系宁波职业技术学院 2019 年校教育教学改革研究课题"思想政治教学中审美教育的有效路径与方法"(项目编号:JG2019014)的研究成果。

[作者简介]刘军峰,宁波职业技术学院讲师,主要研究方向为思想政治教育、马克思主义中国化。

小幼美育相互衔接、课堂教学和课外活动相互结合、普及教育与专业教育相互促进、学校美育和社会家庭美育相互联系的具有中国特色的现代化美育体系。

二、思想政治教育与审美文化教育的功能耦合

习近平总书记强调,"办好思想政治理论课,最根本的是要全面贯彻党的教育方针,解决好培养什么人、怎样培养人、为谁培养人这个根本问题","努力培养担当民族复兴大任的时代新人,培养德智体美劳全面发展的社会主义建设者和接班人"。从社会主义的教育内容上看,思想政治教育教学不仅包括非智力因素的德育教育,同时还囊括了智育、体育、美育、劳育方面的基本内容。2018年9月,习近平总书记在全国教育大会上强调指出,要努力构建德智体美劳全面培养的教育体系,要全面加强和改进学校美育,坚持以美育人、以文化人,提高学生审美和人文素养。这一论述再次证明思想政治教育与审美文化教育的同向同行、共通共融的耦合关系。

在当前大学教育教学中,思想政治教育与审美教育在学科边界范围方面呈现出相互扩展、相互促进的趋势,在教育空间上都在积极建构主流意识形态的理论、实践、生活场域,在实际教学过程中进一步表现为"思政课程"与"课程思政"的相互关系。思想政治教育与审美教育在目的及意义、内容及功能等方面存在极高的耦合与协同,构筑为统一的系统整体,服务于"社会主义大学教育"立德树人这一根本任务。早在2015年,国务院办公厅在《关于全面加强和改进学校美育工作的意见》中指出:"美育是审美教育,也是情操教育和心灵教育,不仅能提升人的审美素养,还能潜移默化地影响人的情感、趣味、气质、胸襟,激励人的精神,温润人的心灵。美育与德育、智育、体育相辅相成、相互促进。"作为高校思想政治教育的组成部分之一,审美教育对于帮助大学生正确树立科学审美观乃至形成正确的世界观、人生观、价值观具有突出作用。从理论情感意义上看,审美教育"不仅具有主体对客体、个体对社会的意义,而且具有对自我的意义,它是个体对自我的感受,这种感受形成个体的一种心境,一种独特的精神性和生存状态"[1]。从基本功能上看,高校美育文化强调培养大学生对美的感受能力、审美鉴赏情趣、人文素养,有利于完善及丰富大学生精神生活,陶冶其心灵,塑造其人格。作为"立德树人""培根铸魂"的"心学"教育,以培养大学生政治素养、道德品质为主要内容的思想政治教育,其教育教学资源内容,诸如社会主义核心价值观念、民族精神、时代精神、爱国主义、奋斗精神、英雄史观、革命文化、道德美德等,无一不体现出强烈浓郁的思想魅力和美育文化。

三、审美文化对思想政治教育教学的"赋能"

从生成理论的层面来看,审美文化是主体在有目的、有意识地创造和享受美感的社会实践活动中形成的,是情感、想象、创造、感知、内心精神与灵魂等元素的意识形态总和。审美文化活动是一种人工而非自然的,能够对主体发挥精神教化作用的特殊意识形态方式,因而

在特定历史条件下,追求社会进步的、符合社会历史发展价值取向的一切实践活动,都应该是审美文化的现实体现,因为这其中包含了对"真、善、美"的追求,有时甚至体现出一种不惜牺牲自我而成全大我的社会价值境界。"审美教育是思想政治教育中不可缺少的组成部分。但从审美教育与思想政治教育的关系来看,只有把审美教育与德育、智育结合起来才能达到其目的。众所周知,人的思想政治素质是受德育的影响和制约的。而审美教育与德育的关系是相辅相成的,寓审美教育于德育之中,或寓德育于审美教育之中,二者是相互促进相互渗透的。"[2]充分发挥审美文化"润物细无声"的作用,启迪主流意识形态的思想观念,净化精神情感、道德美感,完美人格与人生,本身就是思想政治教育的目标指归。可以说,思想政治教育是一种审美语境下的"心学"教育,而审美教育同样是在"心学"语境下开展的,如我国著名的教育家蔡元培先生所说——"凡是学校所有的课程,都没有与美育无关的"。审美文化的挖掘、培育、渗透有利于思想政治教育入耳、入脑、入心,通过隐性与显性资源的融合、德育与美育的结合,通过以思想政治教育为课程主导,为思想政治教育教学"赋能",进一步发挥思想政治教育与审美文化教育的功能耦合,构筑审美要素与思政资源相融构的教育格局,促进思想政治教育的"知行转化"。

(一)情感赋能

审美文化的功能十分广泛,诸如价值导向、行为规范、社会教化、审美育人等,这些功能通过审美文化之于人的"情感意义"而发挥作用。列宁就认为:"没有'人的感情',就从来没有也不可能有人对于真理的追求。"[3]充分挖掘审美文化元素,诸如环境、艺术、行为、制度、文化,使之融合到思想政治教育资源中,成为"润物细无声"的"春雨";以可看、可听、可感的情感因素吸引、感化受教育者,更加充分有效地发挥思想政治教育与审美文化教育的耦合功能,有效增强思想政治教育的情感育人效能。

审美文化的"情感赋能"与思想政治教育资源的融构成为可能,在于审美文化教育中的"思政元素"与思想政治教育中的"审美元素"本就属于同样的情感资源,都来源于整个社会实践,都服务于人及社会的发展,诸如审美文化中的生态美、艺术行为美、作品精神道德美等元素,与思想政治教育教学过程中所提倡的生态文明建设、社会主义道德文明、精神风尚等内容具有同质性、同源性、同构性,符合国家、集体、社会、个人的情感利益。思想政治教育资源中本身含有的审美元素以及其他审美资源的开发挖掘,可以有效促进思想政治教育教学中高校大学生与教师、集体、社会、国家的情感体验和交流,引导他们建立起美好的思想政治意识和道德情感。

(二)认知赋能

审美文化教育的本质是借由美学形象唤起的文化情感的熏陶,美学形象因时间、地点、人物及社会的不同而有所流变,因受教育者的兴趣爱好、知识结构、家庭背景、社会认知等存在个体差异,其审美价值取向亦带有明显的差异性和多元性,故而美学形象的构建、感知和评价依据个体差异而具有多元性。但是,融构到思想政治教育中的美学形象的导向却必须是一元化的,因为思想政治教育的导向只能是主流意识形态的一元化导向。因此,思想政治教育所体现出来的政治性,规定了审美形象的构建及评价方向和基本原则。同时,审美文化为受教育者正确理解及评价思想政治教育的观念提供认知帮助,完善其政治性表达,意谓"认知赋能"。正如恩格斯评论德国画家许布纳尔所创作的《西里西亚织工》这一绘画艺术作品时所说:"从宣传社会主义这个角度看,这幅画所起的作用要比一百本小册子大得多。这幅画在德国好几个城市里展览过,当然给不少人灌输了社会的思想。"[4]审美文化可以使思想政治教育的内容更具直观性、审美性、艺术性,强化学习者的审美认知体验,促使思想政治教育学习本身成为一种特殊的审美认知活动。

(三)形式赋能

审美文化对思想政治教育教学的"形式赋能"是可能而必要的,其直接目的是使思想政治教育教学在设计上、在过程中、在受教育者学习体验中感受到"形式"的真、善、美,在教学学习互动中通过"美学形式"贯通知识理论、人格品质和情感体悟,实现理想的教育学习效果。思想政治教育教学可以积极吸收审美文化中对于"逻辑形式"的理念追求,在理论及实践教育中以更具美感(道德美感、价值美感、理论美感等)的内容方式,构筑思想政治教育的应然"逻辑形式"。如审美文化中以"和谐"为"形式美"的至高境界,这样的审美文化对思想政治教育教学的"形式赋能"体现在:以"和谐观"统筹高校教学、科研、行政等各领域各方面的育人资源和育人力量,全面推动知识传授、能力培养与理想信念等教育形式的有机结合,构建起实践育人、课程育人、科研育人、文化育人、网络育人、服务育人、管理育人、资助育人等紧密联系、相辅相成的和谐状态,从审美文化的角度讲,各要素的同向同行、和谐共通,即为一种审美形式美感。

四、审美文化赋能与思想政治教育教学的完善构建

(一)审美文化赋能得以实现的依据

从教育教学的目标要求来看,在思想政治教育教学中要重视美育的赋能作用,思想政治教育不是封闭的、单一结构指向的意识形态教育,而是要以融合开放的改革姿态积极挖掘自身及其他审美文化资源要素,突破自身的封闭与边缘化,在与时俱进中实现政治性和学理性、价值性和知识性、理论性和实践性、统一性和多样性、显性教育和隐性教育等的统一。从教育教学工作者的角度来看,思想政治教育者需要不断坚定理想信念,强化理论功底,提升教书育人水平,切实做到政治强、情怀深、思维新、视野广、自律严、人格正。一方面其本身应具备辨别美丑、善恶、好坏的审美认知能力;另一方面在理论及实践教育中,融入审美文化的"情感""认知""形式",不断增强思想政治课的思想性、理论性、亲和力和针对性。从学科课程基本规律的角度来看,长久以来思想政治教育与智育、体育、美育、劳育在学科上存在着不同程度的游离化、窄化、泛化,而思想政治教育是全方位、全过程、全员的培根育人工程,因而要适当打破以往学科类别的界限,真正实现从"教"向"育"的回归,实现从学科本位向教育本位的转化,构筑思想政治课程与体育、美育等相互耦合、协同并行的新模式、新生态。

(二)"情感赋能"与思想政治教育教学资源的构筑

审美文化之于思想政治教育的一个突出作用在于美感要素资源的使用、渗透与构筑可以有效增强思想政治教育的亲和力和感染力,加深对教育内容的情感认同。"文化用自己所包含的一切真善美满足人们的审美需要,同时又用自己所包含的一切真善美影响人、感染人、塑造人,发挥育人功能……用高雅的文学艺术陶冶人的情操、净化人的心灵、愉悦人的身心、拓展人的心智,从而发挥其审美育人功能。"[5]审美文化中存在极其丰富的不同种类的要素资源,将其加入思想政治教育教学中发挥作用,必须要进行资源的构筑,使其更能符合审美需要和政治表达。

基于审美文化"情感"意义,思想政治教育教学在资源构筑过程中要做到:

(1)积极融入与受教育者密切相关的环境、精神、行为、活动、制度等资源,发掘与受教育者生活学习密切相关的教育元素,诸如身边的先进典型榜样、社团文化、衣食风尚等,通过思想政治理论与实践教学,促进受教育者自身体验的"情感性反思"。

(2)注重受教育者生活与学习环境氛围的构筑美化。有学者认为:"景观不能被理解为一种由大众传播技术制造的视觉欺骗,事实上,它是已经物化了的世界观。"[6]受教育者所处的自然环境、社会环境、校园学习与生活环境等对于思想政治教育有重要的熏染作用,通过营造有美感的自然及社会环境可以在潜移默化中增强审美能力和品位,强化思想政治教育内容场域的"情感意识"。

(3)注重教育者自身言行举止的美化。通过思想政治教育工作者的活动行为展现出积极的价值取向,强化自身行为道德举止,身正为范,切实推动形成好的教风、学风、班风和校风,促进思想政治教育行为的"情感认同"。

(三)"认知赋能"与思想政治教育教学目标任务的实现

"认知赋能"不仅在于令受教育者知道、理解思想政治知识目标,还要进一步熟悉运用、综合分析、奉行实践思想政治教育教学内容,达成实现态度和技能目标,达到立德树人根本任务。审美文化对思想政治教育的"认知赋能"体现在:

(1)从知识目标任务的角度,审美文化中的外在有形元素(艺术、图片、视频、语言文字等内容)有助于强化思想政治教育的视觉、听觉、感觉等认知内容,通过形象化的表达和呈现,完善思想政治教育知识的认知渠道和方式。

(2)从态度目标任务的角度,审美文化中的潜隐抽象元素(道德美感、思想意念、人文精神等内容)有助于促进思想政治教育中世界观、人生观、价值观、实践观等的内在观照和价值体会,提升思想政治教育认知态度的深刻性和实效性。

(3)从技能目标任务的角度,审美文化中对美的感受能力、鉴别能力、理解能力和审美创造力的塑造,有助于激发思想政治教育认知敏感,培养及提升思想政治教育中对道德美感、精神意志、核心价值观念等的感受力、鉴赏力、理解力、判断力和创造力。

审美文化因素的融入使得思想政治教育的亲和力、情感性得以展现,同时在"认知"层面,使得思想政治的学习本身成为一种"审美文化",这在很大程度上契合了受教育者功利性的认知心理。当前的高校教育中,大学生对于思想政治理论课学习重要性认识不足、学习动力缺少,主要在于两大基本方面:其一,在市场经济发展、就业压力增大等多重因素影响下,大学生群体呈现重专业技能培训、轻思想政治教育的心理行为倾向;其二,思想政治课教学吸引力、审美性不足。基于此两点,结合审美文化认知赋能功能,在思想政治教育教学设计及开展过程中要积极融入审美元素,用审美的眼光审视资源内涵,通过理论教学及实践教育相结合,实现从思想灌输走向引导共识,从而获得正确的认知。就本文题旨来说,思想政治教育教学目标任务得以有效实现需要审美文化的渗透,这种渗透既要通过教育者自身外在的表现,如衣着、言谈、举止等感染人;还要通过教学内容、资源、方法等的美学运用吸引人、感染人,在具体教学中坚定"内容为王",采取有效化形式,对美育与德育共同的资源元素内容、内涵进行重点分析揭示。如积极融入红色资源的审美文化要素,通过组织红色旅游参观、现场教学、主题班会、播放及诵读革命经典视频或歌曲等教育者喜闻乐见、乐听的方式,增强思想政治元素的表现力、审美力、感染力。

(四)"形式赋能"与思想政治教育教学形式创新

思想政治教育既要注重理论教学讲授,充分发挥课堂理论教学这一主渠道,同时也要更加注重实践教学,深入挖掘育人要素,创新教育教学形式,构筑起德育活动的"形式美",防止思想政治教育教学的"孤岛化"现象。有学者研究认为,"德育活动的形式美的建构可以从根本上破除唯智型、唯行为训练型等旧式道德教育单纯而分裂的抽象说教、强制灌输、规范操练等对道德学习主体的奴役,还道德学习主体在德育情境中建构自身道德人格形象的主体自由"。并且认为"德育活动形式美的关照意义(同时也是形式美创造的意义)体现在:(1)形式美是愉快德育实现的本质;(2)形式美是德育教学风格和学习风格的强化物;(3)形式美是克服德育异化的必由之路"。[7]本文认为思想政治教育教学本身就是一种审美文化活动,但是仍旧需要从其他审美文化中积极吸收合理资源,发挥出"形式美"的特征功能,立正创新,积极强化塑造知行转化风格及方式。这直观地体现在教育教学过程中具有视觉、听觉、感觉等美感的教学素材、教学组织、教学节奏、教学方法等的运用上。

另外,新的社会、时代背景下,高校大学生群体的思想政治教育、意识形态教育工作面临新的时代机遇和挑战。一方面,由于网络自媒体的广泛传播,思想政治教育无论在内容上还是形式上都发生着较大的变化;而大学生群体对移动网络的过度依赖、课堂注意力不集中等情况的出现,也在一定程度上导致思想政治教育的实效性不高。另一方面,伴随着网络对人类社会政治、经济、文化等社会生活各个领域的广泛渗透,网上垃圾、网上黄毒及有一定不良性内容的泛滥,对大学生们本来就不是很成熟的世界观、价值观造成巨大的负面影响,产生一种所谓的"审丑"现象。因此,应该积极运用大学生情感贴近度、认知度、认可度、审美度较高的信息化手段及平台,促进教育教学的形式创新,辅助推动大学生思想政治教育的德美反思、知行转化。

[参考文献]

[1] 杜卫.美育论[M].北京:教育科学出版社,2000.
[2] 薛红飞,刘清华.审美教育:思想政治教育的重要视阈[J].南京政治学院学报,2006(3):

102-104.

［3］列宁.列宁全集(第20卷)[M].北京:人民出版社,1980.

［4］马克思,恩格斯.马克思恩格斯全集(第2卷)[M].北京:人民出版社,1957.

［5］周希贤.大学校园审美文化研究[M].重庆:西南师范大学出版社,2012.

［6］居伊·德波.景观社会[M].南京:南京大学出版社,2006.

［7］檀传宝.对德育过程的改造——论德育形式美[J].现代教育论丛,1997(3):1-6.

钢琴课程思政教育教学路径研究

(浙江艺术职业学院　窦　瑾　毛　肄　吴婷婷)

[摘　要]课程思政是当前思政教育中的热点问题,对推动现代思政教育体系的构建有着重要的作用。本文以钢琴课程为研究载体,介绍了课程思政的内涵以及课程思政与钢琴课程之间的关系,探讨了钢琴课程思政教育教学的路径、构建及对策。

[关键词]钢琴课程;思政教育;思政路径

思政教育是我国教育体系的重要组成部分,在学生政治理论、思想道德、意识形态等教育中发挥着不可或缺的作用。党中央高度重视思政教育的开展,党的十八大以来,习近平总书记多次就思政教育发表重要讲话,明确了思政教育在立德树人教育任务中的关键地位。时至今日,传统的以思政课程为教育载体的教育路径已经无法满足思政教育的目标,开发新的思政教育资源成为当前的热点。尤其作为钢琴专业课程,如何在教学中进行思政教育,让学生在掌握专业技能的同时,锤炼品德修为,让钢琴专业人才有时代担当,以真才实学服务人民,以创新创造贡献国家,已成为钢琴课程教育教学必须达成的目标。[1]

一、基于课程思政的钢琴教育

(一)课程思政的内涵

课程思政作为当前思政教育中的热点词汇,是与思政课程相对应的概念,是思政教育从传统思政课程向其他课程拓展延伸的产物。2016 年,习近平总书记在全国高校思想政治工

本文获浙江省高职院校党建研究会 2019 年年会论文二等奖。

[基金项目]本文为浙江艺术职业学院"课程思政"示范课程,校级建设项目"钢琴专业课程思政"的研究成果。

[作者简介]窦瑾,浙江艺术职业学院讲师,主要研究方向为钢琴演奏。毛肄,浙江艺术职业学院副教授,主要研究方向为钢琴教学与演奏。吴婷婷,浙江艺术职业学院副教授,主要研究方向为电子管风琴教学与演奏。

作会议上指出"使各类课程与思想政治理论课同向同行,形成协同效应",明确了各类课程在思政教育中的协同作用。课程思政是以立德树人为根本任务,将各类课程与思政课同向同行,在充分发挥各类课程思政教育价值的基础上构建的全员、全程、全课程育人格局。课程思政的提出极大地弥补了传统思政教育中的不足,丰富了思政教育的阵地,也初步构建了适应新时代思政教育的体系。[2]

(二)钢琴课程与思政教育的关系

课程思政契合当前思政教育的发展方向,因此,自提出后便成为驱动思政教育改革的可靠指导。数百门专业课程申报了课程思政试点改革,尤以上海地区成绩最为显著,并形成了"上海经验"。钢琴课程与思政教育关系密切,在课程思政建设中有着得天独厚的优势。第一,两者有着共同的教育对象。无论是钢琴课程,还是思政教育,均以成长中的学生为课程主体。教师引导教学对象,以推动学生的全面发展为核心任务,教育对象与教育任务的一致性,为两者构建协同关系打下了基础。第二,两者在价值追求上相通。钢琴课程属于艺术教育的范畴,以审美教育为核心,而真是美的基础,善是美的升华。第三,两者在本质上相通。思政教育既有政治理论、意识形态层面的内容,也有思想道德层面的内容,钢琴课程更是踏实刻苦的练习与精神层面的理解传达的结合,这也为钢琴课程的教学与钢琴专业课程思政教育的建设提供了保障。[2]

二、钢琴课程思政教育教学路径构建对策

(一)以深挖思政元素为前提

钢琴课程与钢琴专业思政教育具有很强的兼容性,从钢琴课程中深挖思政教育的元素是钢琴课程思政教育教学的前提条件。首先,从钢琴作品的时代背景以及作者生平中发掘思政元素。钢琴作品均有特定的历史背景,以桑桐的钢琴作品《在那遥远的地方》为例,这首作品是我国作曲家较早采用自由无调性创作技法的典范,表现了创作者悲愤的情绪状态以及高昂的爱国情怀,是爱国主义教育的经典作品。其次,从钢琴主题中发掘思政元素。爱国题材是钢琴作品的常见题材之一,也是民族钢琴作品的经典题材。例如,作曲家王建中改编的经典钢琴曲《浏阳河》以及由抗战歌曲改编而来的《绣金匾》,都是典型的爱国题材钢琴作品。教师要深入发掘钢琴作品内容的德育元素,让学生既能感受到很强的民族色彩,又能实现思政教育的目标。最后,从钢琴节奏、旋律中发掘思政元素。节奏、旋律等音乐内容是钢琴作品的情感寄托,教师不仅要从审美的角度开展教学活动,也要融入思政教育的内容。以《黄河钢琴协奏曲》为例,其改编自抗日战争时期的救亡歌曲《黄河大合唱》,既运用了西洋古典钢琴协奏曲的表现手法,又在曲式结构上融入了船夫号子等中国民间传统音乐元素。[3]特别是在乐曲的结尾部分,创作者独具匠心地将《保卫黄河》《东方红》和《国际歌》相融合,强烈展现了中华民族不屈不挠的斗争精神和民族自豪感。

(二)以强化情感体验为重点

钢琴课程与思政教育在深层次上是相通的,均以学生的发展为核心,而在具体的实现路径上又有一定的差别。钢琴课程多基于学生的感性思维进行教学,而思政教育则从学生的理性思维出发,两者具有殊途同归的效果。因此,钢琴课程思政教育教学要注重学生的情感体验,让学生在乐曲情感的深度体验中获得思想上的熏陶。首先,引导学生倾听。教师要有意识地培养学生的倾听能力,让学生在练习的过程中主动倾听自己的演奏,倾听教师的重点示范,倾听演奏家的音频,通过训练作品的节奏、旋律、乐句、气息等,让学生感受作品内在的情感。其次,注重师生交流。教师要充分做好师生间的交流活动,以思政教育作为师生交流的重点。比如在《保卫黄河》等爱国革命题材钢琴曲,或者《夕阳箫鼓》等民族传统题材钢琴曲的学习训练中,引导学生讨论作品的精神力量。再次,注重自主感悟。钢琴演奏专业在规范训练的同时,需要保护好学生的自主感受力,这是钢琴演奏专业学生音乐学习的前提。课程思政要注重课程教学与思政教育的对接,钢琴教师要以大力培养学生对作品的自主感悟能力作为钢琴课程思政教育教学的重点。最后,升华学生情感。钢琴学习过程是一个通过眼、手、脑、心将音乐外化,再使听众产生共鸣共情的过程,钢琴教师要启发学生思索音乐的终极价值,升华学生的情感。[4]

(三)以学生自主练习为关键

钢琴课程思政重视钢琴课程教学的思政教育价值,并以钢琴课程原先的教学任务为前提。钢琴课程思政教育教学路径要以学生的自主练习为主,将思政教育的内容融入学生自主练习中。

第一,在自主学习中培养学生持之以恒的精神。钢琴练习是一项长期、艰巨的任务,需要学生具有坚毅的学习品质。教师可以将长征精神等融入学生的钢琴练习中,让学生以昂扬的学习姿态克服钢琴练习中的困难,提高练习效果。[5]

第二,在自主学习中培养学生的工匠精神。工匠精神是当前专业教育的热门词汇,也是思政教育的重要目标。所谓工匠精神,本质上就是在专业领域精益求精的精神,是刻苦、敬业等品质的集中表现。教师要将"冬练三九、夏练三伏"的精神融入学生的自主练习中,增强学习紧迫感,不断提高学生的练习效果,实现"技进于道"的练习目标。

第三,在自主练习中培养学生的良好品质。演奏钢琴作品对学生的弹奏技巧有较高的要求,对学生的心理素质同样如此。一些学生对自己的演奏技术和演奏状态不能很好控制,导致表演中不断犯错,影响了舞台演奏自信心。教师可以用毛主席青年时期在闹市读书的经历和故事,引导学生学习毛主席在任何情况下都能静心读书,心绪不受外界影响,激发学生面对听众时自信潇洒的舞台演奏能力。

第四,在自主练习中培养学生的审美创造力。钢琴作品训练与演奏是钢琴演奏课程教学的重点内容,一方面,肩负着学生演奏技能以及表演能力培养的重任;另一方面,也是发展学生审美创造力的主要方式。作品演奏中也具有丰厚的德育元素,借助钢琴演奏,能够培养学生的恒心、毅力,促进学生坚毅品质的形成,这些都是思政教育中的重要内容。

舞台表演不同于一般的钢琴演奏训练,对表演者的心理素质有着很高的要求。学生在反复不断的舞台表演中,心理素质会得到有效的提升,能够坦然面对舞台表演中的困难与压力,这也与思政教育促进学生全面发展的教育目标不谋而合。

(四)以师资队伍建设为保障

钢琴课程与思政教育的融合,既为钢琴课程拓展教学价值指明了方向,也为教师钢琴教学改革带来了压力。从当前钢琴课程教育教学的现状来看,一些教师存在专业素养扎实但思政理论水平相对较低的问题,无法很好地肩负起钢琴课程思政教育的重任。因此,钢琴课程思政教育教学路径的构建要以师资队伍建设为保障。

首先,与时俱进,接纳当代教育理念。教师要从时下钢琴课程思政教育的理念以及学生全面发展的角度出发,注入钢琴课程教学的原有理念,不仅将钢琴课程作为学生音乐专业学习的主干课程,也将钢琴课程作为高校思政教育的协同课程,有意识地将思政教育融入钢琴课程教学中,拓展钢琴课程的教学边界。

其次,加强新时期教育理论学习。钢琴课程思政教育教学对教师的思想政治理论水平有着较高的要求,教师要将理论学习作为当前专业发展与职业成长的重点内容,一方面加强对经典理论的学习,比如马列主义、毛泽东思想、邓小平理论等;另一方面,深入开展最新理论成果的学习,比如习近平新时代中国特色社会主义思想,全面提升自身的理论修养,为钢琴课程思政教育的建设以及钢琴教学的开展打下基础。

最后,开展集体培训。思政教育与钢琴课程教学的融合既丰富了钢琴课程的教学维度,也对钢琴课程的教学方法提出了新的要求,一些教师在教学中无法适应,甚至有抵触的情绪存在,使钢琴课程思政教育与专业教学效率低下。学校要对钢琴教师开展集中培训,采用"引进来"与"走出去"相结合的培养方式,为教师到校外进修以及聘请专家学者到校内讲座提供保障,有效提升师资队伍的素质。

[参考文献]

[1] 邱仁富."课程思政"与"思政课程"同向同行的理论阐释[J].思想教育研究,2018(4):109-113.

[2] 李花.高校公共音乐课程中思政教育的调查与思考[J].黄河之声,2018(2):76-77.

[3] 张建化.艺术院校"课程思政"建设路径研究——以浙江音乐学院声歌系为例[J].当代音乐,2019(2):44-46.

[4] 刘敏,乔万敏.音乐教育在思想政治教育中的价值[J].东岳论丛,2007(5):48-50.

[5] 赵继伟,袁晓辉.论音乐教育中思想政治教育价值的实现[J].学校党建与思想教育(高教版),2014(1):19-22.

宽容精神融入新时代高职
思想政治工作探析

（浙江同济科技职业学院　王红涛　张　盈）

[摘　要]宽容精神是中华民族文化历史长河中的优秀精神,也是高职院校思想政治工作应具有的新时代精神品质。这是弘扬中华民族优秀传统文化、适应新时代发展、完成立德树人教育根本任务的需要。宽容精神要融入高职思想政治工作,可从以下四方面着手:和谐集体是融入宽容精神的空间,正确引导是融入宽容精神的航标,尊重差异是融入宽容精神的前提,对话沟通是融入宽容精神的方法。

[关键词]宽容精神;高职院校;思想政治工作;探析

宽容精神是优良的传统美德,也是中华民族优秀传统文化的重要组成部分。宽容精神在中国古代典籍和文化中早有记载,如《尚书》中的"宽而栗",《荀子·不苟》中的"君子能则宽容易直以开道人,不能则恭敬缚绌以畏事人"。《韩非子·显学》也记录了黄老学派宋钘和尹文的宽容思想:"宋荣子之议,设不斗争……世主以为宽而礼之。"可见宽容精神内涵之丰富,宽容精神不仅仅是中国五千多年文化历史长河中的优秀传承,更是新时代高职院校思想政治工作应具有的一种现代精神品质,对新时代高校大学生进行宽容精神的教育和培养,也具有非常重要的现实意义。

一、中西方文化中宽容精神的内涵

(一)中国古代和西方文化中的宽容思想

宽容精神的内涵非常丰富。《易传》中的"君子以厚德载物",就肯定地指出,有宽容和包容万物的心态才能成为君子,而没有宽容之德者非君子。在中国古代儒家思想中提倡"宽容""和为贵""和而不同",注重人与人之间的和睦相处。另外,庄子也说,个人对待不同观念

本文获浙江省高职院校党建研究会2019年年会论文二等奖。

[作者简介]王红涛,浙江同济科技职业学院副教授,主要研究方向为党建与思想政治工作。张盈,浙江同济科技职业学院讲师,主要研究方向为高校思想政治教育。

的正确态度应该是"自外入者,有主而不执;由中出者,有正而不距",一个人要相信自己,更要尊重他人。在《现代汉语辞海》中将宽容解释为两个方面:"其一,富于容忍、包容精神,将别人的缺点尽量缩小;其二,宽恕。"不过,国内学者对宽容精神的解释也存在着一些差异。如郑确教授认为:"宽容是人际交往的一个基本原则,它在不同的环境中具有不同的意思。"[1]邹吉忠教授则认为:"在垄断条件下,宽容是指主人、权贵对奴隶、弱者、失败者、悔过者在道德上的宽宏大量;在竞争条件下,宽容是指竞争者之间在探索、试错、价值观(异见)等方面的宽容。"[2]

"宽容"作为概念在西方至 16 世纪才出现,它是在宗教教派分裂的历史语境下,从拉丁语中借用而来的。在这种历史语境下,宽容的含义意味着对不同信仰的包容和容忍。西方对宽容的理解也是"仁者见仁,智者见智"。《罗贝尔法汉词典》对宽容的界定是:"宽容:容忍而不是在可能的时候禁止或要求做某件事。自由就来自这种弃权。"约安娜·库茨拉底这样解释宽容:"宽容作为一种个人态度,与对人的特定概念密切相关,这种概念可成为一个人如何看待他人的基础。"

(二)马克思主义的宽容精神

马克思主义在发展过程中,始终沿着人类的文明方向而进行,始终保持着海纳百川的开放性。马克思主义的继承性、开放性和马克思对同时代以及前辈理论家的充分尊重,都深刻体现着它的宽容精神。

1.马克思主义的开放性和继承性

从马克思主义的创立来说,它的三个来源都是非马克思主义的,它产生之后,在批判、创造、发展的同时,也不断吸取同时代思想家的理论成果,并同他们在对无产阶级和劳动人民进行政治教育中进行某种合作。列宁说,凡是人类社会创造的一切,马克思都用批判的态度加以审查过,任何一点也未忽略过去。可见,马克思主义的来源,几乎包括马克思主义诞生以前的人类所有思想财富。马克思主义形成以后,它仍然要从其他学派思想理论中吸取营养,马克思主义批判地包容了人类一切先进思想和科学成果。过去如此,今天亦如此。马克思主义的科学的历史观,即唯物史观的形成,也是在批判继承和吸取前人成果的基础上完成的。从恩格斯对傅立叶的评价中就能体会到:"傅立叶最伟大的地方是表现在他对社会历史的看法上"[3]。

2.马克思、恩格斯对理论家的充分尊重

马克思对亚当·斯密、李嘉图等资产阶级古典经济学家给予了充分的肯定和尊重,马克思指出"斯密认识到了剩余价值的真正起源","斯密实际上不由自主地坚持了商品交换价值的正确原则,即商品中包含的已经耗费的劳动量及劳动时间是由商品的交换价值决定的"[4]。马克思进一步强调指出:"李嘉图作为古典政治经济学的完成者,能够把交换价值决定于劳动时间这一规定做了最透彻的表述和发挥。"[5]马克思、恩格斯在批判黑格尔哲学的时候,又对黑格尔哲学的成就给予了充分和高度的评价。恩格斯指出:"对于黑格尔哲学,人们只要不是无谓地停留在他们的面前,而是深入到大厦里面去,那就会发现无数的珍宝,这些珍宝就是在今天也还具有充分的价值。"[6]对于历史上的哲学家的评价,马克思、恩格斯既看到他们的缺点和不足,又充分肯定他们的成绩和贡献,这也充分体现了马克思、恩格斯的

宽容精神。

总之,宽容精神是一种内含包容、吸纳、共享、创新的精神品质,在中西方文化和马克思主义思想中都有重要的论述并占据非常重要的位置。

二、宽容精神融入新时代高职思想政治工作原因分析

(一)以宽容精神入手,能弘扬中华民族优秀传统文化

"不论主观意愿如何,有史以来,任何一个民族的创造活动都是以既有的历史成果为前提、为基础、为条件而推展开来的。"在中华民族的文化历史的长河中,中华民族创造出来许多优秀的文化成果和灿烂的文明。从万里长城到都江堰,从《九章算术》到《齐民要术》,处处彰显优秀传统文化元素的魅力。而新时代的青年大学生又是祖国的栋梁之材,是弘扬民族优秀传统文化的主力军,是实现中华民族伟大复兴进程,实现中国梦的见证者和建设者,要坚定树立社会主义道路自信、理论自信、文化自信、制度自信。而坚定的文化自信的来源之一就是中国优秀传统文化,这宽容精神的本身就是中华民族文化历史长河中的优秀精神,因此在高职院校思想政治工作中融入宽容精神,培养新时代大学生宽容精神是中华优秀传统文化的题中之义和本源要求。

(二)以宽容精神入手,彰显新时代发展的客观要求

习近平总书记在党的十九大报告中庄严指出,中国特色社会主义进入了新时代。这个新时代是同 40 年的改革开放发展历程一脉相承的,又同时体现出很多与时俱进的新特征。今天世界上越来越多的人都有一种共同的认识和期许,那就是在共同生活的世界上,各国的价值追求、生活方式等虽千差万别,但文明的多样性是不争的事实,并且共同地生活在同一个地球上,任何国家、民族都是平等的,不能凌驾于别的民族、国家之上。人类思想发展史表明,人类社会原本就共同享有一些相同或类似的道德理念与道德原则,这为某些全球意识的确立提供了历史文化依据。如孔子主张的"己所不欲,勿施于人"也就是宽容精神,已经越来越多地得到国家和民族的认同,因此宽容精神是新时代发展的需要。

(三)以宽容精神入手,是立德树人教育根本任务的现实需要

2016 年,习近平总书记在全国高职院校思想政治工作会议上强调,要坚持把立德树人作为中心环节,把思想政治工作贯穿教育教学全过程……开创我国高等教育事业发展的新局面。高职院校思想政治工作从本质和根源上来说是做大学生这一主体的思想政治工作,工作的对象也是人,是要研究社会环境、内部因素怎样影响思想政治工作主体的世界观、价值观、人生观,研究大学生这一主体的思想品德形成发展规律的。人总是用不同的方式把握世界,掌握的知识越多,越能把握世界的丰富性。因此,要培养学生的宽容意识,不断提升知识传授的宽度和广度,让学生用哲学、科学、艺术、历史等多种方式把握世界,不断提升他们对世界的认知水平。把宽容精神融入新时代高职院校思想政治工作之中,是立德树人教育根本任务的需要,对

新时代大学生进行宽容精神教育、培养,更能够使新时代的大学生进行融洽与合理的交流、沟通,充分展示个性,而且能够尊重和包容他们的选择、鼓励探索和创新。

(四)以宽容精神入手,是信息网络化发展的需要

随着现代信息科学技术、人工智能的迅速发展,社会已经成为一个信息数据共同体,网络仿佛成为各种文化传递的"第一媒体",速度之快超乎想象,并迅速渗透到社会和生活的各个方面,使得大学"象牙塔"的概念日趋模糊。但网络成为思想政治工作共享的平台是不容置疑的。网络文化的共享性、包容性这些特质,使平台的每一个人都成为平等对话的主体,使思想政治工作主体之间产生了显性的影响,包括对教育对象的思想和价值观念,教育对象的思维方式、学习方式等各方面的影响。"网络把具有不同文化和不同文化背景的人统括成一个全球文化体系,每个人可以表达自己的文化理念,也可以方便地了解、接受别的文化模式。"[7]鉴于网络的互动性、开放性,使其成为一个信息共享的平台,思想政治工作主体之间相互分享,并且主体之间在分享的同时,又为这个共享平台提供新的信息、数据资源。这对于主体来说,信息数据不因分享而减少,恰恰相反,在与主体双方的共享过程中双方受益,并获得新知识的获取与提升。

三、宽容精神融入高职思想政治工作的路径分析

(一)和谐集体是融入宽容精神的空间

宽容精神的培养和实现需要一定的和谐空间。"集体是具有一定目的的个人集合体。参加这一集体的每个人是被组织起来的,同时也拥有集体的机构。"[8]在集体中的成员能够团结合作、正常交往,彼此包容,特别是能发展教育对象的个性,诚如马克思所认为的,只有在集体大环境之中,作为主体的人才能有获得更好全面自由发展的条件,只有在集体的前提下才可能有个人自由。一个主体如果完全脱离了人类社会,跟其他社会人没有任何联系和接触,那么会出现一个不可避免要丧失自己个性的个体。"一个良好的集体总是充满爱的,师生之间、同学之间关系融洽,相互尊重、相互理解、相互包容,在集体中,教育对象对爱的需求可以不断得到满足。"[9]一个和谐、团结积极向上的集体组织,有其严格的组织文化、管理制度,加之有共同的责任与追求,能够使集体内成员的个性得到尊重和彰显,并健康地发展。个人的特点、个性、知识结构会得到发挥,同时,集体也为成员主体性的发挥,自我肯定、自我选择提供良好的空间。

(二)正确引导是融入宽容精神的航标

宽容精神需要正确的引导,思想政治工作者指引宽容的方向和前进的目标。在新时代的背景下,大学生主体性意识、团队意识不断增强,在现实中会出现一些不同的观点和想法。因此在生活、学习、交往中针对思想政治工作对象出现的偏差,教师要及时、有效地进行正确引导。宽容精神的培养并不是毫无底线,也不是漫无目的、无方向的,对大学生进行宽容精

神的培养就是给大学生判断和改正错误、偏差预留时间,以发挥其主体性作用,改正不当的思维方式或观点。宽容精神离不开思想政治工作者的正确引导,正确的引导与指引可以使新时代大学生按照正确的道路前行,更能够展现学校的人文关怀。

(三)尊重差异是融入宽容精神的前提

尊重差异、包容不同是宽容精神存在的前提,它使宽容精神成为可能和必要。这个世界从本质上来说是多样性统一性存在。孔子从自然环境中得到启示:"苗而不秀者有矣夫,秀而不实者有矣夫!"他认为人的性格、能力也是和吐穗开花一样有差异性。在现代社会生活中,多样性是客观存在的,诚如马克思所表述:人的本质不是单个人所固有的抽象物,在其现实性上,它是一切社会关系的总和。这就决定了人是现实、客观、具体的,存在着个性、能力等方面的差异。尊重差异、包容不同,其本质就是尊重客观规律性和实际情况,就是实事求是,只有在尊重差异性和包容不同的前提下,进行社会交往并拓展社会主体之间的认同和理解,才能互相增进和共享思想。包容差异性使双方获得优良的信任体验,可以为高职院校思想政治工作的良性互动创造和谐氛围、优良的环境,为宽容精神的培养创造良好的前提。

(四)对话沟通是融入宽容精神的方法

对话沟通强调一种宽容意识,人与人在宽容中共享,和睦相处。在高校的思想政治工作过程中,通过思想政治工作主体间的交流与对话活动,能够对出现的矛盾和差异加以解释,并得到思想政治工作教育对象的理解,从而使其能够正确认识社会问题,保持对生活、学习、工作的积极性和热忱。通过对话沟通,思想政治工作教育者可以深入了解教育对象的思想状况和某种预期,进一步了解他们心理认识中的矛盾表现及其根源,从而有针对性地开展工作。同样,教育对象也可以了解教育者对社会上诸多问题的看法,从而达到教育双方的彼此理解和心理上相容。"单有知识,而没有感情以鼓舞之,还是不行,所以又要用感情引起他的欲望,使他爱做,不得不如此做,对社会有一种同情和忠心。"[10]因此,对话沟通使教育者和受教育者能够互相理解、宽容,并且在对话的过程中双方可以真诚地敞开自己的心扉,真正地接纳彼此。

[参考文献]

[1] 郑确.宽容究竟是什么?[J].中国青年研究,2003(4):45-46.

[2] 邹吉忠.竞争与宽容——兼论现代宽容的哲学基础[J].现代哲学,1998(3):22-27.

[3] 沈壮海.思想政治教育的文化视野[M].北京:人民出版社,2005:42.

[4] 马克思恩格斯全集(第26卷)[M].北京:人民出版社,1973:48.

[5] 马克思恩格斯全集(第13卷)[M].北京:人民出版社,1956:51.

[6] 马克思恩格斯选集(第4卷)[M].北京:人民出版社,1956:215.

[7] 严耕,陆俊,孙伟平.网络伦理[M].北京:北京出版社,1998:190-191.

[8] 安·谢马卡连柯.论共产主义教育[M].北京:人民教育出版社,1995:403.

[9] 赵玉如.集体教育[M].北京:教育科学出版社,1999:9.

[10] 杜威.杜威五大讲演[M].胡适,译.合肥:安徽教育出版社,1999:173.

高职院校专业课融入思政
教育的改革与实践
——以"会计文化"为例

（浙江经济职业技术学院　谢　冰）

[摘　要]在高职院校开展"课程思政"改革是对全面贯彻落实立德树人根本任务的积极回应。在对专业课进行"课程思政"教学改革时，教师是关键，课程设计是基础，典型教学案例是载体，现代化教学手段可以锦上添花。具体以"会计文化"课程为例，阐述专业课融入思政教育的路径方法。

[关键词]课程思政；立德树人；会计文化

习近平总书记在全国高校思想政治工作会议上指出，要坚持把立德树人作为中心环节，把思想政治工作贯穿教育教学全过程，实现全程育人、全方位育人。同时，他强调"要用好课堂教学这个主渠道，思想政治理论课要坚持在改进中加强，提升思想政治教育亲和力和针对性，满足学生成长发展需求和期待，其他各门课都要守好一段渠、种好责任田，使各类课程与思想政治理论课同向同行，形成协同效应"。这就要求专业课教师在专业课教学过程中加强思想政治教育工作，改变思政教育和专业教育"两张皮"现象，充分发挥课堂教学在育人中的主渠道、主阵地地位，着力将思想政治教育贯穿于会计专业课教学的全过程，将立德树人的内涵落实于课堂教学的主渠道之中。

一、"课程思政"改革的意义

《高校思想政治工作质量提升工程实施纲要》提出构建"十大育人"体系，课程育人质量提升体系是其中第一大体系，其基本任务是大力推动以"课程思政"为目标的课堂教学改革，优化课程设置，修订专业教材，完善教学设计，加强教学管理，梳理各门课程所蕴含的思想政治教育元素和所承载的思想政治教育功能，融入课堂教学各环节，实现思想政治教育与专业知识体系教育的有机统一。可见，"课程思政"是对思想政治教育概念的丰富与拓展，其最突

本文获浙江省高职院校党建研究会 2019 年年会论文二等奖。
[作者简介]谢冰，浙江经济职业技术学院讲师，主要研究方向为高职院校思想政治教育。

出的特点就在于它的融合性。它不是增开一门课或增设一项活动,而是在完成教学任务的同时,把价值观培育和塑造"基因式"融入所有课程,将思政教育贯穿于学校教育教学全过程,将教书育人的内涵落实在课堂教学主渠道,从而贯通专业课程和思想政治教育的功能,使专业类课程真正体现育人价值,让立德树人"润物无声"。

二、专业课融入思政教育的路径

(一)教师是实施"课程思政"改革的关键

教师在整个"课程思政"改革过程中起着主导作用,是关键一环。第一,教师一定要深刻领会到"课程思政"的教育内涵,领会"培养什么人、如何培养人以及为谁培养人",把思想政治引领贯穿教育教学全过程和各环节,将其与以往单纯的素质教育区分开来。第二,教师平时要注重积累,提高自身的政治修养,可以研读经典原著,如《马克思哲学原理》《资本论》《政治经济学》《习近平谈治国理政》等。这些经典著作里蕴含着无穷的思政元素,平时多用心积累,在设计具体教学案例时就会灵光乍现,编写出好的教学案例。

(二)课程设计是实施"课程思政"改革的基础

"课程思政"改革是要将思政元素融入如教材、课程标准、教学设计、教学方法、课程考核等课程教学的各个方面。精心的课程设计是实现"课程思政"教育的基础。在尊重学科规律的前提下,结合高职人才培养目标,对课程进行顶层设计,将课程教学目标和德育目标相统一,修订课程标准,深入并充分挖掘专业内容中蕴含的思政元素,寻找专业知识与思政元素的契合点,精准地将思政元素融入教学设计中,设计具有启发性的问题,在传授专业知识的同时对学生潜移默化地进行思想价值引领。但值得注意的是,在进行教学设计时一定要把握好"课程思政"是隐性教育,与显性教育的"思政课程"有所不同。实施"课程思政"不是课程的"思政化",本质上课程还是专业课,课程应达到的专业知识目标不应被改变,要求不应被降低。

(三)典型的教学案例是"课程思政"改革的重要载体

在教学实践中,生动的案例往往能够直接影响学生的观察力、思维力和记忆力,进而影响到学生的行为。在进行"课程思政"改革时,编写巧妙精彩的典型案例成为重要载体。学生对思政内容的单向输出、生硬说教通常是比较抵触的,如若能将思政元素与专业知识巧妙地结合在一起,编写成教学案例呈现给学生,思政内容就能通过教学案例的形式润物无声地传导给学生了。

(四)现代化教学手段为"课程思政"改革锦上添花

移动互联网的普及使青年大学生的行为、习惯发生了全新改变。因此,教师要摆脱传统的授课方式,将"95后"和"00后"喜闻乐见的形式融入课程教学中,例如线上、线下混合教学模式。具体而言,进行线上教学时多使用网络直播、视频观看、公众号推文等手段。在进行线下教学时多采用小组汇报、弹幕讨论等手段,新颖多样的教学手段往往可以达到事半功倍的效果。

三、会计文化课程实施"课程思政"的改革实践

会计文化课程是一门会计专业的文化素质课,学生在学完基础会计、财务会计等专业课后来选修这门课,可以从宏观上把握会计的历史、现时和未来,体会会计的文化内涵,从而反过来促进他们对会计专业的理解。课程遵循立德树人这一根本宗旨,以文化育人为核心目标,在"课程思政"理念导向下,将育人功能依托其会计学科领域知识与实践方法的积蕴,将习近平新时代中国特色社会主义思想融于相应的会计专业知识传授,实现专业知识传授与人生观、世界观、价值观教育的双重功能,使专业课程也能真正参与高校育人工作,体现育人价值。

(一)课程设计

1.教学目标设计

整个教学内容的编排以项目为导向,按照任务驱动、教学做一体化的原则,对每个教学单元设计三维教学目标,即知识目标、能力目标和素质目标。知识目标体现在知识性层面上,体现为通过课程学习掌握了哪些知识点,获取了哪些经验,强调的是输入。能力目标强调的是技能上的获得,通过课程学习学会了什么,能够尝试去做什么,强调的是输出。素质目标是通过思想政治教育和人文素养的融入从而达到学生对态度、情感、价值观等的重塑以及某些行为的改变,强调的是践行。如通过项目中的学习任务——人类会计思想与行为起源,掌握会计萌芽产生的时期以及形态,掌握单式簿记产生的历史动因及必要条件。这是第一维的知识目标。通过学习能够组织语言讲述会计萌芽产生的时期以及形态,能够复述出单式簿记产生的历史动因及必要条件。这是第二维的能力目标。在课程思政的要求下,通过本节学习能够掌握马克思唯物史观,树立正确的历史观。能够走出学校,通过参观博物馆撰写调研报告,从而使学生具备"绝知此事要躬行"的实践精神。这是第三维的素质目标。

2.课程内容设计

会计文化课程内容按会计发展的时间序列进行编排,将思政元素融入专业教学,具体教学内容划分为三个篇章:第一篇章是历史篇,主题是"不忘初心"。该部分主要讲解会计思想与行为的起源,复式簿记的起源与传播,中国古代最经典的"四脚账"的记账方法等。该篇章旨在使学生树立民族文化自信心和爱国情怀。第二篇章是现时篇,主题是"榜样力量"。该篇章以会计名人专题展开,选取若干个会计名人泰斗展开教学,讲解每个人物对会计事业所做出的卓越贡献。每个人物专题确立一个思政主题,通过学习他们的优秀先进事迹来践行社会主义核心价值观。第三篇章是未来篇,主题是"砥砺前行"。这部分主要讲解会计的最新发展,以"互联网+会计"、人工智能会计、财务共享服务中心等展开教学,开阔学生视野,让学生了解最前沿的会计动态,为学生指明今后学习的方向,从而使学生具备终身学习的理念及快速学习的能力。

3.教学方法设计

创新教学方法,以在线开放课程平台为主,以移动应用平台为辅,将教师教学和学生学习过程划分为课前(线上)、课中(线下)和课后(线上)。线上教师在双平台以多样化手段推

送、更新教学内容,学生根据自身需求选择性地获取知识。线下学生带着疑问来到课堂,以问题为导向,经过师生、同学间思想火花的碰撞,问题得以精准解决。如此一来,将网络教学和课堂教学有机地结合在一起,达到效用最大化。

(二)编写典型的"课程思政"教学案例

教师在吃透课程内容的同时,充分挖掘专业内容中所蕴含的思政元素,找到专业内容与思政元素的结合点,精心编写出典型的"课程思政"教学案例,表1是会计文化课程部分融入思政元素的典型案例。

表1 会计课程部分融入思政元素的典型案例

所属单元	知识点	思政元素	素质目标
人类会计思想与行为起源	①人类会计思想与行为起源 ②单式簿记产生的历史动因及必要条件	通过实地调研中国会计博物馆,体会"绝知此事要躬行"的实践精神	①马克思主义实践观 ②习近平新时代中国特色社会主义思想的实践要求
阿拉伯帝国会计	①阿拉伯帝国会计特点 ②《古兰经》与会计 ③古代东方人对世界会计所做出的贡献	阿拉伯人被誉为"东西方文明交流的使者",将中国的"四大发明"传播到欧洲,才使得之后意大利会计得以繁荣发展	①文化自信 ②"一带一路"
意大利的三式簿记	①意大利三式簿记的特点 ②复式簿记起源于意大利的缘由	意大利复式记账法是劳动人民长期实践的结果,而卢卡帕乔利仅仅是这一发明的总结人和传播者。提出"历史是由人民群众创造"的这一论断及新时代下关于"奋斗、实践"的要求	①马克思唯物主义史观 ②习近平新时代中国特色社会主义思想的实践要求
中国经典复式簿记"四脚账"	①四柱结算法和"四脚账"的记账方法 ②"彩项结册"和"存除结册"的编制方法	"四脚账"的记账原理已经接近于西方的"借贷结账法",使学生感受中国历史文化的博大精深,树立文化自信	①文化自信 ②习近平历史文化观
潘序伦与立信会计	①潘序伦的生平事迹 ②潘序伦对会计事业所做出的历史贡献	潘序伦最大的贡献是提出"诚信"这一会计文化的核心思想	①"诚信"的职业素养 ②社会主义核心价值观
葛家澍与公允价值	①葛家澍的生平事迹 ②葛家澍对会计事业所做出的历史贡献	葛家澍在研究公允价值理论时已年逾八旬,提出"敬业"的价值观	①"敬业"的价值观 ②社会主义核心价值观
常勋与国际会计	①常勋的生平事迹 ②常勋对会计事业所做出的历史贡献	常勋教授一生历经磨难,但仍然矢志不渝跟党走,体会爱国情怀	①"爱国"的价值观 ②社会主义核心价值观

(三)单元教学设计演示

现以思维导图的形式来说明第一篇章历史篇中的"阿拉伯帝国会计"的"课程思政"和线上、线下混合教学的具体实施方法(见图1)。

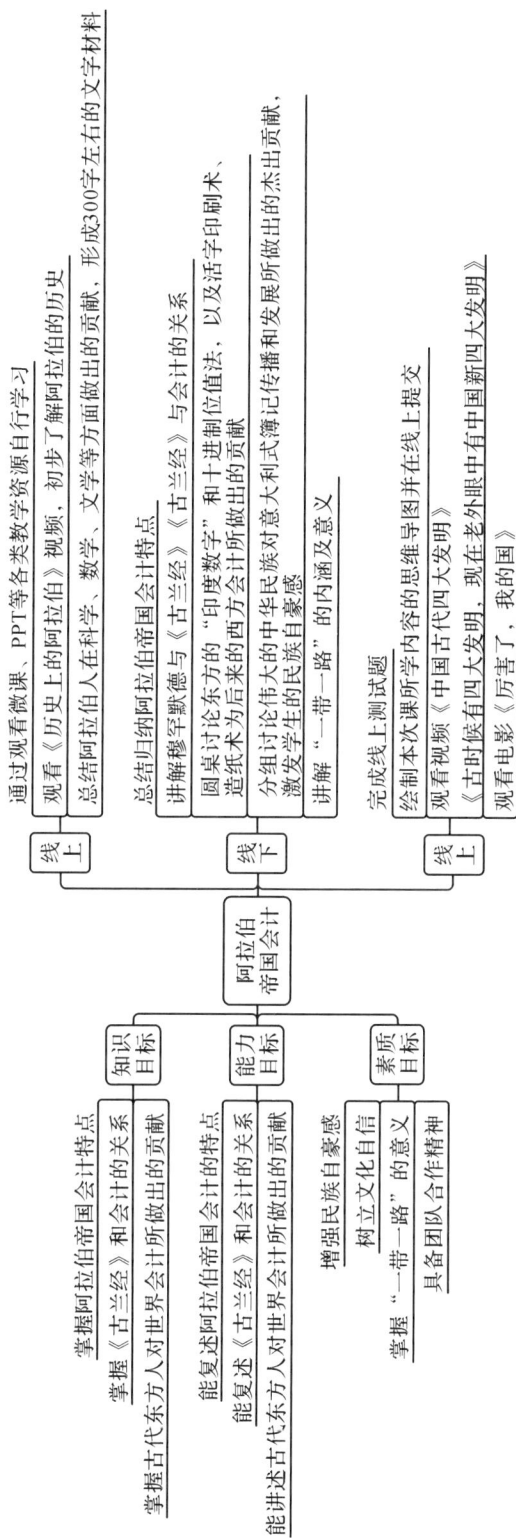

图 1 具体单元教学设计

(四)课程考核设计

课程考核目的具有双重性,这既是为了检验学生对课程的掌握情况,帮助教师不断总结经验,改进教学内容与方法;也是为了对学生的学习情况做出公正客观的评价,引导其明确学习方向,适应课程的特点,最终起到夯实基础、强化能力的作用。

会计文化课程具有很强的思政及文化教育内容,教学目标是培养学生对会计文化内涵内化程度以及对习近平新时代中国特色社会主义思想的领会和践行能力,因此在课程考核上也应该充分体现这一特点和要求,注重学习过程的检验,对照确定的教学目标,设计一套过程性考核与终结性考核相结合的多元化考核评价方案(见表2)。同时教师通过学生考核结果进行教学反思,为下一轮教学实施提出改进措施。

表2 多元化考核评价方案

	考核项目	每次的课堂任务
过程性考核 (50%)	考核内容	学习态度(出勤情况、课外学习准备情况)
		课堂表现(课堂讨论、主动发言、成果展示)
		项目质量(及时、准确、独立、清晰)
	考核方式	学生自评(20%)、学生互评(20%)
		任课教师考核(60%)
终结性考核 (50%)	考核项目	课程总体任务
	考核内容	课程内容的综合运用情况
	考核方式	任课教师考核

四、结语

习近平总书记在全国高校思想政治工作会议和思政教师座谈会上反复强调,"培养什么人、如何培养人以及为谁培养人"是高校思想政治工作的根本问题,要求将立德树人作为思想政治工作的中心环节。党的十九大报告明确提出落实立德树人这一根本任务,发展素质教育,推进教育公平,培养德智体美全面发展的社会主义建设者和接班人。因此,教师要牢牢把握住课堂这个主渠道、主阵地,在讲授专业知识的同时,将理想信念、道德情操、价值追求润物无声地传达给学生。"没有德育意识,授业工作做得再好也只是一个教书匠、手艺人。"通过"课程思政"教学改革,使教师从一名专业授课教师转变成一位真正的人类灵魂工程师。

［**参考文献**］

[1] 习近平.把思想政治工作贯穿教育教学全过程 开创我国高等教育事业发展新局面

［N］.人民日报,2016-12-09(1).

［2］邓晖,颜维琦.从"思政课程"到"课程思政"——上海探索构建全员、全课程的大思政教育体系［N］.光明日报,2016-12-12(8).

［3］王石,田洪芳.高职"课程思政"建设探索与实践［J］.中国职业技术教育,2018(14)：15-17.

［4］朱志鑫,陶文辉,刘静霖,等.高职数学课程融入"课程思政"教育的路径探析［J］.北京工业职业技术学院学报,2019(1):82-84.

新时代高职院校扩招后学生
思想政治工作浅析

（浙江工商职业技术学院　石梦瑶）

[摘　要]李克强总理在十三届全国人大二次会议上所做的政府工作报告中明确提出"高职扩招 100 万",如此大规模扩招给高等职业教育带来了巨大的机遇和挑战。新时代背景下高职院校扩招后学生的思想政治工作值得深入思考和探究。基于此,从高职院校扩招的时代背景和现实意义、高职院校思政教育工作的现状分析、扩招后思政教育工作面临的困境和挑战以及高职院校扩招后思政工作的创新路径探究四个方面进行分析和探究。

[关键词]高职院校;扩招;学生思想政治工作

中国特色社会主义进入新时代,这是一个承前启后、继往开来、在新的历史条件下继续夺取中国特色社会主义伟大胜利的时代。2019 年 3 月,李克强总理在政府工作报告中明确提出职业教育是国民教育体系和人力资源开发的重要组成部分,高职教育应以落实立德树人为根本任务,"加快发展现代职业教育,既有利于缓解当前就业压力,也是解决高技能人才短缺的战略之举。改革完善高职院校考试招生办法,鼓励更多的应届高中毕业生和退役军人、下岗职工、农民工等报考,今年大规模扩招 100 万人"。这是国家首次将职业教育放到国家政策层面,进一步明确了职业教育作为国家发展和民生稳定的重要支撑所需担负的职责与使命。

习近平在全国高校思想政治工作会议中强调,高校思想政治工作关系高校培养什么样的人、如何培养人以及为谁培养人这个根本问题,要坚持把立德树人作为中心环节,把思想政治工作贯穿教育教学全过程,实现全程育人、全方位育人,努力开创我国高等教育事业发展新局面。由此可见,高校的立身之本在于立德树人。伴随着新时代的到来以及高职院校扩招学生群体的变化,高职院校应全面创新学生思想政治教育工作。

本文获浙江省高职院校党建研究会 2019 年年会论文二等奖。
[作者简介]石梦瑶,浙江工商职业技术学院助教,主要研究方向为思想政治教育。

一、高职院校扩招的时代背景和现实意义

(一)服务经济转型升级,促进经济高质量发展

随着我国经济的快速发展,产业面临转型升级,对高素质应用型人才的要求进一步提升。高职院校是培养和输送应用型、技能型人才的重要基地,发展现代职业教育,有利于缓解就业压力,有利于解决高技能人才短缺问题。这次高等职业院校扩招 100 万人,和以往扩招不同之处就在于从经济发展需求出发,以解决退役军人、下岗职工、失地农民、新生代农民的就业问题为着力点,提高劳动者素质,拓宽就业途径,提升就业能力。本次扩招不仅可以培养更多应用型、技能型人才,还可以提供大量就业岗位,对经济增长也可以产生直接刺激作用。

(二)优化高等教育结构,促进教育改革发展

高职扩招是新时代教育改革发展的必然趋势。高职教育是高等教育普及化的重要力量支撑。一方面从职业教育发展来看,从学历到培训,中职毕业生、高中毕业生、退伍军人、农民工、下岗职工等想要实现岗位转换和技能提升者,都属于职业教育生源的范畴。另一方面从职业教育类型来看,我国历史上有过多次高等教育规模和结构的调整,而这次是从职业教育的角度来看待人才培养,把职业教育和普通高等教育放在同样重要的地位,甚至是更加突出的位置,这是从经济社会发展需要相匹配的人才类型和结构方面来考虑的。

(三)职业教育重要性日渐凸显

大量的高素质技术人才储备是中国从"中国制造"向"中国创造"转变的重要基础。人社部 2018 年数据显示,中国技术工人超过 1.65 亿,占就业人口总数的 21.3％,但其中只有 4791 万高技能人才,占就业人口总数的 6.2％。这些数据表明,企业对劳动者知识结构和技能结构的要求正在不断升级,为满足这些需求,获得相应技术职称或资格证书是实现需求的基本途径。因此,能够满足这种需求的高等职业教育具有广阔的发展前景。根据教育部公布的统计数据,2018 年全国共 1418 所高等职业(专业)学校,占高等院校总数的 53.25％;招生人数 3688300 人,占高等教育总人数的 46.63％;在校生 1133 万,占高等院校总数的 40.05％。高等职业(专业)学校数量已经超过普通高等院校。职业教育培养的毕业生已经成为现代制造业、现代服务业、战略性新兴产业的主要劳动力来源。

二、高职院校扩招后思政教育工作的现状、困境和挑战

(一)高职院校学生思政教育工作的现状

1.高职院校思政理论课受到"微时代"新媒体的冲击

信息的开放性加大了学生接触各种思想的可能性,以及由此带来的对学生思想的冲击性。便捷的信息接收和发送方式,让思想不够成熟的部分高职院校学生应接不暇,容易发生思想困惑和选择失误。文化的多元性、思想意识的多样性、互联网的便捷性,给思想政治理论教学工作带来挑战。

2.高职院校思政教育师资队伍不健全和不完善

立德树人是高职院校的根本任务,但有些高职院校过分强调"树人"任务,往往忽视"立德"使命,导致在师资建设上注重专业教师队伍建设,而淡化思政工作队伍建设。承担高职院校思想政治教育任务的主体是思政课教师,思政课教师主要利用课堂开展思想政治教育工作,教学涉及面广但成效不显著。此外,高职院校的思想政治教育被看作是思政课教师、辅导员和班主任等的专门工作,这使思想政治教育工作逐渐被"局部化"。担任学生思想政治工作的辅导员往往因从事大量的行政事务性工作,导致其作为学生思政教育工作者的作用发挥不充分。

3.高职院校思政教育工作缺乏整体性和全局性

高职院校思政教育工作的开展是高职院校学生职业精神的追求,也是培养目标的要求,更是社会对个体成长的要求。目前,高职院校发展的速度和规模不断加快,相当一部分高职院校缺乏全面科学的思想政治教育体系。一方面,高职院校缺乏科学的思想政治教育体制,导致高职院校的思想政治教育缺乏整体性和全局性,缺乏健全的顶层设计。另一方面,高职院校缺乏全面的思想政治教育机制,在开展具体思想政治教育工作时,往往出现"东一榔头、西一棒槌"的局面,很多院校只重视专业发展,重视专业技能的培养,往往忽视学生的品德培养和职业道德养成,不能系统地开展学生思想政治教育工作,成效不显著。

(二)高职院校扩招后思想政治教育面临的困境和挑战

1.高职院校扩招后学生生源,不利于思政教育的展开

(1)扩招后学生的价值取向呈现多样性和矛盾性。社会经历复杂,负面思想增加。下岗职工和农民工往往处于社会底层,对现实中存在的贫富差距、城乡差距等问题有更直接更深刻的感触,加上他们自身知识的局限性且又缺乏客观分析问题的能力,若没有系统的引导,心态会发生变化,容易对社会产生片面的、偏激的认识,而这种负面情绪很容易传染给在校大学生。

(2)扩招学生群体水平呈现差异性和不均衡性。扩招后绝大多数生源呈现的是学历普遍较低,理论功底薄弱。目前高职院校所采用的思想政治理论课教材对于他们来说还是明显枯燥、晦涩,并且课堂上教师讲授的这种传统教学模式更是难以调动他们的学习兴趣。

(3)扩招学生群体实用主义和功利主义倾向较强。相对于应届生,扩招生源的学习目的

更加明确和直接,即以就业为导向,个人对于操作技能的追求远远高于理论知识和素养提升的追求。因此,从思想上会对思想政治素质忽视甚至是漠视。

2.高职扩招对于院校思政教育工作者、思政教育模式提出了新的要求

高职院校思政教育必须要结合高职学生的实际,首先是要以高职学生真实的生活情况为基础,通过相关的"两课"再进一步强化,这样才能既保证了高职思政教育的真实性、及时性和有效性,又能使高职思政教育来源于生活、贴近生活,保证了高职思政教育的时效性。目前,高职思政教育团队整体的队伍素质和技能水平还存在着一定的欠缺。因此,无论是思政教育团队的相关工作方式,还是专业的技能水平包括工作各方面能力、精神都需要进一步提升。扩招百万背景下的高职思政教育需要不断随现实情况而做出相应的调整。通过对不同结构的高职学生情况较为详细真实地了解研究,再采用科学合理的思政教育手段,能探索出更适合扩招后几类生源的思政教育方式,从而保证高职思政教育的有效性。这样才能较为有力缓解扩招百万背景下高职思政教育所面临的压力。

三、高职院校扩招后思想政治工作的创新路径探究

(一)统一思想,多方联动,构建思政工作新体系

思想政治教育工作不是一朝一夕就可以完成的,它是一个协调互助、共推共进的大工程。学校上下、各个部门要高度统一思想,进一步助力"大思政"环境的创立和坚守。学院党委要清楚扩招后学生思想政治工作的难点和重点,要从顶层设计出发,深入贯彻落实主体责任,重新制定思想政治工作方针,改革思想政治工作方式方法,充分发挥"大思政"课堂。制定改进学生思想政治工作的实施意见;构建多方联动、齐抓共管的"大思政"工作格局;构建责任体系,强化过程指导,各二级学院要进一步梳理学院特色,积极开设"小思政"课堂,以学院教师、团学干部、入党积极分子为主体,在课堂教学、学生活动中增设"工匠精神""企业文化""职业道德"等内容,让扩招学生从思想上重新认识自身不足;学校各部门要通力合作,配合学校、学院构建思政工作新体系,助力全校思政工作;加大投入保障,设立学生思想政治工作专项经费,全面支持思想政治工作的实践创新和理论研究。

(二)因材施教,灵活教学,创新思政教育新途径

扩招学生群体中很大一部分是退役军人、下岗工人、农民工,这些学生中很大一部分会因为经济收入上的落差而产生心理不平衡,也会因为自身跟不上社会经济发展步伐而重新回到学校深造而倍感压力。在日常教学当中,应当根据扩招生源的思想特征、知识特点,因材施教,灵活教学;要加强教学常规管理,适应不同生源、不同学习方式、不同学习时间,创新教学形式和考核评价等。在思想政治理论课教学当中,首先,应当引入更多的和这部分学生相关的知识。比如加入关于国家就业政策方面的各项优惠措施、社会保障方面的最新动态等,这些内容和他们自身息息相关,更能够引起关注。其次,可以采取更多案例教学。相比枯燥的理论,鲜活的案例更能够引起这部分学生的兴趣,帮助他们理解理论内容。再次,发挥实践教学引导作

用。高校思想政治理论课实践教学的形式主要包括基地教育、社会实践、案例教学、阅读实践、校园文化、研究实践、情感体验、情景再现等八大基本类型。对于扩招生源,特别是下岗职工、农民工,应相对提高实践教学的学时数,丰富实践教学形式。同时利用新媒体时代的优势,通过信息化手段和资源,努力拓展更多更丰富的教学形式。最后,可以探索专题式教学、案例式教学等新的方式方法。专业课程教学也应当以课程思政为导向,更多地融入思政元素。专业课教师应当以专业背景和行业特点为基础,以提升就业能力为目标,将职业道德、工匠精神和专业精神等内容融入专业课程教学的目标、实施和考核评价等环节。

(三)整合资源,加强队伍建设,形成育人工作新局面

思想政治教育人才的培养和队伍的建设是思想政治工作的保障和基础。扩招百万后,带来的影响就是生源范围扩大,需求多元,这需要高职院校整合资源,加强思政教育师资队伍建设。首先,聚焦能力提升,构建立体式培训体系,提高学生思想政治工作队伍专业化、职业化和品牌化水平。其次,在培养专业思想政治教育人才的同时,加快提升辅导员、思政课教育、专业课教师、心理咨询师思想政治工作能力,形成以党员干部为前锋,专业思政老师为中坚,全体教师凝心聚力提升思想政治工作能力的模式,推动日常思政教育和思政课建设深度融合。在教师教学评价、职务(职称)评聘、评优奖励中,把思想政治表现和育人功能发挥作为首要指标,引导广大教师不忘立德树人初心,牢记人才培养使命,将更多精力投入到教书育人工作上。

总的来说,高职扩招百万是国家政府加强高职教育发展的重要手段,是关系到国家发展、民生就业的重要举措,既可以有效缓解当前社会对技术型人才的急切需求,也可以为社会源源不断地提供人才动力,真正促进社会经济的快速发展。在新时代高职扩招百万背景下的高职思政教育所面临的困境和挑战还比较多,需要统一思想,多方联动,构建思政工作新体系;因材施教,灵活教学,创新思政教育新途径;整合资源,加强队伍建设,推进育人工作新局面。这些措施都可以及时应对扩招所带来的问题和挑战,进而保证高职扩招百万思政教育的进一步发展。

[参考文献]

[1] 高职扩招100万人,也是改变就业供给端结构[EB/OL].(2020-08-21)[2019-03-09].http://www.bjnews.com.cn/opinion/2019/03/07/553923.html.

[2] 教育部.2018年全国教育事业发展基本情况[EB/OL].(2019-09-29)[2020-08-21].http://www.moe.gov.cn/jyb_sjzl/s5990/201909/t20190929_401639.html.

[3] 汤力峰,王学川.自媒体环境下高校思想政治工作的创新[J].中国青年研究,2012(3):34-37.

[4] 习近平在中国共产党第十九次全国代表大会上的报告.[EB/OL].(2017-10-28)[2020-08-21.]http://cpc.people.com.cn/n1/2017/1028/c64094-29613660.html.

[5] 杨增崇.高校思想政治理论课实践教学的困境及突破[J].思想理论教育导刊,2016(10):100-103.

新媒体时代高职院校意识形态阵地建设研究
——以浙江建设职业技术学院为例

（浙江建设职业技术学院　王　鑫）

[摘　要]通过对浙江建设职业技术学院 280 名高职生进行学院意识形态阵地建设问卷调查,得出以下结论:师生对学院的认同感普遍很高,但建议学院硬件设备需要改善;学院利用新媒体进行意识形态教育的形式有待进一步丰富,应加强创新;新媒体对当前学院意识形态教育有一定冲击,特别是学生群体。因此,针对这些结论提出以下建议:改善学院硬件设施,并丰富意识形态教育的形式和方式;强化课堂思政,以思政课为主体,加强对学生进行意识形态教育;主动占领新媒体阵地,利用新媒体加强学院意识形态教育的理论宣传。

[关键词]新媒体;高职院校;意识形态

2015 年,中共中央办公厅印发《关于进一步加强和改进新形势下高校宣传思想工作的意见》,指出意识形态工作是党和国家一项极端重要的工作。高校作为意识形态工作的前沿阵地,就显得尤为重要。而在新媒体时代,面对纷繁复杂的网络信息传播,加强高职院校的意识形态阵地建设迫在眉睫。本文以浙江建设职业技术学院 280 名高职生作为调查对象,了解高职院校意识形态阵地建设的现状及存在的问题,并提出相应的解决对策,这对于加强高职院校意识形态阵地建设有一定参考价值。

一、调查工具与对象

本次的调查工具为自编问卷(学生)与访谈提纲(教师)。调查问卷(学生)共分为两个部分:第一部分是学生的基本信息,包括性别、年级和政治面貌;第二部分是调查内容,主要包括 9 个问题。访谈提纲(教师)共有 7 个问题。调查对象为浙江建设职业技术学院 280 名学生。问卷共发放 280 份,回收 280 份,有效问卷 268 份,有效回收率为 95.7%。从性别来看,男生 233 名,占 86.9%;女生 35 名,占 13.1%。从年级来看,大一(19 级)134 名,占

本文获浙江省高职院校党建研究会 2019 年年会论文二等奖。

[作者简介]王鑫,浙江建设职业技术学院城建系学生党支部宣传委员,助教,主要研究方向为教育学原理、德育原理。

50%;大二(18级)105名,占39.2%;大三(17级)29名,占10.8%。从政治面貌来看,中共党员1名,占0.4%;共青团员201名,占75%;群众66名,占24.6%。

二、调查结果与分析

(一)重视程度

表1　不同性别学生的重视程度差异及均值表

	性别	频数	均值	标准差	F值	Sig	t值	Sig(双侧)
您认为学院对意识形态教育工作的重视程度如何?	男	233	1.42	0.559	2.352	0.126	0.737	0.462
	女	35	1.34	0.482				
您认为学院的专业课、公共基础课、实训实习中有没有渗透意识形态教育内容?	男	233	1.36	0.804	18.614	0.000	2.032	0.043
	女	35	1.09	0.284				
您认为加强学院学生的主流意识形态(与社会发展趋同的价值观)有没有必要?	男	233	1.31	0.718	4.808	0.029	1.100	0.273
	女	35	1.17	0.453				

由表1可知,对于"您认为学院对意识形态教育工作的重视程度如何",男生均值为1.42,女生均值为1.34,t检验结果为0.737,P=0.462>0.05,表明男女生对于这个问题的认识差异不显著。同样,男女生对于"您认为加强学院学生的主流意识形态(与社会发展趋同的价值观)有没有必要"的认识差异也不显著。而对于"您认为学院的专业课、公共基础课、实训实习中有没有渗透意识形态教育内容",男生均值为1.36,女生均值为1.09,t检验结果为2.032,P=0.043<0.05,表明男女生对于这个问题的认识差异显著。其中,相比较女生而言,男生之间对于这个问题的认知差异更显著。

(二)认知状况

表2　不同政治面貌学生的认知状况差异及均值表

	政治面貌	频数	均值	标准差	F值	Sig	t值	Sig(双侧)
学校的思想政治理论课内容是否对您的学习、就业、成长、成才起到指导性作用?	党员	1	1.00	0.000	0.384	0.240	0.438	0.230
	团员	201	1.45	0.607				
	群众	66	1.41	0.526				
在学院报刊橱窗、新媒体(微信公众号、QQ群)上,你关注学院的最新动态吗?	党员	1	1.00	0.000	3.095	0.792	2.358	0.778
	团员	201	1.48	0.601				
	群众	66	1.68	0.612				

续 表

	政治面貌	频数	均值	标准差	F 值	Sig	t 值	Sig（双侧）
您如何看待学校通过宣传栏、广播电视、官方网站、新媒体平台、张贴海报等形式宣传主流思想？	党员	1	1.00	0.000	1.064	0.142	1.258	0.139
	团员	201	1.58	0.809				
	群众	66	1.44	0.704				

由表 2 可知，对于"学校的思想政治理论课内容是否对您的学习、就业、成长、成才起到指导性作用"，团员均值最高为 1.45，t 检验结果为 0.438，P＝0.230＞0.05，表明不同政治面貌的学生对于这个问题的认识差异不显著。同样，不同政治面貌的学生对于"在学院报刊橱窗、新媒体（微信公众号、QQ 群）上，你关注学院的最新动态吗""您如何看待学校通过宣传栏、广播电视、官方网站、新媒体平台、张贴海报等形式宣传主流思想"这些问题的认识差异也不显著。

（三）路径探索

表 3 不同年级学生认为的路径探索差异及均值表

	年级	频数	均值	标准差	F 值	Sig	t 值	Sig（双侧）
您比较认同学院以哪些形式去进行意识形态教育？	大一	134	2.10	1.025	1.011	0.316	1.476	0.144
	大二	105	1.90	0.966				
	大三	29	2.07	1.193				
教育法，进行政治理论教育	大一	134	0.72	0.449	0.433	0.511	0.328	0.791
	大二	105	0.74	0.439				
	大三	29	0.72	0.455				
示范法，树立先进典型，引领师生去争先进，赶先进	大一	134	0.71	0.456	1.157	0.283	0.544	0.213
	大二	105	0.68	0.470				
	大三	29	0.62	0.494				
宣传法，加强正面宣传，做好舆论引导	大一	134	0.75	0.437	2.967	0.086	0.873	0.006
	大二	105	0.70	0.463				
	大三	29	0.83	0.384				
熏陶法，加强校园文化建设，让全体师生在校园文化的熏陶中得到提升	大一	134	0.68	0.469	0.009	0.924	0.048	0.541
	大二	105	0.68	0.470				
	大三	29	0.72	0.455				
"互联网＋"法，在新媒体（微信、微博、抖音）上开辟专栏，以良好的网络生态培育人	大一	134	0.78	0.418	0.029	0.864	0.086	0.922
	大二	105	0.77	0.422				
	大三	29	0.76	0.435				

由表 3 可知，对于"您比较认同学院以哪些形式去进行意识形态教育"，大一均值最高为

2.10,t检验结果为1.476,P=0.144＞0.05,表明不同年级学生对于这个问题的认识差异不显著。其中,教育法、示范法、熏陶法、"互联网＋"法,不同年级学生认识差异不显著。而对于宣传法,大三学生均值最高为0.83,t检验结果为0.873,P=0.006＜0.05,表明不同年级学生对于采取宣传法,加强正面宣传,做好舆论引导的认识差异显著。

三、结论与讨论

(一)师生对学院的认同感普遍很高,但认为学院硬件设备需要改善

通过学生问卷调查和教师调研,发现几乎所有学生都认为学院对意识形态教育阵地建设是重视的,他们对学院有着很强的认同感。但学生们认为学院部分硬件设施有待改善,体现在以下两个方面:第一,关乎学生生活的寝室问题,如寝室无空调、寝室高层如五层、六层经常停水;第二,关乎学生文艺活动的硬件设施,如图书馆报告厅的话筒数量、质量、音响设备等需要改善。

(二)学院利用新媒体进行意识形态教育的形式有待进一步丰富,应加强创新

调查发现,90.6％的学生很关注学校通过宣传栏、广播电视、官方网站、新媒体平台、张贴海报等形式宣传主流思想,觉得学院宣传的内容需要创新,这样才能引起更多学生的兴趣。调研中,一些教师也反映学院利用新媒体进行意识形态教育的形式不够,应增加形式,丰富内容。如可以利用抖音,注册一个学院抖音账号,在上面进行学院的文化宣讲,或建立学院微信公众号,在微信公众号平台上进行各种理论宣传,以加强对学院的意识形态阵地建设。

(三)新媒体对当前学院意识形态教育有一定冲击,特别是学生群体

调查发现,94.8％的学生经常或偶尔在学院报刊橱窗、新媒体(微信公众号、QQ群)上关注学院最新动态。这表明学生们热衷于使用新媒体去关注学院的最新动态。而90％老师认为新媒体对学院意识形态教育有一定冲击,特别是对学生群体。新媒体中如微信、微博、QQ、抖音中有些泛娱乐化、低俗化等内容会影响学生的价值观和人生观。而且有些学生缺乏辨别能力,容易被新媒体中错误的内容所误导。

四、对策与建议

(一)改善学院硬件设施,并丰富意识形态教育的形式和方式

针对学生们认为学院部分硬件设施有待改善这个问题,高校应在学院经费充足的情况下着力解决学生当前比较困扰和吐槽比较多的硬件设施。

此外,学院应开展多种形式的活动加强对师生的意识形态教育。可从以下几方面进行:第一,定期开展鲁班大讲堂,邀请专家、学者来做报告,其中穿插意识形态教育。第二,专人负责主抓意识形态教育工作,并将很多工作落到实处。如"不忘初心,牢记使命"主题教育活动,不但领导班子要参加集体学习,而且各系部、各党支部都要开展各种形式的学习活动。第三,对学生开展宗教信仰排查工作。第四,教职工大会上对教师们进行意识形态教育。第五,利用新媒体,如微信公众号、微信公众号平台等加强学院的文化建设,加强学生对学院的认同感。第六,将主题教育活动细化到各党支部,如党总支会议、支部会议、集体党日活动、党员教师集中学习、理论宣讲、党员教师网上学习,如对"学习强国"App的学习、开展红色专题讲座等。此外,系部例会、座谈会、沙龙读书会、专题讲座、教研教改活动等,这些都可以穿插意识形态教育的内容。

(二)强化课堂思政,以思政课为主体,加强对学生进行意识形态教育

调研发现,50%老师认为应以思政课、专业课教学为主,在课堂中通过专业课的教学对学生穿插意识形态教育,如在专业课教学中讲到市政工程建设时,可通过播放短片对比中外水泥产量,让学生充分感受到我们祖国的强大,激发学生们的爱国主义情怀。在学院的主流意识形态教育中,思想政治理论课是主阵地,当前学院的总体要求是坚持用发展的马克思主义武装大学生,始终保持教育教学的正确方向,坚持理论联系实际,贴近生活、贴近学生;积极推进学院对思想政治理论课的学科建设。此外,在教学内容设计的过程中,应针对大学生的特点,充实鲜活的案例,将"高大上"的教材内容转化成"接地气"的教学内容,并充分借助现代化多媒体的教学手段,加强教学互动,切实增强教学的针对性和时效性。

(三)主动占领新媒体阵地,利用新媒体加强学院意识形态教育的理论宣传

学院应充分利用官方微信、微博甚至抖音平台,围绕主流意识形态开展宣传教育活动,开设专栏进行意识形态正能量传播和教育,使官方平台成为学校网络思政教育和理论学习的重要出口。努力培育出适应师生需求、贴近师生生活、服务师生成长的文化育人品牌,发挥新媒体的传播优势,在校园舆论引导中发挥积极作用。新媒体环境下的学院意识形态阵地建设需要创新,应根据不同的受众及时转换宣传思路,创新宣传方式,大大提高意识形态工作的正能量传播热度。高校要建立舆情研判机制,密切关注网络舆情,建立舆情发现、舆情研判、舆情处置、舆情引导的一体化工作体系,确保意识形态阵地建设各项工作顺利开展。

[参考文献]

[1] 冯泽玉.当前我国高校主流意识形态建设路径研究[D].重庆:重庆理工大学,2018.

[2] 安涛.高校意识形态阵地建设研究[D]西安:西北师范大学,2017.

[3] 刘慧.加强高校意识形态领域阵地的研究[D]太原:中北大学,2015.

[4] 李佳.新时期高校意识形态安全问题及对策研究[D]重庆:西南大学,2016.

[5] 万欣荣,叶启绩.高校意识形态阵地建设研究[J].思想政治教育研究,2015,31(3):21-24.

[6] 李洁,高巍.高校意识形态阵地建设有效途径探析[J].北京教育(高教),2019(7):

147-149.

［7］覃事太,袁帅.加强高校意识形态管理刍议[J].学校党建与思想教育,2015(20):60-62.

［8］郭明飞.新时代高校意识形态工作领导权探析[J].学校党建与思想教育,2018(5):
31-33.

［9］王永贵.扎实推进高校意识形态建设的着力点[J].思想理论教育,2015(4):15-20.

蓝墨云班在高职"毛泽东思想和中国特色社会主义理论体系概论"课堂教学中的应用

（浙江纺织服装职业技术学院　江雪芳）

[摘　要]随着移动互联网的迅速发展,当前思想政治理论课教学模式和方法已不能满足时代要求,需要进行创新和改革。针对传统的"毛泽东思想和中国特色社会主义理论体系概论"课堂教学中存在的问题以蓝墨云班为例进行分析,重点探讨蓝墨云班课在高职"毛泽东思想和中国特色社会主义理论体系概论"教学中的应用,希望为高职院校思想政治理论课教学改革提供新途径。

[关键词]蓝墨云班;高职院校;课堂教学;应用

"蓝墨云班"是在移动互联网技术迅猛发展下产生的一款移动教学 App,它以信息技术为手段进行即时沟通和分享,以此实现过程性评价和个性化评价教学。作为高职思政理论课重要组成部分的毛泽东思想和中国特色社会主义理论体系概论课(以下简称概论课),如何适应信息化时代要求,将传统课堂教学优势与信息技术相融合,实现网络课堂与现实教学一体化的功能,从而塑造生动灵活、便捷高效的新型思想政治理论课课堂,已经成为重要的课题。

一、传统概论课课堂存在的问题

(一)传统课堂教学内容理论性强,难接地气

目前高职的概论课使用的是本专科通用的全国统编教材,具有普遍适用性。由于概论课强调灌输显性的社会意识形态,教材内容大多是带有纲领性的基本原则和理论知识,其微言大义的内容对于理论基础不深的高职学生来说具有一定难度。因此,教师需要结合高职学生的认知心理特点和学习习惯,将生硬的教材语言转化成生动易懂的教学语言,以更具表现力的形式和载体让思想政治课更具吸引力,更接地气。

本文获浙江省高职院校党建研究会 2019 年年会论文二等奖。
[作者简介]江雪芳,浙江纺织服装职业技术学院讲师,主要研究方向为思想政治教育。

(二)传统课堂教学手段单一,学生参与热情不高

传统的概论课课堂往往采用单向灌输为主的统一化教学模式,其单一的教学手段,很难激发学生的学习兴趣。同时很多学校的概论课都是动辄上百人的合班化教学,很难创设教育主客体双方良性互动的生态教学环境,需要利用信息化手段才能达到"关注人人,实现师生、生生之间的有效互动"的目的。

(三)传统课堂教学受时空限制,难以适应全媒体信息化时代的要求

随着新媒体技术的迅速发展,以"两微一端"为代表的新媒体对学生的影响越来越大,完全突破了学校、课本和课堂的传统边界。传统概论课课堂由于受时空的限制,无法让学生在有限的时间接纳更多的知识,更无法进行有针对性的学习。

二、高职概论课应用蓝墨云班的优势

(一)拓宽教学地域空间,积极转变话语体系,使思想政治理论课更接地气

通过蓝墨云班的应用,可以解决传统课堂中思想政治教育话语受地域空间限制的问题。概论课以学生关心的问题为导向,充分利用党史、地方文化、校史、身边的榜样等资源,结合时下的社会热点、新闻素材,充分满足不同专业、不同层次学生的差异化需求。此外,其丰富的课堂教学手段也可提高学生参与热情和自主学习意识,使思想政治教育话语体系的形成更加贴近学习者的生活体验。

(二)加强隐性教育功能,积极创设互动环境,使思想政治理论课更入人心

蓝墨云班的应用,重在创设良好的互动环境,注重教育的环境情境和受教育者的情感体验。它吸纳了互联网络的隐蔽性、开放性、互动性等特点,使学生更乐于通过蓝墨云班的交流活动来表达自己真实的想法。教师因地制宜、因时制宜、因材施教的多样性教学提高了学习兴趣和课堂的参与度,切实加强了概论课教学"润物细无声"的隐性教育效果,使思想政治理论课更深入人心。

(三)强调学生主体地位,有效发挥学生作用,使思想政治理论课更具吸引力

蓝墨云班的应用,更加强调学生的主体性地位,强调从学生的需求出发,以学生关心的问题导入,通过丰富的教学资源和教学活动,让学生积极参与进来,进一步发挥学生主体的有效作用,使思想政治理论课教学更具吸引力。

(四)改善"低头族"现象,使课堂上的手机转变为学习工具

蓝墨云班借助手机实现教学互动,通过手机开展有针对性的教学活动,这不仅有效利用了移动互联网平台的优势,还能将手机转变为学习的工具,改善高职学生"低头族"现象,降

低手机给课堂带来的不利影响。

三、蓝墨云班在概论课课堂教学中的应用

蓝墨云班的应用极大丰富了高职概论课的教学内容和手段,满足了师生课堂教学互动与即时反馈的需求,增强了概论课课堂教学的魅力值和实效。笔者经过一年时间应用与实践,主要总结如下:

(一)总体设计思路

课程设计以学生为中心,精心选择各类时政新闻和教学课件、内容,积极推送资源,组织各类师生活动,通过课前导学、课中参与、课后延伸等环节,帮助学生全程参与教学活动(见图1)。

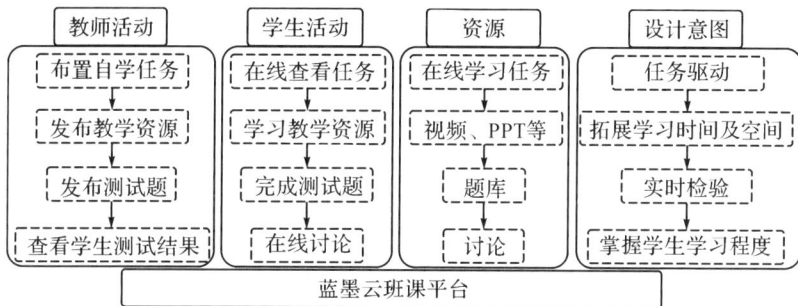

图 1 蓝墨云班课平台示意图

(二)教学流程设计

根据大纲的要求分解教学任务,设计教学专题,明确每个学习阶段的目标和任务,通过课前、课中、课后以及作业布置、知识问答、考核评价等各项环节,提高高职学生分析问题和解决问题的能力(见图2)。

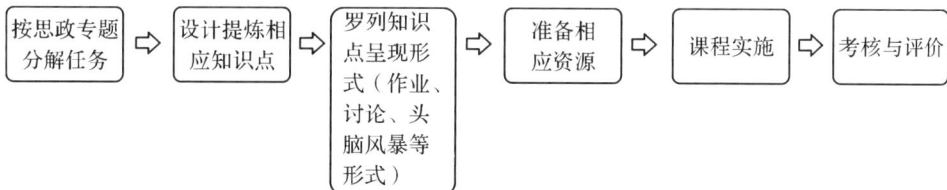

图 2 教学流程图

(三)教学环节设计

1.课前
(1)蓝墨云班课创设(教师端)
①手机下载并安装蓝墨云班课 App。

②通过手机号进行用户注册。

③点击 App 界面右上角的"＋",进行"班课创建"。

④"班课创建"后填写基本信息,获取班课"邀请码"。

⑤备注:网页版客户端也可以登录蓝墨云班课。

(2)蓝墨云班课加入(学生端)

①手机下载并安装蓝墨云班课 App。

②通过手机号进行用户注册。

③点击 App 界面右上角的"＋",通过教师发布的邀请码加入蓝墨云班课。

④输入班课邀请码,填写基本信息后即可成功加入蓝墨云班课。

(3)推送资源

教师利用"学习强国""人民网""新华网"等平台的资源和案例,上传网络新闻、音频视频以及授课计划、PPT 课件、文档资料等资源供学生自主学习。通过资源功能可以及时更新中国特色社会主义前沿理论,补充时政新闻,同时还可以根据学生不同专业背景推送特色化的素材资源,及时拓展学习空间和内容,满足学生个性化、多样化学习需求。教师推送资源可按专题做好类型区分,根据难易程度设置不同经验值,便于教师开展学生学习的跟踪、考核和评价;设置学习要求,便于学生整体把握教学资源。此外,同一课程只需创建一次,所有课程教学资源和活动都可迁移复制至另一班课。

2.课中

教师课中利用教学资源进行课堂教学,并利用讨论答疑、头脑风暴、课堂提问、课堂测试、抢答等活动开展互动,学生获取相应经验值。

(1)签到。学生在规定时间内进行手势或"一键"签到,由于其签到功能非常方便快捷,同时系统自动记录并分析学生到课率,这对于合班化的概论课来说无疑能节省时间,有利于课堂教学的组织与课后的评价管理。

(2)课堂提问。精心设计与授课内容相关的问题,通过"举手"功能抢答问题,活跃课堂气氛,提高学生参与热情。如服装设计类学生可以设计以服装为主题的"通过中国服饰发展来看改革开放"这样的问题,动漫设计专业可以设计"中日动漫产业的发展和比较"这样的问题,来进一步理解文化强国的重要性。提问也可以通过"摇一摇"功能,随机抽取学生提问。

(3)投票问卷。在课前结合授课内容,设计好题目进行投票,投票结果直观简洁。投票可以设计为开放性问题,通过投票结果开展进一步的讨论。

(4)讨论与答疑。类似 QQ 群的功能,围绕话题开展讨论,积极发言的同学获取相应经验值,同学们也可相互点赞,进行有效的互动交流和学习。

(5)作业与小组任务。可线上线下随机分组,任务分配以小组为单位,有利于学生协作精神的培养。

(6)头脑风暴。通过此项功能快速收集所有学生对某个问题的回答,从而实现学生的广泛参与。

(7)测试活动。为督促学生认真听课,检验学生的学习效果,教师可利用蓝墨云班开展随堂测试活动。通过测试,帮助学生理解基本概念,掌握应知应会。系统自动生成即时成绩排名和成绩分析报告,真正实现了无纸化考核,提高工作效率。

3.课后

（1）考核与评价。将学生经验值按各类活动权重纳入最终的课程考核中，同时蓝墨云班平台会自动形成阶段学习情况报告，教师了解情况后可对经验值较高的学生给予及时鼓励，对经验值较低的学生给予及时提醒，此项举措有效促进了过程性学习和评价的有效开展。

（2）总结与反馈。教师可充分利用统计功能做好教学资源分析、教学活动分析、学情分析等数据总结工作。根据学生蓝墨云班课堂中的表现、在线作业、测试结果及课后学生反馈的意见，教师可总结经验与不足，及时调整授课难易度及侧重点。

四、应用蓝墨云班课的效果与思考

蓝墨云班在概论课上的应用，从教学内容来看，紧跟时代，可以在既定的基本知识理论基础上推送社会热点内容和最新的理论研究成果，可以满足不同专业和不同层次学生的学习需求，极大提升了高校思想政治教育的针对性和实效性。从教学方式来看，蓝墨云班多样化的教学活动大大增强了课堂学习的趣味性，改变了以往思想政治课沉闷的教学氛围，提高了学生上课出勤率和学生参与教学互动的积极性。从教学效果看，作为当前实践"互联网＋教学"最简洁高效的平台之一，是常规教学的重要辅助和支撑，尤其是学生学习的行为和成果，包括学生的预习、考勤签到、课堂参与讨论、测验、经验值等都被记录和保存在蓝墨云班里，导出数据操作方便及时，考核结果客观公正，有利于教师形成性、过程性和个性化的评价考核。笔者通过蓝墨云班一年来的实践，发现改善教学行为和效果作用显著，有超89％的学生能利用蓝墨云班课主动预习和完成课后作业，92％的学生表示喜欢这种教学方式。

此外，随着信息化教学的进一步开展，蓝墨云班也存在一些不足。如推送的资源只要点开就能获取经验值，系统无法识别学生的作业是否原创，无法设置教学助手辅助教师，等等。此外，面对信息化时代无限延展的教学时空，教师如何考核和把握教学、如何发挥经验特长、如何形成具有辨识度的风格等都值得我们进一步思考。

［参考文献］

［1］赵丽梅."蓝墨云班课"在高职院校"两课"教学中的应用探讨［J］.辽宁农业职业技术学院学报，2017(1)：35-37.

［2］熊晓梅.基于蓝墨云班课的翻转课堂教学设计与实施——以ERP供应链实训为例［J］.西昌学院学报(自然科学版)，2018(1)：111-113.

［3］江南,周侠.蓝墨云班课在高校思想政治课教学中的应用［J］.新疆广播电视大学学报，2017(2)：69-71.

［4］房云,樊巧云.基于云班课教学工具的高校思想政治理论课智能教学创新［J］.开封教育学院学报，2018(3)：195-196.

［5］张萌,何冰,张昊.蓝墨云班课移动教学平台在高校思政课教学中的应用［J］.教书育人(高教论坛)，2018(9)：108-109.

高职思政理论课虚拟实践教学研究

（台州科技职业学院　王秀萍）

[摘　要]高职思政理论课虚拟实践教学是伴随互联网时代产生的新型实践形式。在思政理论课中引入虚拟实践教学既顺应了互联网时代的发展潮流和满足高职学生的实际需求,又弥补了传统实践教学存在的不足和缺陷,更能充分发挥教师和学生"双主体"的积极作用。当前在实施虚拟实践教学时应遵循学生为主体、教师为主导、与教材相一致、虚拟和现实相融合的原则,并依托互联网技术,通过创建虚拟实践教学专题网站、创设虚拟仿真实践情境、开发虚拟实践教学网络游戏和加强思政理论课教师的技术培训等途径以增强思政理论课实践教学实效。

[关键词]高职院校;思政理论课;虚拟实践教学

随着互联网络技术的飞速发展,一种借助互联网虚拟空间为活动平台的全新实践教学模式,即虚拟实践正在悄然兴起,虚拟实践将成为高职思政理论课实践教学未来发展趋势。因此,高职思政理论课教师应当把握时代脉搏,顺应历史发展的趋势和潮流,创新实践教学模式,把虚拟实践应用到思政理论课堂教学中,以增强思政理论课教学实效。

一、高职思政理论课虚拟实践教学内涵与特点

就其内涵而言,高职思政理论课虚拟实践教学是依托手机、电脑等能够承载虚拟实践平台的网络终端,根据思政理论课教学内容和情境,以虚拟仿真技术为高职学生创设网络化虚拟世界的实践教学活动。这种虚拟实践教学相对于传统思政理论课实践教学的优势在于凭借手机、电脑等网络终端平台,使高职学生利用触觉、视觉和听觉等多种方式与虚拟世界进行交流,并体验现实生活和社会交往。这种集娱乐和教育于一体的虚拟实践教学模式,大大调动了高职学生参与思政理论课实践教学的积极性。

虚拟实践教学是依托现代互联网技术的一种新型的实践教学方法,是互联网技术与思

本文获浙江省高职院校党建研究会2019年年会论文二等奖。

[作者简介]王秀萍,台州科技职业学院思想政治教育研究所所长,副教授,主要研究方向为马克思主义与思想政治教育。

政理论课的有机融合,这种实践教学与传统实践教学相比,在表现形式上呈现出虚拟性、交互性和创新性三大特点。

第一,虚拟性。高职思政理论课虚拟实践教学是在互联网虚拟空间进行的,教师借助互联网技术,根据思政理论课教学内容,充分发挥合理的想象,创设教学活动所需要的各种虚拟情境,让学生既可以穿越历史,又可以再现现实,在虚拟世界中尽情地遨游。虽然这种实践教学活动的场景是虚拟的,但学生们的体验是真实的,这样弥补了以往受时空限制的实践教学方式弊端,创新实践教学模式,丰富教学资源,达到了以往实践教学所不具备的效果。

第二,交互性。高职思政理论课虚拟实践教学相对于以往的课堂教学大大提升了师生教学活动的交互性。在虚拟实践教学中,教师和学生同处于一个虚拟系统中,且无主客之分,师生之间可以就思政理论课某些问题通过互联网虚拟空间进行无障碍、全方位的交流互动,甚至进行更深层次的沟通。这种交互性实践教学过程改变了传统思政理论课堂中"教师提问、学生回答"的单向交流模式,真正实现了师生关系的平等。

第三,创新性。高职思政理论课虚拟实践教学是基于互联网时代而产生的新型实践形式,是对传统思政理论课实践教学模式的超越和创新。其创新性主要体现在教学内容和教学形式两方面。在教学内容上,虚拟实践教学基于网络把抽象枯燥的思政理论课教学内容,通过学生容易接受的图片、声音、动画等形式展现给学生,化抽象为具体,使学生在享受乐趣的学习氛围中接受了思政教育内容。在教学形式上,虚拟实践则可以通过展示形象生动的多媒体课件、创设情景剧、微电影等学生喜爱的实践教学形式来进行教学。

二、高职思政理论课虚拟实践教学的现实意义

(一)有助于顺应互联网时代的发展潮流和满足高职学生的实际需求

目前,网络已成为人们日常生产生活不可或缺的重要组成部分,并对人们的思维方式和行为习惯产生极大的影响。计算机的广泛使用和互联网的普及给传统的思政理论课实践带来新的发展契机。面对这种新的发展契机,高职思政理论课实践教学要紧跟时代的发展潮流,将互联网技术与思政理论课实践教学有机融合,开展虚拟实践教学,拓展思政理论课教学新阵地。就高职学生而言,其日常学习、生活已离不开网络,在线交友、网上购物、玩网络游戏是他们的最爱。但互联网中各种良莠不齐的信息,给社会经验不足的高职学生带来负面的影响。因此,从高职学生的实际情况和需求看,高职思政理论课要利用学生所喜爱的网络开展虚拟实践教学活动,以正确的主流价值观和社会意识引导学生的网络行为,并占领学生的思想阵地,最终达到思政理论课育人的目标。

(二)有助于补充和完善当前高职思政理论课实践教学存在的不足和缺陷

当前各高职院校为了提高思政理论课的教学实效,而结合本校的实际积极探索和开展思政理论课实践教学,虽取得不错的成效,但从目前情况看,传统的思政理论课实践教学仍存在许多的不足和缺陷,其主要表现在,在开展实践教学过程中,存在教学手段落后、形式单

高等职业教育党建与思政工作研究(2019 年专辑)

一、学生参与度不够、覆盖面不广、教学基地和经费投入不足等问题,导致实践教学流于形式,效果不理想。而虚拟实践教学借助互联网技术在较小的空间内创设对学生具有较强吸引力的集视觉、听觉、触觉为一体的虚拟化的实践教学环境,这种仿真的虚拟实践教学场景既增加了学生参与实践教学的积极性,更能有效突破当前实践教学面临的交通、经费、场地、人力、管理等各种条件的限制。

(三)有助于充分发挥以学生为主体、教师为主导的"双主体"的积极作用

在高职思政理论课中开展虚拟实践教学,能深化"双主体"的教学模式,这种"双主体"教学模式能在教学中充分发挥以教师为主导、学生为主体的积极作用。从学生角度来看,在思政理论课中融入互联网技术开展虚拟实践教学,能以丰富的教学内容,多元的教学形式,良好的教学氛围提高学生参与相应实践活动的积极性和主动性。从教师角度来看,运用互联网技术开展虚拟实践教学,更能发挥教师的主观能动性。因此,面对互联网新技术的使用、实践教学效果的评价和反馈,教师必须通过自身努力不断学习和创新,设计学生喜爱的教学内容和教学形式,最终实现教学相长的目标。

三、高职思政理论课虚拟实践教学遵循的基本原则

(一)以学生为主体

以学生为主体的原则,也就是说教师在实施虚拟实践教学时要尊重学生的个性,重视学生的主体地位,注重学生对创新能力、分析问题能力、解决问题能力的培养,并根据学生思想实际创设虚拟实践情境,让学生在仿真虚拟的实践情境中把握和领会思政理论知识,并将其内化为自身的行动,以解决学生在现实中碰到的一系列疑惑。因此,思政教师在开展虚拟实践教学中不能恣意创设虚拟实践情境,应牢牢坚持以学生为主体的原则。

(二)以教师为主导

思政教师是虚拟实践的创设者、组织者和实施者。因此在开展虚拟实践教学的过程中,要充分尊重和发挥思政教师的主动性和创造能力,突出教师主导作用。具体而言,由思政教师根据思政理论课教学内容和学生的思想实际自主创设虚拟实践平台、选择虚拟实践方式和指导虚拟实践。

(三)与教材相一致

思政理论课虚拟实践教学活动的开展必须紧扣思政理论课的教材内容,并根据教材内容创设仿真虚拟实践教学情境来验证思政理论的真理性。因此,思政理论课教师在设计虚拟实践教学活动的目标和任务时应与思政理论课教学要求相一致,这就要求思政教师在创设虚拟实践教学时,务必找到虚拟实践教学与思政课堂理论教学的有机契合点,这个有机契合点就是,开展相关的虚拟实践教学要符合社会主义核心价值观,否则学生面对良莠不齐的

110

网络信息就有可能迷失方向,受到不良思想的侵害。

(四)虚拟与现实的融合

高职思政理论课虚拟实践教学由两大部分组成,即线下的现实实践和线上的虚拟实践,两者相互融合,相互促进。高职思政理论课开展虚拟实践教学本意不是完全取代现实的实践教学,而是对现实实践教学中存在的缺陷进行完善和补充,使之适应不断变化的社会形势,以提高高职思政教育的实效。因此,高职思政教师在开展虚拟实践教学时,要坚持现实实践和虚拟实践的有机融合。在具体的实施过程中,要把握两者之间的关系,要因人、因地、因时而异,充分发挥各自的特色和优势,做到优势互补,发挥两者最大的合力。

四、高职思政理论课虚拟实践教学途径探索

随着互联网技术深化和普及,各高职院校在思政理论课教学中积极探索虚拟实践教学,创新实践教学模式,并取得一定成果。笔者结合自身教学经验,认为有效的虚拟实践教学必须根据学生的喜爱和接受程度,并与互联网技术深度融合探索其教学方法和途径。

(一)创建虚拟实践教学专题网站

随着互联网时代到来,各高职院校已逐渐重视思政理论课专题网站的建设,但从目前已建的网站情况看,存在无人问津、流于形式、水平参差不齐、使用效果不佳等问题,这亟须加强和改进,思政理论课虚拟实践教学专题网站是用于完成思政理论课虚拟实践教学任务而特别开发的网络空间。其建设过程不同于一般门户网站的建设。一般门户网站的建设大致包括基本模块和常用设计两方面内容,而思政理论课虚拟实践教专题网站建设除了一般门户网站建设这两方面内容外,还要增设教学任务发布、答疑讨论、作业提交、在线测试、成绩记录与查询、教育游戏下载等内容,在资料和素材的选择上坚持贴近学生和现实需要的原则,提升网站界面的可赏性,吸引更多的学生关注和使用,把专题网站真正建设成为思政理论课教师和学生真心喜爱的实践教学活动平台。

(二)创设虚拟仿真实践情境,进行虚拟仿真体验

传统的思政理论课实践教学若要组织学生去实地参观博物馆、红色教育基地、名人故居等,既要考虑大量的经费,又要考虑学生的人身安全问题,要组织所有学生到实地参观、考察有很大的难度,而创设虚拟仿真实践情境,让学生进行虚拟仿真体验,就有效地解决了这一难题。虚拟仿真体验,就是思政教师在组织虚拟实践教学时让学生带着一定的实践教学任务,在已创设的虚拟仿真空间利用声、光、电等三维一体的方式,并通过图片展示、视频播放等各种手段呈现相关史料,让学生身临其境地去经历和感受。如在思政理论课中要组织学生进行"重走长征路"实践教学活动,教师可依赖虚拟现实系统软件开发并模拟出当年长征过程中红军面临的恶劣地理环境和气候条件,让学生在虚拟的仿真环境中真正经历和感受红军爬雪山过草地的艰辛,以及遭遇国民党围追堵截的困境和各种生离死别的场景,从而让

学生真正理解什么是长征精神,学习红军不怕艰难、奋勇向前的优良传统。由此可见,创设虚拟仿真情境,让学生进行虚拟仿真体验将有助于提高思政理论课虚拟实践教学成效。

(三)开发思政理论课虚拟实践教学网络游戏

网络游戏对于当前的高职学生来说具有极强的吸引力,很多高职学生因沉迷于网络游戏,浪费青春,导致学业的荒废。思政教师可以尝试这种具有极强吸引力的网络游戏与思政理论课实践教学结合起来,通过开发网络游戏的方式开展思政理论课实践教学活动,这将是一种寓教于乐,既吸引学生又做到与时俱进的实践教学新方式。所谓思政理论课网络游戏实践教学,也就是教师通过设置与思政理论课实践教学内容相一致的特定时代背景,将思政理论课教学内容相关知识要点融合在游戏的各环节之中,让学生在玩游戏的过程中扮演相应的角色和承担相应的义务,从而主动学习和了解相关思政理论知识,并能通过游戏的亲身体验,进一步加深对思政理论课知识的理解,真正达到学生将思政理论内化于心、外化于行的教学目的。这种新颖、未来化的思政理论课实践教学方式,需要思政理论功底深厚的教师、精通互联网技术的开发者和教育对象通力合作才能完成。就目前情况看,真正要付诸实施的难度较大,但随着互联网技术的迅猛发展和广大一线教育工作者不断创新和努力,相信在不久的将来,在思政理论课教学中网络虚拟实践教学游戏定能占一席之地。

(四)加强思政理论课教师的技术培训,提升教师综合素养

虚拟实践教学活动不同于传统的实践活动,它对思政理论课教师提出了更高素养的要求。作为思政教师要开展虚拟实践教学活动,不但要具备的扎实深厚的马克思主义理论素养,更要拥有掌握互联网信息技术操作能力的素养。而从目前思政教师队伍的实际情况来看,思政教师的信息化操作技术相对比较薄弱,这不利于虚拟实践教学的开展和实施。因此,各高职院校为了提高思政理论课实践教学的实效,促进虚拟实践教学广泛应用,必须重视思政教师互联网信息技术素养的提升,为思政教师制定互联网技术培训各项政策和计划,设置相关教育信息化技术实操课程和提供专项保障的培训经费,鼓励教师积极参与校内外互联网技术教学信息化的进修学习和培训。总之,通过各项措施,把思政教师着力打造成既有扎实的马克思主义理论功底,又能熟练掌握现代化信息技术的高层次综合型素养的人才。

[参考文献]

[1] 陈宝,刘会强.虚拟实践教学:学生自主参与的高校思想政治理论课实践教学改革新探索[J].思想理论教育导刊,2018(2):108-111.

[2] 杨湘红.虚拟实践在思想政治理论课实践教学中的积极意义探析[J].广西青年干部学院学报,2015(6):68-70.

[3] 陈红,孙雯.高校思想政治理论课网络虚拟实践教学研究[J].思想理论教育导刊,2016(8):79-82.

[4] 李军,刘丽杰.高校思想政治理论课虚拟实践教学模式与实施路径探析[J].高教论坛,2015(9):42-45.

［5］庞永红,舒招平.高校思想政治理论课虚拟实践教学探究［J］.西安建筑科技大学学报（社会科学版）,2018(2):93-99.

［6］张毅翔,李林英.思想政治理论课虚拟仿真实践教学内涵及其建设［J］.学校党建与思想教育,2016(11):59-62.

［7］陈雨.思想政治理论课虚拟实践教学:内涵、价值与路径［J］.职业技术教育,2015(11):59-62.

［8］宋成坤.高校思想政治理论课网络虚拟实践教学研究［D］.哈尔滨:哈尔滨工程大学,2015.

习近平总书记关于青年工作的重要思想融入高校思政教育的价值及实现路径

（浙江旅游职业学院　尹晓盼）

[摘　要]习近平总书记关于青年工作的重要思想是马克思主义青年观中国化的最新理论成果,是指引新时代青年工作和人才培养的理论武器,丰富了高校思想政治教育的理论遵循,确立了高校思想政治教育的价值指归,指明了高校思想政治教育的实践路向。高校应始终以立德树人为根本任务,多视角保障青年的工作方向,多维度遵循青年的成长规律,多方位把握青年的历史使命,开拓高校青年育人工作的新局面。

[关键词]习近平总书记关于青年工作的重要思想;思想政治教育;创新

青年兴则国家兴,青年强则国家强。在中国发展的历史长河中,党和国家领导人对于青年的社会作用给予高度评价,对于青年的成长成才给予极度关怀。自党的十八大起,习近平总书记多次就青年成长成才问题发表重要讲话。高校作为青年学生的聚集地,思想政治教育无疑在塑造青年和培养青年方面占有无可替代的地位。习近平总书记关于青年工作的重要思想对于高校大学生思想政治教育具有深远的时代价值和充分的科学指导意义。

一、习近平总书记关于青年工作的重要思想的时代意蕴

(一)充分信任青年:实现中国梦,青春勇担当

习近平总书记说:"青年最富有朝气、最富有梦想,青年兴则国家兴,青年强则国家强。"[1]中国的发展活力、核心竞争力以及中华民族的未来,很大程度上取决于青年的综合实力和理想信念。在全面建成小康社会和21世纪中叶基本实现现代化的年轮中,当代青年正活跃于各个领域。因此,党和人民对广大青年寄予厚望,决胜全面建成小康社会、实现伟大的中国梦需要广大青年代代接力。习近平总书记在重要场合发表的讲话中,多次强调要充

本文获浙江省高职院校党建研究会2019年年会论文二等奖。

[作者简介]尹晓盼,浙江旅游职业学院外语系党总支宣传委员、学生党支部书记,讲师,主要研究方向为学生思想政治教育。

分信任青年。广大青年要高擎理想信念的时代火炬,担得起时代责任、享得起时代殊荣,在激情奋斗中成就出彩人生、创造历史。

(二)热情关心青年:走好人生路,青春永不悔

对当代年轻人的人生发展,习近平总书记提出过许多殷切的嘱托。2014年5月4日,习近平总书记在北京大学考察时,对青年提出"扣好人生的第一粒扣子"的理念;中华全国青年联合会第十二届委员会全体会议开幕时,他在贺信中提出"志存高远、德才并重、情理兼修、勇于开拓"的期盼[2];2017年5月3日,习近平总书记在中国政法大学考察时,提出青年"要立志做大事,不要立志做大官"的鞭策;2018年5月2日,习近平总书记在北京大学师生座谈会上,对新时代青年提出"爱国、励志、求真、力行"的希望,等等。面对不同场合、不同青年群体,习近平总书记总是留下深深嘱托和谆谆教导,表达着对广大青年的热情关心,为青年走好人生路打开更宽广的思想视野,指出更光明的实践路径。

(三)严格要求青年:开启新征程,青春正当时

如何帮助青年更好实现人生价值,如何在同心共筑中国梦的时代背景下助力青年追逐梦想,是新形势下党的青年工作面临的新挑战。[3]新时代新形势下,青年工作的新挑战在于怎样切实协助青年提升和实现人生价值、怎样精准辅助青年成就个人梦想。习近平总书记通过系列讲话,系统讲述做团的工作,对于共青团工作做出具体部署,明确指出要牢记"自古英雄出少年"的道理、做青年友不做青年"官"、为团组织提供良好工作环境和条件等,通过不断深入研究当代青年成长的新特点和新规律,把准方向、摸准脉搏,推动新时期青年工作实现新作为、新突破、新常态。

(四)积极引导青年:建功新时代,青春更出彩

青年最具有勇气和锐气,理应紧跟党走在最前列,在应对各种重大挑战、重大风险、重大阻力、重大矛盾中发挥积极作用,同各种贪图享受、消极懈怠、回避矛盾的错误思想和行为做斗争。当下,"大众创业、万众创新"是时代发展的鲜明特征,青年是最富活力的创业力量,应该具备百折不挠的意念,敢于踏上创新创造之路;应该具备实事求是的精神,勇于在创新创造中注重过程、总结经验;应该具备审时度势的气势,善于在创新创造中创造价值,建功时代。

二、习近平总书记关于青年工作的重要思想 对高校思想政治教育的时代价值

习近平对新时代青年教育高度重视,通过一系列关于青年教育的重要讲话和论述,形成了逻辑清晰、通俗易懂、内容系统的关于青年工作的重要思想。把习近平总书记关于青年工作的重要思想引入高校思想政治教育中,是丰富高校思想政治教育理论遵循的重要基础,更是增强高校思想政治教育实效性的关键所在。

(一)丰富了高校思想政治教育的理论遵循

在 2016 年全国高校思想政治工作会议上,习近平总书记明确指出,立德树人是高校教育的中心环节。高校培养的对象是新时代青年、目标是社会主义事业合格的建设者和接班人。"培养什么样的人、如何培养人以及为谁培养人"这一根本问题,很大程度取决于高校思想政治教育的实施状况。[4]作为新时代青年生活的主战场和成长的主阵地,高校思想政治教育应该贯穿于教育教学的方方面面,打造三全育人的培养模式,开启高等教育发展的新蓝图。习近平总书记关于青年工作的重要思想是对马克思主义青年观的继承与发展,是对青年发展问题的系统阐述,是对青年工作的具体部署。它不仅丰富了高校思想政治教育的理论遵循,也是高校思想政治教育工作的科学指导。

(二)确立了高校思想政治教育的价值指归

在党的十九大报告中,习近平总书记特别强调,要把坚定理想信念作为党的思想建设的首要任务。青年学生正处于人生观、价值观、世界观的形成期,其理想信念是否正确、坚定,直接影响中华民族伟大复兴中国梦的实现程度。因此,"志当存高远",习近平总书记曾在全国宣传思想工作会议上等多种场合和讲话中明确表示理想信念在青年教育中具有重要地位,若是失去理想信念,就会引起精神上"缺钙",患上"软骨病"。这些讲话无不彰显了习近平总书记关于青年工作的重要思想的内容主线,即理想信念教育。同时,也确立了高校思想政治教育的价值指归,就是青年学生应该树立科学的理想信念,在理想之光照耀下踏上奋斗征程,在信仰之力指引下开启精彩人生。

(三)指明了高校思想政治教育的实践路向

习近平总书记一直挂念青年成长和青年工作,常常深入青年之中,与青年谈心谈话,鼓舞和勉励青年、称赞和表扬青年,经过不断积累和系统梳理形成了关于青年工作的重要思想。它理性分析了青年的主要特性,准确抓住了青年的工作法则,切实保证了青年的工作实际,具备重要的现实指导价值。它不仅在形式和方法、内容和载体等方面挖掘了高校思想政治教育的深度,更是指明了高校思想政治教育的实践路向,为进一步提升高校思想政治教育时代感和获得感贡献了新智慧和新力量。

三、习近平总书记关于青年工作的重要思想
与高校思想政治教育的融合路径

习近平总书记关于青年工作的重要思想对青年成长和青年工作给予了贴切实际的期待与要求,制定了切实可行的规划与行动,带有理论基础的高度和实践基础的精度。它指明了新时代大学生思想政治工作的方法和路径。新时代思想政治工作者要做好高校思政工作,可以从以下几方面开展实践。

（一）多视角保障青年的工作方向，明确高校思想政治教育的新方位

多视角保障青年的工作方向，这是高校思想政治工作的出发点，就是要引领青年高扬理想信念旗帜，把立德树人作为主线，把稳固党执政的青年群众基础作为要务。新时代新形势下，高校思想政治教育工作的最终目的不是解决青年学生思想问题，而是能够预防青年学生思想问题发生且引导他们的思想朝着正确方向发展。当前信息时代的到来和经济全球化的普及，较大程度冲击着青年的意识形态，误导着青年的价值取向，挑衅着社会主义意识形态教育。因此，明确高校思想政治教育的新方位，应从以下几方面发力。

1. 信仰如火，筑牢青春精神的新高地

马克思主义是历史观和价值观的统一，筑牢青春精神新高地，必须明确实现社会价值与自身价值创造的关键是坚持马克思主义。一方面，打破传统"灌输式"说教模式，尊重青年学生的主体地位，密切关切青年的需要，在保证青年学生获得感与主体感的前提下，树立坚定的理想信念；另一方面，以习近平总书记关于青年工作的重要思想为导向，以习近平新时代中国特色社会主义思想等为介质，运用学生喜闻乐见的方式，主动将理论话语转化为时代话语，启发学生树立正确的三观，做到"神定而形聚"，打造"认知—认同—内化—践行"循环，创设"双向互动"模型。

2. 创造融通，打造中国特色的话语体系

改变现有的不完善、不明朗的话语体系，必须要立足中国实际和历史新起点，以马克思主义作为底色，以中华优秀传统文化作为绘笔，以国外优秀文化作为调色盘，让马克思讲"中国话"，让专家讲"家常话"[5]，大力弘扬中华民族传统文化教育，积极汲取国外优秀文化成果，丰富青年学生的精神世界，增强青年学生的精神力量，使青年能够清醒地认识到自己灵魂深处的身份印记，巩固国家意识。

3. 使命在心，培养青年学生的担当意识

马克思说："一个时代的精神，是青年代表的精神。"[6]大学生不担当，国家则难以发展；大学生不自强，民族将难以富强。高校在青年学生担当意识的培养中肩负引导重任，因此，通过形式多样的校园文化、搭乘"互联网＋"传播载体，领航以责任感为核心的高校教育内容新征程；通过体验式主题实践活动、互动式主题理论宣讲等方式，展现以示范式为关键的高校教育新篇章；通过志愿服务活动、公益性活动等平台，培养青年学生的感恩之心，展现以感恩心、进取心为前提的自我教育新作为。

（二）多维度遵循青年的成长规律，坚定高校思想政治教育的新趋势

多维度把握青年的成长规律，这是高校思想政治工作的着力点，就是要认清青年学生不具有完整性知识系统的学习特征、不具有完善性价值观的思维特性、不具有成熟性情感的心理状态。高校思想政治教育应该以学生为本，促进学生自由而全面地发展，引领青年学生思想。

1. 言传身教，做到师生兼顾

师者，传道授业解惑也。在世俗化和扁平化的时代，传道者首先要知道，才能做到明道、信道。首先，高校教师要发挥示范作用。必须真正把握"大道"，明白其中蕴意，才能真正做到明道、信道,即不仅传授科学知识,更要在根本的理想和信念上立德树人,成为"四有"好老师、做到"四个统一"。其次,青年学生要突出主人翁地位。积极指引青年学生立志为先,主动把个人梦想和中国梦相结合,以青春梦助力中国梦;积极引导青年立学为基,主动把永久奋斗定格为青春舞动的常态,把增长本领锁定为青春奋斗的本源。

2. 全面助力,做到内外兼顾

以"两个统筹"为中心,推进高校"大思政"工作格局构建步伐。首先,统筹"课内课外"。坚持"思政有课程,课程有思政"的观念,积极落实"课程思政"建设,各科教师要守好一段渠、种好责任田;同时,工作在教学、科研、行政、后勤等岗位的教师也要贯彻实施。再者,统筹"校内校外"。高校思想政治教育工作不仅需要自身全力以赴,更需要社会力量齐心协力,努力形成党委统一领导、党政上下联动、职能部门多措并举、社会各方主动作为的常态机制。

3. 协同发力,做到跨界兼顾

习近平总书记关于青年工作的重要思想,格外强调实践对于青年磨炼品格、提升能力的重要性。高校应贯彻落实"全员育人、全程育人、全方位育人"教育理念,以立德树人为主线,积极深化校企、校政、校会、校地互动共赢的培养方式,共商人才培养、产教融合、科研服务等议题,促进产教深度融合,以此实现青年个人价值与时代要求的不谋而合,指引青年学生在实践中强化理论、在实践中增长知识才干、在实践中实现个人价值与社会价值。

(三)多方位把握青年的历史使命,实现高校思想政治教育的新诉求

多方位把握青年的历史使命,这是高校思想政治工作的落脚点,就是要精准定位青年在新时代发展的坐标,始终明确青年在高校思想政治教育工作中的角色,有的放矢地开展思想政治教育。新时代青年是有理想、有本领、有担当的。他们成长于改革开放后中国飞速发展的时期,有着良好的生活环境、学习环境,丰富的眼界让他们更具有竞争意识和学习创新的能力。但同时,面对世界多极化、经济全球化、文化多样化、信息网络化等新形势,高校应运用新的方法、新的媒介、新的环境将教育入脑入心,以期实现思想政治教育的新诉求。

1. 大胆探索,着力提升创新创业能力

在"大众创业,万众创新"的背景下,高校应革新课程模式,营造全员创业的课程环境,加强师资队伍创业能力建设;以创新创业扶持政策为基础,鼓励青年学生创新创业;以创新创业项目为抓手,组织开展项目的申报培育;以学校创业园为平台,孵化学生创业梦想;以创新创业竞赛为介质,增强青年学生的实践能力,完善创新创业教育体系。同时,以校园文化为统揽,建立积极向上的创新创业校园文化精神。校园创业的物质文化方面,可以把创新创业教育理念融入校园的整体设计、校园景观设计、建筑风格设计、教学设施以及周边环境等。校园创业的精神文化方面,可以把创新创业教育理念融入校园文化活动,比如,开展"创业标兵"评选活动、创设"创业俱乐部"社团、举办"创业达人"面对面交流活动等,营造创新创业校园文化。

2. 放大格局,不断增强国际胜任力

习近平总书记关于青年工作的重要思想兼具民族风格与国际视野,给高校思想政治教育带来了新挑战新要求。为了适应改革开放和对外开放的不断深化,各大高校已达成培养具有国际视野、熟知国际法则、胜任国际竞争的国际化人才这一共同目标。一方面,高校应

立足世界大局,区别对待外来文化,主动借鉴优秀文化,着力培养青年学生的国际视野,把中国梦和人类命运共同体做到完美融合。高校应明确国际视野教育的重点内容,即国际视野教育的前提是爱国主义教育和国情教育;国际视野教育的关键是国际化人才素质和人才培养方案;国际视野教育的保障是国际礼仪教育。另一方面,高校应以客观正确的态度对待传统文化,以尊重敬畏的姿态继承和发扬优秀传统文化,善于改进传统文化的传播手段,勇于探索传统文化的传播渠道,让优秀传统文化犹如春风细雨般走进青年之中,让社会主义核心价值观犹如润物细无声般沁入青年心田。

3.融合表达,创设交互性教育机制

青年是思想活跃且容易接受新鲜事物的群体。面对"互联网＋"时代,随着网络通信技术的迅猛发展,高科技手段深入人们生活的方方面面。高校不仅是青年群体的聚集地,也是现代科技使用的高发地。因此,高校需要把握青年群体的这一特性,充分利用现代化技术,搭乘新媒体平台,精准发力,打造思政工作载体"融合表达"局面,创设交互性教育机制。比如,在教育培养手段方面,可以引入信息化技术,融合教育资源,创建"互联网＋"课堂,扩充教育方法,增强教学效果,提升课程思政质量;校园宣传文化方面,可以借助自媒体平台和大数据,以交互、体验、感染为目标,以前瞻性视角和敏锐性眼光打破时间和空间限制,准确挖掘青年学生的喜爱偏好,全面把握青年学生的思想状况,把思想政治教育内容融入自媒体中,用心设计官方微信公众号和官方微博,以深得青年喜爱、引得青年共鸣的方式传播德育内容。

[参考文献]

[1] 王安平,张浪.习近平青年观与大学生思想政治工作[J].西华师范大学学报(哲学社会科学版),2018(4):98-102.
[2] 彭宗祥,刘跃铭.习近平青年观及其对高校育人工作的启示[J].上海理工大学学报(社会科学版),2018(4):347-353.
[3] 以习近平同志为核心的党中央关心青年和青年工作纪实[EB/OL].(2015-07-24)[2020-08-21].http://politics.people.com.cn/n/2015/0724/c1001－27357905.html.
[4] 赵金玲.试论习近平青年教育思想在大学生思想政治教育中的运用[J].科教文汇(上旬刊),2018(5):5-6.
[5] 虞爱华.高校思想政治工作要做好"四个兼顾"[J].党建,2018(3):16.
[6] 谢丹.试论习近平青年观与高校马克思主义者培养模式创新[J].海南广播电视大学学报,2018,19(3):1-6.

朋辈教育视角下高职学生思想
政治理论教育探讨

（浙江舟山群岛新区旅游与健康职业学院　董鸿飞）

[摘　要]近年来,高职院校的思想政治教育推进效果显著,但仍存在一些问题,在提升高职学生思想政治教育的过程中,优秀学生代表的进入具有必然性。以朋辈教育提升思想政治教育,要制定长效的运行保障机制,探索有效的实施路径,从而提升思想政治教育的亲和力、感染力和影响力。

[关键词]高职学生;思想政治教育;朋辈教育

习近平总书记提出:"要利用各种时机和场合,形成有利于培育和弘扬社会主义核心价值观的生活情景和社会氛围,使核心价值观的影响像空气一样无所不在,无时不有。"在高职院校想要做到思想政治教育工作无所不在,无时不有,只依靠与思想政治教育相关的教师群体还不够,应让部分优秀学生加入思想政治教育工作中。因为,在同一环境,年龄相仿,认知相近的人群,他们通过交流、影响,可以较为容易地影响彼此的认知、理念、行动和思想。依靠朋辈群体开展思想政治教育工作,是高职院校思想政治教育方式的有效补充和强力支撑。

一、必然要求:以朋辈教育创新新时代高职学生思想政治理论教育

传统思想政治教育的发展,在高职育人过程中已经到了瓶颈期,教师说教的效果在很大程度上趋于弱化,以朋辈教育探索高职学生思想政治教育具有现实必然性。

(一)朋辈教育是增强高职院校思想政治教育亲和力的必然要求

"00 后"的学生已经成为高职学校的主要成员。"00 后"是网络的一代,他们的思想受到多元文化的冲击,获取知识的途径也更加多元化。智能手机已经成为他们生活中不可或缺的一部分。"00 后"的思想具有更强的独立性,教师在课堂上的"灌输式"教学方式,让他们

本文获浙江省高职院校党建研究会 2019 年年会论文二等奖。

[作者简介]董鸿飞,浙江舟山群岛新区旅游与健康职业学院学生工作部干事,助教,主要研究方向为思想政治教育。

具有抵触情绪,容易与传统的教育方式产生隔阂。朋辈教育的人员来自学生,他们在成长过程中的经历、喜好基本相近,在交流过程中可以产生更多的共鸣。

(二)朋辈教育是提高高职院校思想政治教育影响力的必然要求

随着信息技术的高速发展,不懂问"度娘"已经习以为常。因知识的获取途径和获取方式变得多样和便捷,教师的知识权威性越来越弱化,教师在思想政治教育中的影响力也显得疲软。朋辈教育中,优秀的学生变成了教育主体,角色转变对自身具有激励作用,使得他们对自己提出更高的要求,使自己得到更好的发展。优秀学子的介入,"使高校学生不再以被动应付的态度去接受教师的说教,转而因学长学姐或同学的经验分享或推荐,产生对思想政治教育的兴趣,以积极主动的态度去了解、学习甚至钻研"[1],从而提高了思想政治教育的影响力。

(三)朋辈教育是扩大高职院校思想政治教育传播力的必然要求

2019年4月30日,《高职扩招专项工作实施方案》经国务院常务会议讨论通过。随着高职院校学生不断增多,学生的思想更加多元,加上学生管理的教师力量有限,传统思想政治教育工作的传播力显得更加局限,朋辈教育通过建立线下宣讲、示范、活动等形式进行思想政治教育的宣传,同时通过学生所喜欢的微信、QQ、微博、抖音等方式建立线上理论宣传阵地,线上线下无缝对接,使思想政治教育工作的宣传做到全方位、立体式、浸润式,有效提升了思想政治教育的传播力。

二、机制建设:着力构建朋辈教育在思想政治教育中的长效运行机制

要想使朋辈教育在高职学生思想政治教育过程中起到作用,构建长效运行的管理机制不可缺失。要注重选择思想政治素养较高、学习成绩较好、是非辨别能力较强的学生。[2]朋辈教育的建立,不仅要建立选拔机制,还应建立培训机制、考核机制、激励机制。

(一)构建朋辈教育的选拔机制

朋辈教育可以多角度、深层次、多类别进行展开。对于朋辈教育的运行,选拔是关键。建立朋辈教育工作者的选拔制度,具有重要作用。针对不同领域,选拔不同的工作人员,如道德榜样的选拔,应倾向道德素养高、具有典型道德事迹的同学;生活标兵的选拔,主要从优秀寝室的优秀成员中进行,挑选具有较强的自我管控能力、自我约束力强的同学;政治标兵的选拔,应由学生党支部组织选拔,选拔政治素质好、学习成绩优、工作能力强的高年级的学生,建立一支有一定规模的高质量入党积极分子队伍,是发展党员数量和质量的保证[3];班主任助理的选拔,应充分考虑学生的综合素质水平,要求既要有较强的政治素养,也应有良好的道德素养,并且在活动组织、沟通表达等方面有较为突出的表现。

(二)构建朋辈教育的培训机制

朋辈教育的参与者在政治素养、道德规范、沟通表达等方面表现优秀。但对于怎样有效

开展思想政治教育工作还是无章可循,因此对被选拔出的学生进行综合的、完善的培训十分重要。首先,加强理论培训。选择思想政治教育领域的名师对他们进行政治理论知识宣讲。其次,道德修养的提升。选择道德名师或道德模范,通过案例分享,提升参与者的道德素养。再次,社会实践的培训。组织学生参观红色教育基地,参加志愿者服务等,以此引导参与者对世情、国情、民情的关注,从而增强自身的使命感与责任感。最后,加强网络运用的培训。选择网络部门的老师对网络平台的使用、网络信息的发布和网络平台信息的收集等方面进行讲授。

(三)构建朋辈教育的考核机制

朋辈教育的参与者在加入之前,都有一腔热血,想着通过自己的行为示范来影响、提升其他学生的思想政治素养,但随着时间的推移,一开始的激情慢慢减弱,在进行教育过程中很有可能出现疲软现象。所以应对朋辈教育参与者进行考核,指定规范的考核机制,不能光凭热情治理,而应用制度治理。坚持过程考评和效果考评相结合的原则。[4]过程考核是通过各个阶段的效果进行监督,及时查看参与者开展教育的总结,并通过问卷调查的方式统计被教育对象的满意程度,从而对参与者的工作进行评估;效果考评主要通过被教育者的相关指标进行评判,如被教育者的学习成绩、表现情况等。

(四)构建朋辈教育的激励机制

在朋辈教育建立过程中,构建激励机制可以有效提升学生的参与热情。朋辈教育的参与者都是在某些方面表现优秀的学生,其思想政治坚定,政治素养好,思想觉悟高。进入朋辈教育中的同学,主要是想通过自身的行为标准去影响他人,通过加强自我管理、自我约束,从而提升自我。作为学校层面,在建立朋辈教育队伍的过程中,既要调动学生自愿加入、无偿服务的主动性,也要制定相应的激励机制。激励机制的形式可以多种多样,建立专门针对朋辈教育工作者的评选表彰机制,既是对工作人员工作的认可,也是对其他同学的一种教育。

三、四个走进:新时代高职学生思想政治教育的创新路径

以朋辈教育为载体提升高职学生的思想政治教育工作,要探析教育的发展路径,要了解思想政治教育怎样通过朋辈教育来实现,朋辈教育应采用什么样的方式进行教育。新时代高职院校的思想政治教育工作要注重路径建构,提升参与者的责任和能力,不断完善思想政治教育的创新路径。

(一)走进课堂

传统的灌输式教学在思想政治教育理论课中越来越得不到学生的重视,作为思想政治教育的相关教师,应及时调整教学模式,提升课堂效果。习近平总书记提出:"推动思想政治理论课改革创新,要不断增强思政课的思想性、理论性和亲和力、针对性。"在教学改革过程

中引进朋辈教育示范课程,使朋辈教育的参与者通过 PPT 汇报、主题演讲等形式,展示其在学习、生活、政治和道德等方面的经验、做法,以此与其他同学进行互动,增强思政课程的吸引力。

(二)走进寝室

学生宿舍是大学生生活与学习的重要场所,高校思想政治教育工作要注重学生宿舍中的日常教育。[5]然而,在高职院校中学生宿舍变成了娱乐场所,组队打游戏的情况屡见不鲜,寝室脏乱差的情况时有发生。马克思认为:"一个人的发展取决于和他直接或间接进行交往的其他一切人的发展"[6]。朋辈教育的参与者通过自身行为影响其他同学,走进寝室与其他同学进行沟通交流,指导其他同学在宿舍管理的方式方法,组织其他同学参观优秀寝室,学习优秀寝室的管理、文化建设、学习氛围营造的内容,通过日常生活的点滴事件,正向引导高职学生的人生观、价值观和世界观,以润物细无声的方式,提升高职学生的思想政治教育水平。

(三)走进活动

高职院校的一些活动表现出多而不精的现象,学生为了参加活动而参加活动,活动的价值体现不是很突出。思想政治教育走进活动,能够提升活动内涵建设,通过开展多样性的文化活动,如寝室文化节、心理健康月、十佳学生经验分享会、红色故事宣讲会、我和祖国共成长等形式的活动,使思想政治教育工作融入其中。

(四)走进网络

学生对手机的依赖越来越严重,高职院校的思政课堂上"低头族"也越来越普遍。学生对 QQ、微信、抖音等社交平台的喜爱,远远超过对在课堂讲授思政理论知识的老师的喜爱。所以,在开展朋辈教育的过程中,要加强网络宣传的教育。作为朋辈教育的参与者,他们与被教育者具有相同的喜好,他们对于大家所熟悉的网络语言、社交网络平台和自媒体平台都有了解。他们可以充分利用这些工具和平台,向被教育者传播思想政治教育理论,因其具有相同的话语体系,更容易被接受和吸引。

[参考文献]

[1] 陈萌,赵梓辰.朋辈教育视角下高校马克思主义理论教育的创新研究[J].高教探索,2019(9):124-128.

[2] 李艳萍,廖利明.朋辈理念下大学生思想政治教育的开展[J].吉首大学学报(社会科学版),2017(S2):148-150.

[3] 熊秀兰.高职学生党员"朋辈教育"方法探究[J].学校党建与思想教育,2016(12):30-31.

[4] [5]谭亮.朋辈教育理念下"新老生同室"模式的构建[J].高校辅导员学刊,2016(4):29-32.

[6] 马克思,恩格斯.德意志意识形态(节选本)[M].北京:人民出版社,2003.

新媒体环境下高校学生思想行为
特点及其引导策略研究

（杭州职业技术学院　杨晓光）

[摘　要]新媒体技术的不断发展,使得高校学生在思想和行为上都出现了很多新的特点,同时,也对高校学生在学习方式、生活方式以及世界观、人生观、价值观方面造成了非常严重的影响,这就要求我们教育工作者要顺应时代发展,在新的条件下,不断探索对于高校学生的引导策略,不断加强对高校学生运用新媒体技术的教育引导,提高高校思政队伍的媒介素养,同时也要加强新媒体技术与思想政治教育两者的融合。

[关键词]新媒体;高校学生;思想行为;引导策略

近年来,随着网络信息技术的发展和移动通信技术的发展,以智能手机、数字电视、平板电脑等为代表的新媒体为人们的生活、学习提供了更加便捷的信息传输和共享服务。据中国互联网络信息中心(CNNIC)在 2018 年 1 月 31 日发布的《中国互联网发展状况统计报告》显示,我国的网民规模已经达到了 8.02 亿,互联网普及率达到了 57.7%,网民使用手机上网的比例为 98.3%。可见,我国已经营造了一个庞大的新媒体环境,因此,对于高校学生在新媒体环境下思想和行为特点的有效把握,可以有效地揭示思想政治教育形成和发展的规律以及思想政治教育的规律,更好地达到育人目的。

一、新媒体环境下学生的思想、行为特点

新媒体以其传输内容的广泛性、传输速度的快捷性、服务群体的广泛性和信息获取的便捷性,逐渐取代了以报纸、广播等为代表的传统媒体平台技术,正在改变着人们的生产、生活、学习和工作方式,也在影响着高校学生的思想和行为。本文以实证研究的方法对高校学生在新媒体环境下的思想和行为特点进行分析。

本文获浙江省高职院校党建研究会 2019 年年会论文二等奖。

[作者简介]杨晓光,杭州职业技术学院党委宣传部宣传干事,助教,主要研究方向为思想政治教育与社会思潮。

(一)调查的总体概况

调查的总体概况主要包括问卷设计、问卷调查和数据分析三部分。

1.问卷设计

问卷总体分为两块内容:一块是对学生的基本情况调查,主要包括性别、年级、民族、政治面貌等个人基本情况;另一块是对学生在运用新媒体过程当中的思想、动机与行为等的调查。通过本次调查将所收集到的大量的数据,进行形象化表格式呈现。

2.问卷调查

为了研究新媒体环境下高校学生思想行为特点的现状,笔者对杭州市高校学生的群体进行了问卷调查。杭州处于中国经济发展状况相对较好的长三角经济带,杭州的未来发展定位也从原来的轻工生产向信息科技之城转变。杭州不仅有景色宜人的西湖5A风景区,更有着代表现代生活的阿里巴巴,支付宝的广泛运用已经将杭州发展为中国最大的移动支付之城。基于这些基础条件的存在,选取杭州作为本研究的数据采集地,其代表性更强,数据更加有说服力。调查方式采用抽样调查,在充分尊重被调查者个人意愿的前提下,真实地、无记名地进行问卷的填写。

3.问卷处理

在问卷发放前,先对问卷进行了小范围的试发放,然后根据回收情况对问卷进行了设计上的调整,保证了问卷数据的有效性以及对研究写作的基础支撑。在此次后期的问卷发放过程中,共发放数据样本300份,回收280份,回收率为93.3%。数据回收结果采用spss20.0进行样本数据的统计与分析。

(二)数据分析

1.高校学生对于新媒体的认知

通过表1可以看出,高校学生对于新媒体的认知程度还是非常高的,"非常了解"和"比较了解"的占到了总调查人数的75%。可以看出,随着人们生活水平的提高,电子技术产品已经成为大众化的产品,也成为高校学生学习和生活当中不可或缺的一种重要方式,正在影响着其学习和生活方式,也为后续的调查打下了良好的基础和数据支撑。

表1 高校学生对于新媒体的认知情况

认知程度	频率	百分比(%)
非常了解	77	27.5
比较了解	133	47.5
一般	56	20.0
了解一点	9	3.2
完全没有了解	5	1.8
合计	280	100.0

2.新媒体环境下学生的行为特点

新媒体环境下学生的行为习惯主要指学生在运用新媒体过程当中的频率、频次和动机行为等。通过表2可以看出,高校学生使用新媒体工具的时间集中于"1小时以内"和"1—2小时",占到了总调查样本的89.8%,而使用频率也非常高,集中在"3—6次"和"6—9次",以每次使用时间为1.5小时,每天使用6次来计算,学生每天接触和使用新媒体的时间在9个小时左右,可以看出,高校学生一天当中除了必要的休息时间外,大多数时间都与新媒体有着不可分割的联系。

表2　高校学生使用新媒体的时间、次数和频率

使用时间	频率	百分比(%)	使用次数	频率	百分比(%)
1小时以内	108	38.5	3次以内	33	11.8
1—2小时	152	54.3	3—6次	128	45.7
2—3小时	15	5.4	6—9次	109	38.9
3小时以上	5	1.8	9次以上	10	3.6

通过表3可以看出,高校学生在每天的长时间的运用新媒体的过程当中,其使用动机主要集中在"朋友交流""学习知识""打发时间""寄托情感""休闲娱乐"等方面。

表3　高校学生使用新媒体的用途分析

动机	频率	百分比(%)
朋友交流	222	79.3
学习知识	235	83.4
打发时间	192	65.6
寄托情感	85	30.6
休闲娱乐	123	43.9
其他	55	19.6

通过以上调查可以看出,新媒体已经逐渐取代了传统媒体,成为高校学生生活、学习的主要途径,新媒体环境对高校学生的日常生活和价值观的形成都有着非常重要的影响。

3.新媒体环境下高校学生的思想特征变化

在新媒体出现之前,高校学生获取信息的方式主要集中在传统媒体上,传统媒体的信息是经过严格审核之后发出来的具有正能量的、符合主流价值观的信息。而在新媒体出现之后,特别是自媒体技术的广泛应用,使得个体都可以成为信息的发布者,网络环境也变得复杂多样,在这样的环境下,高校学生的思想也变得更加多元化。

二、新媒体环境对于高校学生思想行为的影响

(一)新媒体对高校学生学习方式的影响

新媒体的发展使得高校课堂内外发生了重大的变化,首先是学生阅读方式的变化,在地铁上、火车上、车站、马路上,随处可以看到众多的"低头一族",他们利用手机让阅读从传统的纸质书籍过渡到了手机终端,获取了海量信息。其次是教师授课方式的变化,在被调查的280名学生当中,74%的学生选择了"观看视频是他们喜爱的授课方式",而随着技术的革新,多媒体教室的普及,高校课堂已经不再是老师独自一人站在讲台上教授,他们以 PPT、视频等教学手段,让高校课堂的授课方式更加多元化,也更加吸引学生。最后是学生对于电脑和网络的依赖化,现在的高校学生离开了网络和电脑就不会写作业,甚至对于作业的答案、课程的论文,很多学生都是在网上直接搜索,缺乏个人的思考,这使得学生对于知识的掌握未能够内化于心。

(二)新媒体对高校学生生活方式的影响

新媒体的迅速发展也对高校学生的生活方式产生了广泛的影响,在日常衣食住行方面,网络购物成为高校学生的首选方式,高校学生足不出宿舍就可以买到自己心仪的商品,各大校园周边的快递点里每天都充斥着各类的快递包裹,而且学生的用餐方式也从以往的在学生餐厅用餐逐渐向网络订餐转变。而在业余生活方面,网络游戏、视频追剧、社交软件也成了他们休闲娱乐的主要方式。但在这个过程中,也暴露出了很多问题,很多大学生在娱乐消费的同时不顾家庭的承受能力,盲目攀比,造成了网贷等现象层出不穷。新媒体带来的便利使得高校学生宿舍成为他们的主要休闲场所,体育场上鲜有他们的身影出现,这在一定程度上造成了学生体质的下降。

(三)新媒体对高校学生世界观、人生观、价值观的影响

随着新媒体的迅猛发展,网络信息来源也变得更加多元化,这在很大程度上改变着高校学生的世界观、人生观、价值观,特别是自媒体技术发展后,学生获取信息的来源从权威的主流媒体过渡到了多元化的信息发布源,特别是很多人为了博得眼球而不断地散发低俗内容,提高点击量,而由于高校学生还处在价值观正在形成阶段,因此思想并不成熟,很容易受到外界错误价值观的误导和外界强势观点的左右。特别是在近些年来,很多学生崇拜的不再是为我们中华人民共和国成立而抛头颅洒热血的人民英雄们,而是娱乐明星们,这就对价值观正在形成中的高校学生造成了非常严重的影响。

三、新媒体环境下的引导策略探析

(一)加强对高校学生运用新媒体技术的教育引导

在新媒体技术迅猛发展的当下,新媒体技术已经与高校学生的生活学习密不可分,我们应当加强对高校学生运用新媒体技术的教育引导,创新教育引导的方式和方法,利用新媒体带来的便捷条件,化解其消极影响,引导学生从低级的网络趣味中解脱出来,让新媒体技术在学生手中变为推动其学习生活的一把利器,而不是成为其前进路上的绊脚石。这就需要我们的教育工作者们去不断努力,探索新媒体形势下的高校学生成长成才路径,引导其走向正确的轨道,使其真正成为社会主义的合格建设者和可靠接班人,不断为中华民族的伟大复兴而奋斗。

(二)提高高校思政队伍的媒介素养

时代在发展,教育教学的方式也应随之变革,在思想层面教育引导学生是高校思政工作者肩负的使命。而随着新媒体技术的不断发展,越来越多的新情况、新问题不断地出现在我们面前,特别是随着新媒体发展而出现的微信、QQ等一系列新的交流方式,这就要求高校的思政工作队伍不断地提升自己的媒介素养,提升自身利用网络和新媒体技术的水平,更加熟练自如地运用新媒体技术,更加深入地与学生交流,了解学生所需,倾听学生心声,不断提高自身思想政治工作的针对性和实效性,做高校学生思想的引领者和高校文化的领路人。

(三)加强新媒体技术与思想政治教育的融合

习近平总书记指出:“要运用新媒体新技术使工作活起来,推动思想政治工作传统优势同信息技术高度融合,增强时代感和吸引力。”正如习总书记所讲,思想政治工作要在新媒体技术高速发展的情况下适应环境的发展,就要顺应趋势,加强新媒体技术和思想政治教育二者的融合,首先要不断利用新媒体技术,利用微信公众号、新浪微博等探索符合当下潮流的、学生喜闻乐见的宣传和教育方式,让学生能够从内心去接受。其次,要实行激励机制,鼓励思想政治理论课教师利用新媒体技术,更新思想政治理论课教学方式,改变传统的灌输式思政教学,增强教学的趣味性,促使学生从“要我学”转变到“我要学”。

[参考文献]

[1] 中国网信网.CNNIC发布第42次《中国互联网络发展状况统计报告》[EB/OL].(2018-08-20)[2020-08-24].http://www.cnnic.net.cn/hlwfzyj/hlwxzbg/hlwtjbg/201808/t20180820_70488.htm.

[2] 操菊华,康存辉.媒体融合环境下发挥思政课舆论引导作用的路径分析[J].思想政治教育研究,2018,34(5):101-105.

［2］周婧.新媒体时代大学生媒介素养现状调查与思考［J］.青年记者,2018(35):28-29.

［4］杨梅,周正柱.新媒体背景下大学生网络行为特点及其引导策略［J］.黑龙江高教研究,2018,36(12):114-117.

［5］徐玲,刘瑞军.新媒体时代应用型高校学生理想信念教育方略探讨［J］.职业技术教育,2018,39(23):59-62.

［6］袁国,徐颖.新媒体环境下高校网络隐性思想政治教育策略研究［J］.学校党建与思想教育,2018(14):59-60.

［7］俞婷.新媒体时代高校宣传思想工作的机制创新研究［J］.学校党建与思想教育,2018(11):37-40.

［8］习近平.全国高校思想政治工作会议的讲话［N］.人民日报,2016-12-09(1).

（原文刊载于《知识经济》杂志 2019 年第 12 期）

开放发展背景下关于增强高职院校网络
意识形态话语权工作路径探析

(浙江农业商贸职业学院　冯砚茹)

[摘　要]现今意识形态工作面临许多新挑战,高职院校肩负着"立德树人"的根本任务,肩负着塑造学生、培养学生正确价值观的职责,肩负着守卫意识形态阵地的义务,牢牢抓住高职院校网络意识形态话语权是十分重要且必要的,要做好网络意识形态话语权工作就要从根源上进行剖析,从而找到破除当前意识形态话语权困境的出路。

[关键词]意识形态;话语权;高职院校;网络;生活世界

意识形态话语权,顾名思义就是占统治地位的观念体系的话语权力,是一个国家占统治地位的文化领导权的体现。葛兰西的文化领导权思想中就包含着意识形态话语权的思维逻辑,文化使领导权脱离了经济决定论的线性思维,从而回归到更为立体化和完整化的形态。话语本身就是一种权力的表征,比如福柯提出的"话语即权力"的观点。话语是人类世界、生活世界当中交流的媒介,社会关系也表现为话语关系。正因如此,意识形态话语权的争夺也显得尤为重要。

一、开放发展背景下高职院校网络意识形态
话语权领域的新特点、新变化

《中国互联网络发展状况统计报告》中指出,截至 2018 年 6 月 30 日,我国网民规模达8.02 亿,互联网普及率为 57.7%,我国手机网民规模达 7.88 亿。我国经济、文化自改革开放以来一直呈现着高速发展的态势,互联网、电脑、手机也已普及。而"五大发展"理念自提出并被贯彻落实以来,其中的开放发展是影响当前网络状态最深刻的理念。人们的交流方式经历了从过去的信件、口信到座机、移动电话机再快步走入了 4G/5G、视频通话、网络交流的新型信息时代。影响人们最深的是以"两微"为主的新媒体,这种新媒体通过人们随身携带的笔记本电脑、平板电脑,在有网络的情况下,就能达到交流的最理想状态——视频、语

本文获浙江省高职院校党建研究会 2019 年年会论文二等奖。

[作者简介]冯砚茹,浙江农业商贸职业学院教师,主要研究方向为意识形态理论。

音、图片、文字多种类型的便携、移动、快速的信息交流模式。而这种传播模式在开放发展的背景下使意识形态话语权领域出现了新特点、新变化。

(一)碎片化的传播形式冲击了话语权的主体地位

意识形态话语权受到传播模式的影响,话语主权被分解,呈碎片化。传统的元叙事模式在新传播媒体盛行的割裂下显得无竞争力,尤其在新时代的学生面前。学生已经接触过很多超前意识和新文化形态,他们的价值观、世界观、人生观也被深刻地影响着,而以元叙事为主要传播模式的意识形态话语权在学生面前似乎缺乏吸引力,他们的注意力被更多有趣的传播内容所吸引。主流意识形态话语权则显得更为式微。自上而下的传播模式被自下而上的新型模式所冲击,统一性思维被分散、消解和弱化,传统的传播机制受到挑战,社会资源和注意力向新媒体倾斜。

(二)舆情引导出现前所未有的难度

信息大爆炸时代,网上传播的内容良莠不齐,学生只要拿起手机就能收到或传递各种各样的讯息。社会上众多思潮盛行,当然高职院校的学生也或多或少受其影响。传播主客体的个性化、舆情传播平台形式的多样化、传播内容的多元化,造成舆情的迅速传播以及发酵的不可控化。舆情引导的难度体现在影响之深远前所未有。舆论涉及的话题所发酵的观点多元化,注意的集中化、网络的狂欢化,都使得舆情的发展趋势不可测、引导难度大大加深。网络已经成为舆情引导的最大变量。网络上一些议题、话题持不同观点者所展开的骂战本质上也是一种争夺话语权的体现。这种骂战所带来的舆情也是不可预知的,舆情引导难度也可想而知。

(三)政治经济文化交织

这里的政治经济文化交织指的是意识形态话语权从原本的相对政治性转向到政治经济文化三者混为一体。随着社会化程度加深,人人都成为话语权的拥有者,自我意识空前强化,个体对网络热点话题的参与度非常高,这个时候网络上的一些人将政治上的话题娱乐化,将经济、生活上的话题政治化,从而整个意识形态话语权呈现的态势是经济政治文化一体形式。这种态势使得主流意识形态话语空间遭到挤压,"有的领域马克思主义被边缘化、空泛化、标签化,在一些学科中'失语'、教材中'失踪'、论坛上'失声'"。意识形态话语权也在网络空间被这种政治娱乐化的话语所解构,发声平台被挤压,话筒权被抢夺。

二、开放发展背景下高职院校网络意识形态话语权新变化的动因

(一)意见领袖的出现

网络赋权、新媒体赋权等概念应运而生,有学者将其界定为"社会中有机会使用互联网并有可能通过使用互联网而提升自己权力的人,通过使用互联网进行信息沟通、积极参与决

策和采取行动的实践性互动过程,通过这个过程实现改变自己不利处境或者提升权力和能力,从而使得整个社会的权力结构发生改变的结果的社会实践状态"。同理,高职院校也是如此,学生热衷的微博、微信以及各大论坛中都有着这样的意见领袖,而学生在网上冲浪时也会受到这些意见领袖的影响。这些意见领袖通过某些独特的闪光点,例如独特的思维方式、对事物独树一帜的看法和风趣幽默的表述方式等受到网民们的追捧,获得了网络、新媒体的赋权。

(二)文化产品成为学生意见导向

"在某些特定条件下,并且只有在这些条件下,一群人会表现出一些新的特点,它非常不同于组成这一群体的个人所具有的特点。聚集成群的人,他们的感情和思想全部转到同一个方向,他们自觉的个性消失了,形成一种集体心理。"舆情有时会出现一边倒的状态,而网上也盛传着一句话"造谣一张嘴,辟谣跑断腿"。高职院校的学生们对网络上纷繁复杂的信息并没有很强的筛选能力,他们会本能地选择自己想相信的"事实"。这个时候文化产品所传递、蕴含的讯息就会给他们带来观点的导向,此时的学生也就成了勒庞所指的失去个性成为统一心理的集体的"乌合之众"。文化产品将原有的文化通过商业化的流水线生产、包装,获得了震撼人心和吸人眼球的效果,而其内涵却大大失去了原有的韵味,甚至其话语功能被资本所占有,变成谁拥有了资本,谁就拥有文化产品的话语权。

(三)传播主体、客体和场域本身已完成转向

传统的意识形态斗争是国家或者政治集团之间的直接对抗,斗争的主客体为实体,也较为直观,斗争场域是传统的报纸、广播、书籍、公文等。现在的意识形态领域斗争和意识形态话语权争夺则是以网络上的隐蔽、虚拟身份代替现实中的身份,属于一种"虚拟出场"的状态。这种情况下就无法了解传播主体的真实意图,意识形态斗争的刀光剑影隐蔽在网络的字里行间以及图片、视频中。

三、开放发展背景下增强高职院校网络意识形态话语权路径探析

马克斯·韦伯曾提出:"任何统治都试图唤起并维持对它合法性的信仰。"增强意识形态话语权的本质在于得到大众的认同,通过唤起大家认同感以获得其统治的合法性。话语权的抢夺不仅是因为客观因素的变化,如新媒介的出现对传统模式产生了挑战;更有主观因素的影响,比如意识形态的宣传话语相对网络语言更为"阳春白雪",这时我们应该回归到对话语转向的思考,思考如何回归"生活世界"。"生活世界"在哈贝马斯这里指的是交往行为的背景,是人们用以交流对话的共同理解的文化基础。那么高职院校的网络意识形态话语要回归"生活世界"就必须结合以下三个要素,即社会、文化、个性。

(一)网络意识形态话语权构建结合生活世界社会维度原则

生活世界的社会要素指的是交往过程中的社会规范和秩序规范。意识形态话语权的构

建也是如此,注重网络平台、秩序的构建是其中相当重要的一环。如何构建意识形态话语权的社会维度呢?首先是显性手段,加强堡垒建设,即平台建设,要打造属于自己的权威宣传平台、舆论场域,同时要在技术层面满足当前的需求,维护网络秩序和网络安全,进行实时监控,防止反马克思主义思潮的渗透,加强学生的政治认同感。其次是隐性手段,意识形态话语权的掌控要注意提防信息寡头的出现,应注重对教师、学生中的"意见领袖"的培养,在遇到突发舆情状况时可以给予一定的引导,唯有如此,舆情的引导和发酵才不容易出现不可控的状态。塑造自己的意见领袖是一种话语权建设的体现,更是一种维护网络秩序的隐性手段。

(二)网络意识形态话语权构建结合生活世界个性维度原则

生活世界的个性要素指的是交往过程中的交往者自身的能力、个性和特色。从这个维度上看,要对高职院校学生的心理特征进行摸底,熟悉其群体心理传播特征,遇到状况时方能采取科学的应对措施。例如学生群体常见的盲目从众心理,个体在遇到集体性意见的时候会向集体性意见靠拢,也就是随大流。这种情况下应当加强学生的心理辅导和思想政治教育,设置一些情景模拟、思考题,带领他们参与一些实践,以便增强他们的社会经验,提高他们对外部事物的正确判断力、鉴别力。学生群体处在比较热血的年纪,易受周遭情绪感染。学校应当保证沟通渠道和信息渠道畅通,在第一时间了解到他们的观点和看法,及时解决和疏导,防止群体性事件发生,以此坚守校园意识形态话语阵地。

(三)网络意识形态话语权构建结合生活世界文化维度原则

生活世界的文化要素指的是交往过程中的交往者所需使用的知识储备、文化知识,它常以符号为表现形式。在高校中也应当树立起本校的校园文化,以校园文化为推手,增强文化自信、文化认同,以加强意识形态话语权。网络意识形态话语的前提是现实世界,高校做好校园文化建设既能够保证校内风清气正,更能让学生心理健康积极。优良的校园文化能减轻学生在生活当中所遭遇的压力挫折,让其具有更强的适应能力和解决问题的能力,进而能减少其在网络上泄愤,充当"键盘侠"的行为。如果没有良好的校园文化作为引导,学生的精力就容易被其他娱乐、游戏所吸引,思维模式和价值观也会朝着这个文化产品所附带的价值观倾斜。西方和平演变的主要手段就是企图以各种宣传争取青少年的意识认同,并以各种物质、娱乐懈怠他们的意志,消除他们的爱国情怀,妄图通过新型宗教控制他们的精神、头脑。肩负着培育学生重任的高校应当关注学生喜爱的文化形式,避免"一刀切"的处理方式,塑造受到学生喜爱并能给他们带来积极影响的校园文化,以争取他们的文化认同,从而加强他们的文化自信。宣传教育模式也可采用多样的方式进行,在实践活动中使其深化对中华文化和马克思主义的认识,并以此来塑造其个人品格,使其在精神上有质的飞跃。

四、结 语

在互联网成为意识形态话语权争夺的重要领域之时,意识形态斗争也不可避免,新时代下主流话语权式微的困境也日益显现,如何加强意识形态话语权是当今所需研究的重大课题,也是每位高职人的责任。守卫、保卫意识形态领土,路漫漫其修远兮,吾将上下而求索。

[参考文献]

［1］习近平.决胜全面建成小康社会 夺取新时代中国特色社会主义伟大胜利——在中国共产党第十九次全国代表大会上的报告［M］.北京:人民出版社,2017:9.

［2］习近平.在第二届世界互联网大会开幕式上的讲话［N］.人民日报:2015-12-17(2).

［3］梁颐,刘华.互联网赋权研究:进程与问题［J］.东南传播,2013(4):14-17.

［4］古斯塔夫·勒庞.乌合之众:大众心理研究［M］.冯克利,译.北京:中央编译出版社,2014:3.

［5］马克斯·韦伯.经济与社会(上)［M］.北京:商务印书馆,1997:239.

［6］尤尔根·哈贝马斯.交往行为理论:行为合理性与社会合理化［M］.曹卫东,译.上海:上海人民出版社,2004.

关于深化高职院校思政课建设
体系创新的几点思考

（浙江机电职业技术学院　查广云）

[摘　要]习近平总书记在全国学校思想政治理论课教师座谈会上提出了新时代办好高校思政课要坚持"六个要"和"八个相统一"的重大要求，为推进新时代高校思政课改革创新提供了根本遵循。本文就如何深入贯彻落实习总书记关于办好高校思政课的系列重要论述以及中央关于加强高校思政课改革创新的系列文件精神，就高职院校思政课的建设理念体系、人才队伍体系、课堂教学体系，特别是第二课堂实践育人体系进行了阐述研究。

[关键词]思政课；高职体系；课程建设

一、立足高职院校办学实际，构建具有高职
特色的思政课建设理念体系

高职院校作为独特的高等教育类型，有其特有的人才培养目标、特点、模式与课程体系，这也注定了高职院校在思政课建设上与普通本科院校，特别是与教学科研型大学及综合性大学有着明显的区别。对此，高职思政课也应该有自己独特的理念体系。

（一）着力构建"四合"的高职思政课指导理念

一是要与中央要求和时代精神相吻合。习近平总书记强调，要把立德树人融入思想道德教育、文化知识教育、社会实践教育各环节，贯穿基础教育、职业教育、高等教育各领域。《国务院关于印发国家职业教育改革实施方案的通知》（国发〔2019〕4号，简称"职教二十条"）指出，要牢牢把握职业院校意识形态工作领导权，指导职业院校上好思想政治理论课，努力实现职业技能和职业精神培养高度融合。因此，高职思政课必须把立德树人作为根本任务和中心环节抓实抓好，既要符合《关于深化新时代学校思想政治理论课改革创新的若干

本文获浙江省高职院校党建研究会2019年年会论文二等奖。

[作者简介]查广云，浙江机电职业技术学院马克思主义学院院长，教授，主要研究方向为马克思主义中国化。

意见》的要求,也要符合"职教二十条"的要求。二是要与高职人才培养实际相结合。高职院校培养的高素质技术技能型人才,是社会主义建设者和接班人的重要组成部分,因人才培养目标的特殊性决定人才培养的学制、过程与模式等均存在差异性。因此,高职思政课的课程设置、学时学分的要求和教学方法与过程也应注意区别对待。三是要与高职专业课程体系相融合。高职院校强实践、重技能的人才培养特点以及职业精神与职业技能融合的内在需求,要求思政课程与专业课程必须深度融合,要求思政课程与课程思政必须同向同行、协同发力。四是要与高职学生的身心素质特点相契合。提升思政课的针对性必须要高度注重学生的身心特点,当代高职生总体上思想活跃,但学习的自主性差、自控力相对薄弱,高职思政课要想吸引高职学生,必须要在研究学生的接受特点和成长规律上下更大的功夫。

(二)着力构建"五个结合"的课程创新理念

高职思政课教学实效的基础在于教材内容,关键在于教师和课堂。一是做到守正与创新相结合。既要注重课程内容的知识性、思想性与逻辑性,又要注意教学方式方法的创新性、灵活性与艺术性。二是坚持理论性与实践性相结合。科学处理好理论教学与实践教学的关系,把技能实践与道德实践有机结合起来。三是坚持课内与课外相结合。充分发挥第二课堂的有益补充作用,切实把思政小课堂与社会大课堂结合起来,深化实践教学对理论教学的巩固和拓展,促使学生把思想修养与道德信念内化于心、外化于行。四是坚持线上与线下相结合。充分发挥网络新媒体的优势,创新手段、激活课堂,建设虚拟仿真实践体验教学场馆,积极打造智慧思政课堂。五是坚持主体与主导相结合。充分发挥学生主体积极性和教师主导的创造性,做到教学做一体化,知信行相统一,既要提升思政课的显性教学效果,又要提升思政课的隐性教学实效。

(三)着力构建"三个统一"的课程建设协同理念

要牢固确立课程内容与教学方法相统一、主课堂与主渠道统一、思政课程与课程思政相统一的思政课建设理念。职业教育的全面深化改革对高职院校的思政课建设也提出了新要求。党的十九大报告提出:建设知识型、技能型、创新型劳动者大军,弘扬劳模精神和工匠精神,营造劳动光荣的社会风尚和精益求精的敬业风气。当前,在高职院校大力推进职教"双高"建设的背景下,必须清醒认识到,攀高必先扎根,只有把思政教育之根扎牢了,"双高"建设才能取得实效;只有发挥和利用好思想政治理论课这个思政教育的主渠道主阵地,才能为"双高"建设保驾护航。从系统学角度来看,只有坚持思政课程与课程思政协同发力,才能真正推进思政课教学实效性的提高。

二、立足学生素质实际,构建契合高职实际的教学资源体系

(一)确保教学内容鲜活生动

高职院校思政课建设要因事而化、因时而进、因势而新。按照高职院校人才培养目标和

思政课统编教材的教学基本要求,结合高职人才培养模式特点和专业建设特色,凝练优化教学内容,突出中国理论、中国实践和中国方案,及时融入马克思主义中国化最新成果,用足用活地方经济社会改革发展的鲜活案例,选好用好《习近平新时代中国特色社会主义思想学习纲要》《习近平的七年知青岁月》等辅助教材。坚持理论性与前瞻性相结合、普遍性与特殊性相结合的原则,精准选择具有时代气息、贴近学生生活的内容,使得教学内容易被学生认可、接受和消化。特别是要立足高职院校学情特点,关切职业教育注重实践教学和能力培养的特点,把握职业教育教学规律,及时将职业使命、职业道德、职业精神等内容融入教学过程,促进思想政治意识、社会主义核心价值观和职业素质教育在高职学生教与学、知与行上的高度融合。

(二)促进教材体系的科学转化

能否高质量实现教材体系向教学体系转化,是决定高职院校思政课教学实效的重要因素。在确保统一使用思政课统编教材的前提下,推动使用教师参考书、疑难问题解析、教学案例解析、学生辅学读本等,更好地促进统编教材的使用。加强教材研究,能动地对教材体系进行再加工与再创造,创新教材呈现方式和话语体系,以学生喜闻乐见的方式呈现教学内容,实现理论体系向教材体系转化、教材体系向教学体系转化、价值体系向学生的行为体系转化,使教材更加体现科学性、前沿性和时代性。

(三)建设立体多元的教学资源体系

思政课程资源的丰富性和效用性决定着课程目标的实现程度。要加大信息化资源供给,建立高职生思政课主题学习网站和微信公众账号学习平台,使之成为宣传展示学生理论学习成果的重要阵地。按照"线上与线下相结合"的要求,精选与课程内容高度契合的网络音视频、微课以及精品在线开放课程资源,制作微电影,高质量编辑推送思政课微信公众号,建设开放性立体化网络教学资源库。积极整合网络课程、微课视频、名师平台等优势特色课程资源,推进优质教学资源共享。发掘学校及地方实践资源,探索地方教学资源融入的优化路径,依托区域高校联盟、爱国主义教育基地、社区服务基地,形成定点化、常态化、联合化的实践育人资源共享体系。

三、立足人才培养特点,构建高职特色的课堂教学体系

(一)改革教学方法,焕发思政课课堂教学活力

习近平总书记强调,推动思想政治理论课改革创新,要不断增强思政课的思想性、理论性、亲和力和针对性。要按照"配方新颖、味道精美"的要求,实现教材体系到教学体系的高质量转换。坚持贴近学生、贴近生活、贴近专业,把理论化的教材语言转化为生活化、通俗化的教学语言,构建学生喜欢、亲和力强的思政课课堂话语体系。要按照"工艺精湛、包装时尚"的要求,创新教学方式方法,注重发挥学生的积极性和主动性,采取探究式、叙事式、情境

式以及研讨式等多种教学方法,注重课堂师生互动,激活课堂氛围,最大限度地催生学生学习思政课的内生动力。

(二)创新教学手段,推进新媒体技术和思政课教学的深度融合

习总书记多次强调,没有信息化,就没有教育现代化。加强思政课建设,必须要把互联网信息技术优势与思想政治工作的传统优势结合起来,紧密结合新时代大学生成长特点,借助各种新媒体技术优势,不断创新教学方式方法,不断满足高职学生成长发展的需要和期待。要着力加强新型互联网教学载体和新型教学媒介应用,将传统网络平台和移动互联网平台有机结合,打造集学习、实践、教学、资源于一体的思政课网络教育教学平台,进一步完善探索"互联网+思政课"模式。要推进信息化条件下的新式教学资源如网络微课、数字化平台课程、精品在线开放课程、VR教学资源库等建设,实现思政课线上线下教学的融通互补。

(三)强化教学艺术,提升思政课课堂教学实效

思政课教学是一项思想性、科学性、艺术性很强的工作。提高思政课的亲和力和感染力,必须要在课堂教学设计和教学艺术上下功夫,着力达到"有棱有角、有虚有实、有情有义"的要求。高职思政课教师要根据教学目标与学生的思想素质特点,精心设计每一节课的教学内容、教学环节和教学过程,注重"天边不如身边,道理不如故事",精选时代性、针对性和教育性强的教学案例,精心设计教学情境,切实做到"寓情于境、寓教于乐,春风化雨、润物无声",要真正达到"教学有法、教无定法、贵在得法"的境界。

四、立足人才培养模式特点,构建高职思政课第二课堂体系

第二课堂实践育人是提升高校思政课教学的重要渠道和载体,是推动全员全程全方位育人的有效途径。当前,高职院校思政课在完成推动习近平新时代中国特色社会主义思想入脑入心的历史责任和使命担当的视域下,思政课教学应积极探索和建立校内课堂实践、校内课外实践和校外社会实践相统一的"三位一体"思政课实践教学体系,着力在学习、宣传、践行习近平新时代中国特色社会主义思想上实现新突破。

(一)依托社团,创新载体,打造第二课堂育人多样化平台

把握学生社团的特点和优势,立足高职学生的专业实际与素质实践,进一步加强中国特色社会主义理论读书会、飓风文学社、微公益服务社团等理论类、实践类学生社团建设。依托社团创新思政课教学载体,对接学生辩论赛、主题晚会、话剧展演、暑期"三下乡"、公益活动等校内外实践活动,促进思政课教学改革创新与社团活动有效对接,促进思政教师能力提升与指导社团有效对接,并将此纳入思政课考核评价体系,积极探索提升思政课教学实效性的路径。

(二)统筹推进,协同配合,形成第二课堂育人合力

一是强化校内大思想政治教育协同。由校党委宣传部牵头抓总,马克思主义学院为主体,学院其他部门在专业建设、项目设计、活动组织、管理服务、经费保障等方面密切配合,形成"大思政"实践育人格局。二是加强校园文化育人,着力推进以文化人、以文育人与思政课课堂教学的有效协同,实现思政课育人的显性教育与隐性教育相统一。三是拓宽实践基地,发掘地方实践教学资源,实现基地共建。通过社区帮扶、志愿服务、科技下乡、文化建设等形式,积极开展"双百双进""百校联百镇"等实践活动,实现课堂教学与社会实践育人的协同。

(三)组织引导,分类实施,优化第二课堂育人长效机制

要突破思政教育的传统形式和载体局限性,根据不同学生的兴趣特点和专业所长,通过社团活动、校园话剧、赛学结合等课内课外实践载体,促进课内教学和课外实践的融通互补。通过学生走出校园、走进社会,实现课堂教学与社会实践的结合,提高思政课中省情、市情、社情教育的广度和深度,并用社会实践对学校理论教学成果进行检验评估和整合完善。通过思政课综合实践教学实施方案实现课内实践、课外实践、校外实践无缝对接,推动高职实践育人可持续化、长效化。

[参考文献]

[1] 习近平主持召开学校思想政治理论课教师座谈会强调:用新时代中国特色社会主义思想铸魂育人 贯彻党的教育方针落实立德树人根本任务[N].人民日报,2019-03-19(1).

[2] 中共中央办公厅,国务院办公厅.关于深化新时代学校思想政治理论课改革创新的若干意见[EB/OL].(2019-08-1)[2020-08-24].http://www.gov.cn/zhengce/2019/08/14/content_5421252.htm.

[3] 国务院.国务院关于印发国家职业教育改革实施方案的通知[EB/OL].(2019-02-13)[2020-08-24].http://www.gov.cn/zhengce/content/2019/02/13/content_5365341.htm? from=singlemessage&isappinstalled=0.

[4] 靳诺.新时代思想政治理论课改革创新的着力点[J].思想理论教育导刊,2019(5):15-17.

[5] 杨晓慧.课程化:高职院校思政课实践教学优化策略[J].中国职业技术教育,2019(14):23-27.

"百万扩招"背景下高职院校思政教育有效性探讨

(义乌工商职业技术学院　年　艳　蒋祝仙)

[摘　要]高职院校扩招后,学生生源结构更加复杂,思想也呈现出分层性和现实性,对高职院校思政教育的有效性构成了挑战。据此提出从需求侧对学生进行分类培养,从供给侧进行分层教学、分类指导,各部门深度合作,建立多方联动机制,从而提高思政教育有效性。

[关键词]高职院校;百万扩招;思政教育;有效性

在党的十九大报告中,习近平总书记明确指出,要全面贯彻党的教育方针,落实立德树人根本任务,发展素质教育。"现代人素质在国民之中的广为散布,不是发展过程的附带产物,而是国家发展本身的基本因素"[1],在人的素质中,"思想政治素质是最重要的素质"[2]。

高职院校是高校教育的重要阵地。2018 年,普通本专科共招生 790.99 万人,其中本科招生 422.16 万人,同比增长 2.78%;高职(专科)招生 368.83 万人,同比增长 5.16%,高职(专科)的招生规模增幅超过普通本科。2019 年 3 月 5 日,李克强总理明确提出"高职院校大规模扩招 100 万人"。现阶段高职教育已占我国高等教育"半壁江山",是高等教育体系的重要组成部分。把这一大批学生培养成社会需要的奋斗在经济建设第一线的德才兼备的人才,是摆在高等职业教育工作者面前的紧迫任务。那么扩招进来的这部分学生的生源结构如何? 会给现阶段各高职院校的思政工作带来哪些挑战?

本文获浙江省高职院校党建研究会 2019 年年会论文二等奖。

[作者简介]年艳,义乌工商职业技术学院企管金融党支部宣传委员,讲师,主要研究方向为教育经济、学生思政。蒋祝仙,义乌工商职业技术学院经济管理学院党总支书记,副教授,主要研究方向为教育经济、学生思政。

一、影响思政教育有效性因素

(一)需求侧影响因素分析

根据浙江省高职扩招工作的完成情况,为了更好地分析扩招后学生生源的变化,我们选取了浙江省两所代表性高校的相关数据进行统计整理,并结合问卷调研、访谈对这批学生的思政状况做了初步分析。

1. 学生个体呈现差异性

两所院校第二阶段扩招共录取 307 人,其中女性占比 26%,男性占比 74%,男性是女性的 2.8 倍。学生个体之间的差异主要体现在新生年龄差距大,从两所高校年龄结构来看(图1),第二批扩招学生平均年龄 26.74 岁,其中最小的 18 岁,最大的 47 岁,相差 29 岁。从学历结构来看(见图 2),最低学历为初中,最高学历为硕士,高中学历(职高＋普高)占比最高,达到 64%。

相对于统招的学生,这两所院校扩招学生中在职员工占比最高,达 49%;其次是农民工占比 15%,下岗失业人员占比 11%,退役军人占比 10%,新型职业农民占比 9%,应届毕业生占比 6%。

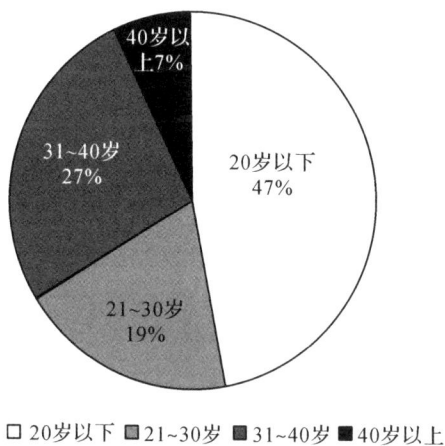

图 1　年龄分布结构图

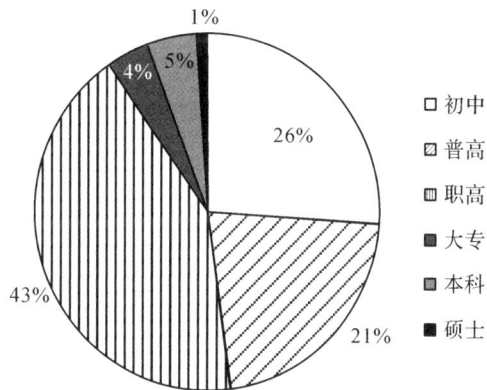

图 2　学历分布结构图

2. 思想状态呈现层次性

扩招学生中政治面貌为群众的超过 50%,党员的比例不到 10%,且通过问卷调研和访谈发现只有少部分学生有入党意愿。他们读大学的目标主要有三类:获取学历、再就业和学习一门新技能。他们对社团活动以及学校其他活动表示兴趣不大,最想学习的课程是专业课和英语课。对于思政教育,绝大多数学生认为思政教育是有必要的,但是对大学思政教育不是很了解,对学校开展的思政教育活动会尽量参加,但是希望有更多弹性的时间,通过电脑、手机等灵活的方式参与思政活动。他们最感兴趣的是对当前国内外形势的分析,希望多增加实践学习环节。

通过对这部分扩招学生的调研,我们发现他们的思维模式与往届高职学生有极大不同,高职扩招政策的放宽拉大了高职院校学生的年龄差距,最大超过20岁。这部分学生"实用主义"观念较强,学习的目的性非常明确,有很强的功利性,且有部分学生受家庭和社会影响,对学校开展的集体活动以及思想政治教育活动配合度不高。他们这种过于实际的意识在一定程度上会影响其他学生。

而高职院校的统招生大多是高中或者职高应届毕业生,他们社会经验少,世界观、人生观并未完全成型,看问题不够成熟,思想波动也比较大,容易出现冲动偏激行为。且统招的学生现在都是"00后",受网络经济的影响,思想超前,喜欢新事物新观念,但是辨别是非的能力弱,容易受到线上线下负面信息的影响,以上种种因素都导致了思政工作者很难把握学生的思想状况。

(二)供给侧影响因素分析

1.现有思政教育工作者人员缺口大

扩招之后,高职院校学生数量不断增加,高职院校现有的教学场所和设施、师资力量以及学生生活配套等都不能与增加的学生数量相匹配,这导致出现了很多问题:教学场所紧张导致学生上课时间过于分散,有兼职和创业需求的学生容易出现旷课的现象;宿舍拥挤容易引发寝室同学之间的冲突;长期以来高职院校的生师比偏高,在扩招后生师比将会更高,班主任、辅导员等思政工作人员忙于繁重的教学、行政工作,没有时间跟学生谈心交流。思政教育硬软件条件不足,特别是高职院校思政教育工作人员缺口较大,思想政治教育队伍建设滞后于高职扩招,这就导致对学生进行思想政治教育的时间严重不足。

2.现有思政教育机制运行效率不高

目前我国大多数高职院校都设有学生处、团委、心理咨询室、思政教研室等,各学院(系部)也都配备了学工办,设有班主任、专职辅导员,这些机构虽有明确的规章制定,并且每个学期都会制定专门的工作计划,但每个机构都很忙,工作任务都很重,就现阶段来说,思政教育机制运行效率并不高,主要表现为学生在校期间,只有极少部分学生能够主动向班主任、辅导员倾诉,向学校反映相关情况寻求帮助。其原因主要有两点:一是部分高职院校对于思政教育重形式轻实践,只把学生当作思政教育的客体而不是把学生当作主体去教育去培养,教育形式上也是上课为主,并没有用亲身实践的方法来培养学生,所有学生的积极性和参与度很难提高,思政教育的效果也难保证;二是由于学生思政工作各机构分属学校不同的职能部门管理,在制定工作计划、计划实施过程中缺少统一部署,各自为政,有时甚至相互冲突,导致学校思政教育整体运行效率不高,作用发挥不明显。

二、提高高等职业院校思政教育有效性的对策

(一)从内容上加强党建引领

把"党建+"系列活动融入思政教育活动,丰富学习内容。党建活动是师生提高思想认

识,提升政治修养的有利基础。组织各类党建学习和活动,有利于加强教师党员和学生党员思想培养,提高教师和学生党员的先锋模范作用,从而影响全班全院师生的精气神。可以充分利用重要节点增强仪式感。一方面,挖掘节日的爱国主义内涵,陶冶学生浓厚的爱国情结。如在五四青年节、七一建党日、八一建军节、国庆节、"一二·九运动"纪念日等特殊日子,对学生进行爱国主义教育,培育他们的爱国情结。另一方面,挖掘节日的传统美德内涵,树立学生的核心价值观,如教师节、劳动节、中秋节等节日,是对学生进行传统美德教育的极好机会。

(二)从需求侧进行分类培养

学校教育的最终目标是学生能够实现自我管理、自我教育、自我服务。但现阶段,高职学生普遍自律性差,这与缺乏自我管理能力有直接关系。因此,高职院校思政教育工作应围绕学生开展,有意识地培养学生自我管理与自我服务能力,使学生在学习中、生活中主动进行自我管理与控制,掌握辨别是非的能力,有意识地抵制不良影响,真正提升思想政治素养。思政工作者在工作过程中应该与学生建立有效沟通,及时掌握学生思想动态,及时发现并纠正学生的错误思想,注意强化学生自我管理意识,引导学生正确地、自主地解决问题。[3]

针对生源结构多元性特点,思政教育工作者可以对学生进行分层指导,按照升学型、就业型、创业型、技能型,制定具体的实施计划以及定期进行总结。通过制定针对性的个人目标管理体系,学生能够了解自己所处的阶段,还存在哪些不足,如何提高,从而不断完善和提升自我管控能力。[4]

(三)从供给侧进行分层教学

在"互联网+"时代,教育手段更加多样化,MOOC、云端平台、大数据的运用,使分层教学成为可能。通过授课平台可以实现分层测试、大数据分析,根据系统反馈出来的初识特征,为学生制定不同的学习方案。借此,教师和学生也能够及时掌握学习的进度,提高教学效果和学习成果。针对高职扩招带来的思政教育师资力量不够问题,开放式的平台课程有独特的优势,通过实施分层教学可以对学生分阶段、分类别、递进式、层次化地实施教学,使不同层次、不同个性的学生均能受益。[5]

首先,在教学内容的选择上,教师在充分掌握思政教学内容的基础上,对教学内容进行分层处理,不同层次的学生的教学侧重点不同。比如对于入党积极分子、学生党员,要注重在思政课基础知识之上,深化其对理论和方法的学习;对于扩招的这部分学生,应减少课堂授课内容,通过平台推送更多的时事新闻和时政分析方面的文章。在教学方法上也要根据学情做出相应调整,调动学生的积极性,由标准化课堂向多样化课堂进行转变。针对扩招这部分学生,教师要把时政新闻融入课堂教学,注重引导他们关注时事,通过课堂辩论,启发学生分析问题,反思问题,从而提高思政课堂教学效果。其次,在考核过程中,针对不同类别的学生制定不同的考核标准,分层考核,加入职业考证内容,提升学生实际业务能力。

(四)从主体上建立多方联动机制

提升高职院校思政教育有效性,必须承上启下,各部门之间进行深入密切合作,建立多方联动机制。前文提到,高职院校虽然都设置了比较全面的思政教育部门,但是思政教育有效性并不高,究其原因还是各部门(处室)、学院、专业并没有充分认识到思政教育的重要性。思政教育的有效性,不仅仅体现思政教研室思政教育的有效性,还体现了整个学院、专业的凝聚力。因此,各部门亟待深度合作,建立多方联动机制,比如思政教研室与宣传部合作举办校内主题宣讲,提高政治素养;学工团委一起开展各种社团活动、筹备晚会;学工部、思政教研室参与教务处制定各专业人才培养方案和专业标准,合理规划课程设置中的思政部分,有计划有步骤地开展思政教育,尝试将专业实践与思政教育有机结合。学生在校期间,各部门、各学院通过各种形式及时了解学生思想动态,并进行有效指导。

三、结　语

　　"互联网+"时代的到来以及高职院校扩招学生群体的变化,要求高职院校全面创新学生思想政治教育工作。这就要求我们要针对高等职业学校的具体情况,并结合高职学生各个方面的素质实际来开展思政教育研究和思政教育实践工作,确保思政教育的内在效果与外在效果的统一。而如何有效提高思政教育有效性,在于遵循思想政治工作规律、教书育人规律和学生成长规律,从顶层设计入手,提高教师对课程思政工作认识,提高教师将思政教育融入各类课程教学能力,壮大思政队伍力量,提升课程思政育人功能,加强思政教育主题建设,促进思政课程和课程思政融合,实现全员全过程、全方位协同育人。

[参考文献]

[1] 阿列克斯·英克尔斯,戴维.H.史密斯.从传统人到现代人[M].北京:中国人民大学出版社,1992:455.
[2] 江泽民.教育必须以提高国民素质为根本宗旨[M]//中共中央文献研究室.十五大以来重要文献选编(中),北京:人民出版社,2001:879.
[3] 张璇璇.浅谈如何提升高校思政教育有效性[J].才智,2018(13):180.
[4] 张卫峰,薛洁.构建大学生党员发展目标管理体系,探索大学生思想政治教育新机制思政教育[J].科教导刊(下旬),2016(5):69-70.
[5] 金梦兰,曲洪波.利用MOOC实现思政课"分层教学"探索[J].唐山师范学院学报,2016,38(6):143-147.

"四个融合"打造高职思政金课的实践与研究

（杭州万向职业技术学院　徐燕丽）

[摘　要]思政课"金课"是顺应新时代思想政治教育创新发展的重要先手棋,是思政课教学质量提升的关键举措。本文从开展的一系列思政教学改革中,认识到高职思政课存在的一系列问题,并提出针对性的解决方案:从课内课外双课堂的融合,校内校外两个实践平台融合,专兼职教师队伍融合,思政与专业相融合,"四个融合"打造思政"金课"模式。

[关键词]高职;思政金课;四个融合

党的十八大以来,习近平总书记围绕"培养什么人、怎样培养人、为谁培养人"这一根本问题,高度重视培养中国特色社会主义建设者和接班人。在 2019 年 3 月 18 日的学校思想政治理论课教师座谈会上,他提出了"思想政治理论课是落实立德树人根本任务的关键课程"的重要论断。思政课的质量直接影响着人才培养质量。高职院校思政教学水平不高,教学保障不足,师资力量薄弱,学生独立思辨能力、自觉能力不佳等都在一定程度上影响了思政课的实效。如何提高高职院校的思政课的含金量,高职院校思政教师需要从高职院校自身发展实际和学情去积极思考怎样让学生从内心喜欢思政课,有哪些有效的举措可以实现思政课变"水"为"金",思政课的建设应从哪些方面去努力,等等。

"金课"指含金量高,高质量地运用课堂教学艺术的结果,总体是以课堂为核心,涉及课堂内外、实践教学、课程始终、师生角色、考核评价等整体系统建设体系。思政金课是一项创新的工作,要以思政课教学改革为抓手,注重研究教学内容的思想性、针对性、实效性和趣味性,教学方法的多样性、灵活性,教学手段的先进性,评价体系的多元化,师资力量专业化等问题。

本文获浙江省高职院校党建研究会 2019 年年会论文二等奖。
[作者简介]徐燕丽,杭州万向职业技术学院思政部负责人,讲师,主要研究方向为思想政治教育。

一、目前高职思政课存在的主要问题

(一)课堂教学实效差,内容难以做到深、精、透,教学设计较为粗糙

教学内容如何讲到学生心里是个困扰众多思政教师的难题。高职院校的部分大学生历史使命感不强,理想信念缺失,社会责任感弱,不关心国内外大事,政治敏锐性和鉴别力不强。目前思政教学内容偏向理论化,选择的案例脱离学生现实。大多数教师不注重教学设计,对学情的把握和深入分析不够。对于学生需要什么,他们的学习能力和习惯是怎样的,教学目标是什么等重要问题很难做到深刻理解并对教学内容进行针对性设计,导致思政理论课缺乏感染力和吸引力。

(二)教学方法缺乏创新,实践教学手段单一

高职院校思政课堂中单向灌输的传统教学模式仍然存在。不少思政课教师未能真正掌握与应用现代教学技术手段,多媒体教学手段的运用有效性不高,PPT的设计不够美观,很难贴近学生,一些实用的网络教学平台使用率不高。在思政课教学模式中,教师机械地传授,学生被动地接收是常态。案例教学法、工作法、演讲法、小组讨论等多种现代教学方法运用不够。重理论轻实践,实践教学流于形式,以参观等单一模式为主,选择的参观地也仅单一地选择爱国主义教育基地,未能从学生专业、社会热点、经济政治文化等进行全方位的设计。

(三)师资队伍建设落后,师生比严重失调,缺乏高层次高水平有情怀的思政教师

高职院校的师资力量较本科院校相对薄弱。在知识结构方面,部分高职院校的专任教师缺乏思想政治教育的学科背景,理论功底不够扎实,科研力量较为薄弱,科研成果不高;在职业道德规范方面,部分思政课教师离习近平总书记提出的思政教师"六大素养"还存在较大差距;在教学保障和教师队伍建设上还远远不够,高职院校的思政教师对自身职业评价较低,职业积极性不高。师生比严重失调,大班授课形式严重影响了课堂教学氛围,教师花大量精力和时间来维持课堂纪律,从而弱化了对课堂内容的深入阐释。此外,大班授课互动难,现代教学方法很难有效使用。因此,高职院校要培养一批具有敬业精神、教育理念、人格魅力、渊博的学识和精湛的教学艺术的优秀教师,让有信仰的老师来讲信仰。

(四)思政与专业结合不够紧密,课程思政建设力度不够

思政课的抬头率一直是困扰思政教师的问题。如何提升学生对思政课的认可度和参与性,如何与高职学生的专业紧密结合,为其专业服务,是思政课教师应有的意识。思政教师一直是孤独地讲思政课,教学内容既未能紧密地和学院院风、教风、学风进行很好的融合,也未能自觉融入学校大德育建设之中,更没有很好地与教务处、学生处、团委等多部门联合开展德育教育。单一的思政课程,未能更好地转化为课程思政与思政课程协同发展。高职院

校学科众多、专业结构复杂,不同学科蕴含的课程思政资源不尽相同,需要在理论基础与实践环节多做有益尝试。

二、合理统筹"四个方面"的融合,科学构建思政体系,努力打造高职思政金课

(一)课内课外双课堂的融合,使思政课堂活起来

冗长的理论、厚重的书本、填鸭式的教学,可能是人们长期以来对高职思政课教学的刻板印象。要转变这个印象,就必须在思政课教学中研究和关注学生需求,注重讲授内容的价值引领和实践性;要优化教学理念,注重多种教学方法灵活使用,激活教学内容;要选择更多贴近现实、贴近学生实际的教学案例,熟练运用信息技术,提升思政课感染力。通过现场教学、参观、沉浸式体验等多彩实践活动,来实现课堂内外的深度融合。

课堂教学中教师要熟悉教材,吃透教材,驾驭教材。可采用专题化思政教学模式,善于用好多媒体技术,精心制作教学课件。教学过程中要体现人文关怀,善于用不同的方法讲好思政故事,实现课堂内外的同心同向。如我们的思政教师在课堂上讲述企业家鲁冠球的故事,课后可以带学生参观鲁冠球精神展陈馆,侧重提高学生的职业道德,培养学生的工匠精神;如讲解中国精神,课内我们可以从共和国勋章获得者的故事中展开,课外我们带领学生走进红色基地,组织观看爱国主题影片;讲家庭美德时侧重讲家风传承和大学生爱情问题,在辩论中讲文明恋爱、处理好爱情与学业的关系,课外我们推荐一些具有教育意义的影片。此外,思想道德修养与法律基础课开设了"课堂新闻发布会"环节,毛泽东思想与中国特色社会主义理论体系概论课开设了"历史今天看"环节,学生在课后寻找社会热点、挖掘历史问题,分小组完成PPT制作,然后通过课堂讲演呈现成果。针对法律部分感染力不强、亲和力不够的情况,我们设计"生活中那些很难执行的法律""最高法推动法治进程案件的讨论""看庭审直播写证据"等环节,让大家共同参与到具体案例中,激发学生学习兴趣。课后带学生走进法庭,近距离感受学法、守法、用法的重要意义。另外,我校还与浙江省博物馆共同开发全人发展课程"浙江历史文化",课程由理论讲解、实践参观和学生动手体验三部分组成,教学内容根据博物馆陈设、文物与思政课内容的匹配度进行适当选择,如通过学生亲手制作搭建"万工轿"来感受浙江宁绍平原的"十里红妆婚庆文化"。课内课外双课堂融合让学生更深刻感受中华文化的魅力,真正让思政课活起来。

(二)校内校外两个实践平台融合,让思政课堂动起来

思政实践教学有助于思政课活力的提升,是对理论教学的延伸和补充,也是对理论教学的实践验证和现实考查。校内实践教学要立足于政治导向鲜明、承载丰富的教育内容,通过精心设计的一系列实践比赛展现学生实践成果。校外实践主要是通过建立特色实践基地和思政社团对外的志愿活动体现。我们要将校内的实践活动与校外的实践平台融合起来,打造"行走的第二课堂",让思政课动起来。

关于校内思政实践,我院主要采用全院参与的实践比赛模式,通过各层筛选和淘汰,再经历初赛、复赛、决赛全过程,主要目的是提升学生对思政课的广泛参与度。通过几年的积累和实践探索,已形成多个富有特色的实践活动品牌。如"读万卷书 行万里路"思政杯实践展示大赛已开展三季,参与的学生达到6000多人。竞赛结束后,教师带领获奖选手参观南京大屠杀遇难同胞纪念馆、雨花台等爱国主义教育基地。如开展"青春正能量微视频"制作大赛,用微视频拍摄公益广告、社会调查等,经过主题构思、拍摄、后期制作,让学生寻找身边的正能量。又如"传承与守望"大型思政实践活动更是主题纷呈,邀请了一大批专业人士开展全校性的高端讲座:2016年的劳模工匠报告会,2017年的军人事迹进校园报告会,2018年的浙江历史文化主旨报告会,2019年的抗战老兵"胜利来之不易"主题访谈等。

校外的实践主要是通过建立特色实践基地和思政社团活动呈现。目前我院已与多家博物馆建立思政校外实践基地,学生可进行深度参观和学习,例如与浙江省博物馆合作开发选修课,进行课题研讨等深度合作。校外的实践基地给思政课提供了现场讲课的场地,丰富的馆藏,专家和讲解员的深度解读,都给思政课带来别样的体验。思政社团更是充分发挥校外实践平台的作用,组织成立三支志愿者队伍,实施志愿活动,服务社会人群。社团开展图书馆整理书籍公益活动、北大资源公益马拉松、环西溪湿地公益爱国宣传、法院旁听法律大讲堂等一系列活动,利用好本地的红色资源不断扩大思政课堂的内涵和外延。

(三)专兼职教师队伍融合,让思政建设更多样化

目前高职院校思政课教师在师资队伍的建设上存在较大的问题,高职院校需要精准发力,把师资力量的短板补齐。对于校内专职教师队伍建设,需要在招聘、待遇、培训、职称评定、职业发展、学术研究支持、评价体系等多方面给予支持,利用好校外高素质多层面的兼职教师队伍,使双方更好地有机融合。

在建设专职队伍方面,我们通过"思政课教学质量提升问题""学生多方评教""学生座谈会"等多种形式在学生中进行广泛的调研,针对学生提出的可行性建议进行有效反馈,并进行针对性绩效提升计划。"打动学生要先锤炼自己",思政老师通过每周的集体备课、磨课、强化问题意识和团队攻关,把课本理论知识与国内实际,学生学习、生活实际和我院发展的实践相结合,采用多媒体、网络等现代化教学手段进行教学。积极提倡以学生满意度和课堂笑声、掌声及辩论声为思政课堂效果依据,形成了由思政核心课程、一系列全面发展课程、辅助通识讲座三方面组成的立体课程体系。建立专业化的专职思政教师队伍,这些教师要潜心于马克思主义经典理论的研修,让教师的学科背景和学生的专业背景体现在教学内容中,让思政课在深度、广度上不断拓展。

在建设专职思政教师队伍的同时,也一定要用好高质量的兼职教师队伍。如我院邀请省内知名马克思主义学院院长、专家开展高层次的讲座和课程。邀请抗战老兵、退休老省长、劳模工匠、部队官兵、浙江省博物馆资深讲解员等,多角度全方位给学生带来更多、更生动、更高质量的思政课。只有专兼职两支教学队伍协同发展,互学互鉴,各展其才,思政课堂才会变得更丰富多彩。

(四)思政与专业相融合,让思政课专起来

全过程育人、全方位育人的指导方针要求高职院校将思想政治教育融入教育全环节,充分发挥课堂教学的主渠道关键作用,在教授学生学科专业理论知识的同时,挖掘育人内涵,联系思政教育元素。然而思政课与各学科、专业的融合较少,德育具有一定的局限性,双方没有形成合力,因此亟须加强与改进育人效果。课程思政是一种有效整合课程专业知识教学与承载思政教育功能的新理念,融通识教育、专业教育与思政教育为一体,在马克思主义思想理论的指导下,糅合思政教育元素,在课程教学中完成价值导向与引领,化理论知识为德行。在这个过程中教师要发挥知识与德育的主阵地作用,体现全过程育人价值。

高职院校倡导课程思政与思政课相互协同发展,同向同行。在大思政的体系下,两者均以立德树人为根本任务,两种教育模式互相补充,互相融合。加强思政教师与专业结对,强化思政课中"职业道德""劳动合同法"等模块内容。如与绿色环保等专业进行更多生态文明建设的探索,带领服装设计专业的学生去中国丝绸博物馆参观考察,了解丝绸等历史和"一带一路"的新发展。多角度多层面积极探索思政课程向课程思政、专业思政转化的新路径,拓展思想政治教育的新空间和新载体,实现思政课与专业教育同频共振、协同创新的效果。

系统建设思政金课,提升思政课实效是一个系统而艰难的过程,要从课内外双课堂的融合、校内外共建实践平台的融合、专兼职教师队伍融合、思政与专业融合等系统探索高职思政课程体系的建设方法,创新思政教学模式,推进思政课供给侧改革。

[参考文献]

[1] 唐文利.高校思想政治理论课实践性教学改革现状分析[J].学校党建与思想教育,2013
(4).

[2] 陆国栋.治理"水课" 打造"金课"[J].中国大学教学,2018(9):23-25.

[3] 李蕉.高校思想政治理论课"课堂革命"与协作学习[J].思想教育研究,2019(2):82-86.

[4] 赵义良.提高思想认识努力打造思想政治理论课"金课"[J].北京教育(德育),2019(3):
6-8.

"大思政"理念下高职院校思政教育与专业教育协同发展研究

(浙江建设职业技术学院　张科丽)

[摘　要]高职教育是中国高等教育体系中的重要组成部分。针对高职院校人才培养过程中偏专业轻思政、偏知识轻素养、偏理论轻实践等问题,结合教师职责及课程教学目标这两个教育学机理,探索思政教育与专业教育协同发展、有机结合的方式,在专业教育中挖掘适应新时代发展要求的思想政治元素,将社会主义核心价值观教育贯穿于专业课教学。在思政教育中采用学生专业领域中的鲜活案例,将职业意识、职业情感和职业素养融入思政课教学,使各类专业课程与思想政治理论课程同向同行,形成多方合力,实现知识技能传授与思想政治教育同频共振,专业课教学与思政课教学互通互补。

[关键词]高职院校;思政教育;专业教育;协同发展

在 2016 年 12 月 7 日至 8 日召开的全国高校思想政治工作会议上,习近平总书记提出高校思想政治工作要遵循思想政治工作规律,遵循教书育人规律,遵循学生成长规律,不断提高工作能力和水平。要用好课堂教学这个主渠道,思想政治理论课要坚持在改进中加强、提升思想政治教育亲和力和针对性,满足学生成长发展需求和期待。其他各门课都要守好一段渠、种好责任田,使各类课程与思想政治理论课同向同行,形成协同效应。[1]高职教育作为中国高等教育体系中的重要组成部分,需结合自身实际特征,在注重专业技术技能教育的同时,不断改革创新思想政治教育。因此,探索思政教育与专业教育协同发展、有机结合的方式,在专业教育中挖掘适应新时代发展要求的思想政治元素,将社会主义核心价值观教育贯穿于专业课教学;在思政教育中采用学生专业领域中的鲜活案例,将职业意识、职业情感和职业素养融入思政课教学,使各类专业课程与思想政治理论课程同向同行,形成多方合力,实现知识技能传授与思想政治教育同频共振,专业课教学与思政课教学互通互补。这对于当前高职院校课程思政、三全育人建设具有重要意义。

[基金项目]本文系浙江省高职院校党建研究会 2019 年课题"'大思政'理念下高职院校思政教育与专业教育协同发展模式研究"(项目编号:2019B50)的阶段性成果。

[作者简介]张科丽,浙江建设职业技术学院助理研究员,主要研究方向为高职教育管理、思政教育。

一、高职院校思政教育与专业教育实施的现状分析

汉代思想家董仲舒说:"仁而不智,则爱而不别也;智而不仁,则知而不为也。"德育应通过智育来进行,智育应为德育服务,德育与智育之间存在着相互依存、相互渗透、相互影响的辩证关系。[2]由此可见,思政教育与专业教育本是相互交融、相互促进的,但是由于多方面原因,高职院校在实际思政教育与专业教育教学过程中往往各行其是、顾此失彼,主要体现在以下几个方面。

(一)教学时间分配上偏专业轻思政

从专业人才培养方案中的课程设置来看,目前高职院校人才培养更注重专业教育,强调专业技术培养,把大部分教学时间花在对专业岗位知识的了解掌握和岗位技能的精通熟练上。而在思政教育方面,目前高职院校主要开设形势与政策、思想道德修养与法律基础、毛泽东思想和中国特色社会主义理论体系概论和思想政治理论实践四门课程,学分总数在 9 学分左右,约占总学分的 7%,且这些课程主要集中于第一学年学习,其余两个学年学生都在校内外进行专业学习和顶岗实践学习。由此可见,高职院校思想政治教育单靠思政课程教学无法真正实现"课堂主渠道""学校主阵地"的要求,而更需要专业课程发挥思想政治的育人功能,专业课教师担负德育职责,以实现全员育人、全过程育人和全方位育人。

(二)专业课教学过程中偏知识轻素养

从专业人才培养方案中的培养目标及课程标准中的课程目标来看,目前高职院校尽管在目标维度设计上强调知识、技能和素养的全面发展,尤其在素质目标维度上突出思想道德素质、文化素质、职业素质和身心素质等要求,但是在实际教学过程中往往重智育轻德育,重技能轻素养,灌输了专业知识、流失了情怀涵养,使道德素质培养处于"缺位"状态。在教学评价中也如此,偏重专业知识评价,而忽视对学生正确的世界观、人生观、价值观以及创新创业精神、爱岗敬业精神、团队合作精神、良好行为习惯等方面考查,使知识、能力和素养三维目标的实际达成失之偏颇,使教学目标与教学结果有失契合。因此,高职院校在专业课教学中需将知识技能传授与道德素养传导有机结合,以培养出德才兼备、品学兼优的全能型人才。

(三)思政课教学过程中偏理论轻实践

为进一步贯彻落实全国高校思想政治工作会议精神和将《关于加强和改进新形势下高校思想政治工作的意见》引向深入,提升高校思想政治工作质量,中共教育部党组于 2017 年 12 月印发了《高校思想政治工作质量提升工程实施纲要》,其构建的"十大育人体系"中的"实践育人质量提升体系"提出,要深入推进实践教学改革,分类制订实践教学标准,适度增加实践教学比重,原则上哲学社会科学类专业实践教学不少于总学分(学时)的 15%,理工农医类专业不少于总学分(学时)的 25%。[3]但是,目前在思政课教学过程中,高职院校往往

采用"讲授—接受"这一单一的灌输式教育方法,实践教学环节和实践考核被忽略。此外,思政课中传授的理论知识往往脱离学生生活和专业实际,讲解的内容缺乏鲜活度、具体性、针对性,这也使当前高职院校思政课程吸引力和教学效果不高。

二、高职院校思政教育和专业教育协同发展的教育学机理

(一)教师的职责所在

教学者是教师重要角色之一。唐代文学家韩愈在《师说》中提道:"师者,所以传道受业解惑也。"用现代的话来说,教师具有三方面的教学任务:一是向学生传递社会主流思想和道德规范,在"做人""为业""治学"等方面做学生的表率,以身作则,言传身教;二是向学生传授系统的科学理论、专业知识和专业技能;三是在学生遇到学习困难时释疑解惑,启发教学,举一反三。[4]换言之,思想道德教育与知识技术教育是每一位教师的工作职责。无论是思政课程教师还是专业课程教师都要做好课程理论知识技能的传授,更重要的是做好思想道德的教育。

(二)课程教学目标要求

教学目标和教学内容是教学系统中两个最基本的要素。其中教学目标是课程目标的具体化,是学生在教学活动中所要达到的预期学习成果。布卢姆等人受行为主义和认知心理学的影响,将教学目标分为认知、情感和动作技能三方面。加涅提出五种学习成果,分别是态度、动作技能、语言信息、智力技能和认知策略。[5]同样,我国在基础教育改革中也确立了知识与技能,过程与方法以及情感、态度与价值观这一套三维教学目标分类体系。从中可知,知识技能和情感态度、价值观是众多教学目标分类中所共同提到的,这些教学目标是一个内在统一的整体,在同一项教学活动中全面且同时达成,而不是在不同活动中逐一实现。高职教育思政课程与专业课程亦如此,像知识技能和情感态度、价值观这些教学目标是思政课程和专业课程各自需要全面实现的,且思政课程和专业课程实现全面育人工作并不是各行其是,可以通过情感态度、价值观发挥育人的集聚效应,实现这两类课程的协同教育工作,两者的聚焦点便是职业道德、职业情感、职业态度等。

三、高职院校思政教育和专业教育协同发展的改革路径

习近平总书记强调,高等教育要坚持把立德树人作为中心环节,把思想政治工作的重心贯穿教育教学全过程,实现"全员育人、全过程育人和全方位育人"。这一要求充分体现了思想政治工作在高等教育育人工作中的地位和作用,为包括高职院校在内的所有高等学校未来思政政治教育工作改革和发展指明了方向,即大学生成长过程中的德育教育及正确价值导向不仅是思想政治理论课及其教师的工作职责,还应当是高等教育所有课程、全体教育工

作者承担的基本职责。因此,高职院校的思政教育与专业教育在发挥各自育人功能的同时,也需相辅相成,以提高思政教育与专业教育的整体质量。

(一)从"平行线"向"相交线"转变

高职院校思政教育与专业教育好比是一对"直线",两者尽管在人才培养过程中分别承担着不同的任务、把握不同的育人方向,但也并不意味着是相互独立、各行其是、各尽其责的"平行线",而是两条"相交线",有着共同的目标就是让学生在知识、能力和素养三个维度全面发展。因此,专业教育需要完成素养维度的目标,思政教育又需要专业背景作为支撑,两者在职业道德、职业素养、职业态度、职业情感等方面培养形成了聚焦点,成为两条"直线"的"相交点"。一言以蔽之,思政教育与专业教育只有在发挥各自育人功能的同时相互交融、有机结合才能实现相得益彰。

(二)在专业课程中挖掘"思政元素"

素养是专业课程教学目标之一,为改变这一维度目标在专业课程实际教学中"缺席"的状态,高职院校需要挖掘专业背景中所蕴含的思想政治教育内容元素,将思想政治教育融入专业教育课堂教学的各环节中。一方面,在专业课教学过程中通过具体案例和事件不经意间传递爱党、爱国、爱家的家国情怀和遵纪守法、明礼诚信、团结友爱、勤俭自强、爱岗敬业的社会公德,在润物无声之中培养良好的行为习惯、心理品质以及正确的审美观念等。另一方面,在专业课教学评价中注重与思政教育相融合,在专业知识背景下和专业技能实践操练中考察思政元素。此外,专业课程中的素质维度目标考核还可以与思政课程相整合,实现学习成果互认。

(三)在思政课程中立足"专业背景"

思政课程若脱离学生的生活实际和专业背景,则其教学会是空洞、抽象而又教条的。为此,思政课程并不能进行单纯的理论知识讲授,而需要与学生的专业学习相联系。一方面,在思政课程的教学内容上可以选择一些学生喜闻乐见的专业领域事件对学生进行正确价值观的引导;选择本专业领域中知名人物、优秀校友、杰出人才的例子培养学生吃苦耐劳、爱岗敬业、创新创业等职业精神和职业情感;同时也可以选择专业领域中的具体事件和案例提高学生质量、安全、效益等方面的职业意识。另一方面,在思政课程的教学评价上改变对纯理论知识笔试问答的考核方式,立足学生专业背景,引用生活中的具体案例,通过对具体事件及问题的分析评价学生的思想政治意识。除此之外,思政课程也可以利用专业教学中社会实践平台的思政教育价值,整合学校教学资源和社会教学力量。

四、高职院校思政教育与专业教育协同发展的实现条件

实现思政教育与专业教育的协同发展需要在师资队伍建设、实践平台搭建和评价机制构建等方面予以支持保障。

(一)德才兼备的师资队伍建设

当前高职院校存在着专业课教师缺少思政学习培训,思政课教师缺乏专业领域学习等问题。高职院校可以着力培养一支既精通专业又具备较高思想政治素养、人文素养和职业素养的教师队伍。德才兼备的教师在课堂教学中所体现的思想、道德和情感可以感化学生;教师在教学工作中所表现的爱岗敬业精神、团结友爱精神、崇高的责任感以及严谨的治学态度可以感动学生;教师在日常生活中展现的积极向上、乐观开朗的人生态度可以感染学生;教师在授课过程中对人文、历史、社会、政治、法律等知识信手拈来、运用自如可以启发学生。

(二)德才共育的实践平台打造

针对当前高职院校专业课程素质维度目标缺位以及思政课程实践环节缺少等问题,高职院校可以着力打造一个德才共育的实践平台,拓宽社会实践形式,广泛开展社会调查、生产劳动、社会公益、志愿服务、科技发明、勤工助学等社会实践活动;整合校内外思政教学、专业教学资源,联络高新技术开发区、大学科技园、城市社区、农村乡镇、企事业单位、爱国主义教育场所等机构部门,为专业课程素质目标实现及思政课程实践环节实施提供丰富的资源和内容。

(三)德才兼顾的评价机制构建

相比知识考查和技能展示所呈现的具体性,思想政治意识、职业岗位道德素养则比较抽象,如果只对思政理论知识和职业岗位道德理论进行单一评价,显然无法科学地衡量其教学效果好坏,通过考试成绩来评价的方式也不能真实全面地反映学生道德素质情况以及理论知识践行情况。因此,高职院校需要构建一套思政教育和专业教育相结合的评价机制,利用德才共育实践平台以学习成果互认的方式为思政课程和专业课程考核评价提供依据,同时通过社会力量参与评价的方式为思政课程和专业课程提供多方评价主体,从而提高评价的客观公正性、全面科学性,体现全程、全员、全方位育人的理念。

[参考文献]

[1] 新华网.习近平:把思想政治工作贯穿教育教学全过程[EB/OL].(2016-12-8)[2020-8-24].http://www.xinhuanet.com//politics/2016-12/08/c_1120082577.htm.

[2] 求是网.以"三大理念"开展高校大思政工作[EB/OL].(2017-9-21)[2020-8-24].http://www.qstheory.cn/zdwz/2017-09/21/c_1121698763.htm.

[3] 中华人民共和国教育部.教育部发布《高校思想政治工作质量提升工程实施纲要》[EB/OL].(2017-12-07)[2020-8-24].http://www.moe.gov.cn/jyb_xwfb/xw_fbh/moe_2069/xwfbh_2017n/xwfb_20171206/mtbd/201712/t20171207_320825.html.

[4] 顾建民.高等教育学[M].杭州:浙江大学出版社,2008:71.

[5] 潘洪建,刘华,蔡澄.课程与教学论基础[M].镇江:江苏大学出版社,2012:163-168.

新时代深化大学生国家认同感问题
研究的若干理性思考

（浙江经济职业技术学院　谢嘉梁　胡祖凤　杨小明）

[摘　要]大学生爱国主义教育是我国高校思想政治工作永恒而又常新的重大课题。大学生国家认同感若出现困局或危机,将严重威胁国家安全和社会稳定。近年来,国家认同与大学生国家认同感问题研究受到了国内学者一定程度的关注和重视,并在研究上取得了重要进展,达成了许多重要共识。对深化新时代大学生国家认同感问题研究的意义、目标、内容、重点、难点、方法等六个方面展开探讨,具有重要意义和价值。

[关键词]新时代;大学生;国家认同感;意义;方法

爱国主义是中华民族永续发展、生生不息的力量源泉。大学生爱国主义教育是我国高校思想政治工作永恒而又常新的重大战略课题。所谓"国家认同",是指一个国家的公民对自己归属哪个国家的深度理性认知以及对这个国家的构成,如历史、政治、文化、族群、制度等基本要素的总体评价和深厚情感。国家认同感是维护国家稳定和促进民族团结的重要心理基础。大学生国家认同感若出现困局或危机,将严重威胁国家安全和社会稳定。以习近平新时代中国特色社会主义思想为遵循和指引,培育与提升新时代大学生的社会责任感和国家认同感,具有十分重要的理论价值和实践意义。从知识发生学的视角来看,"国家认同"的概念出现于20世纪70年代。本文就深化新时代大学生国家认同感问题研究的意义、目标、内容、重点、难点、方法等六个方面展开了初步探讨。

[基金项目]本文系2019年度教育部人文社会科学研究专项任务资助项目(中国特色社会主义理论体系研究)"新时代大学生国家认同感的科学测度、影响因素与提升策略研究"(项目编号:19JD710094)和2019年度浙江省高职院校党建研究会科研立项课题"新媒体语境下大学生国家认同感现状及培育对策研究"(项目编号:2019B54)的阶段性研究成果。

[作者简介]谢嘉梁,浙江经济职业技术学院马克思主义学院讲师,主要研究方向为马克思主义中国化理论与新时代大学生思想政治教育。胡祖凤,杭州医学院直属马克思主义学院党支部书记,副教授,主要研究方向为新时代大学生社会责任感现状及教育对策。杨小明,浙江警官职业学院教授,主要研究方向为马克思主义政治哲学与历史哲学。

一、深化大学生国家认同感问题研究的意义

习近平总书记强调指出,必须把爱国主义教育作为永恒主题,要不断丰富教育内容、创新教育载体、增强教育效果,运用艺术形式和新媒体,唱响爱国主义主旋律,要坚持不懈培育和弘扬社会主义核心价值观,要运用新媒体、新技术使工作活起来,推动思想政治工作传统优势同信息技术高度融合,增强时代感和吸引力。教育部也明确提出,要着力运用微博、微信等网络新媒体创新爱国主义教育的方式和途径。大学生爱国主义教育是我国高校思想政治工作永恒而又常新的重大课题。对正处于改革开放继续深化、社会转型时期的中国而言,生活在其中的大学生对国家的热爱和接纳程度在深层次上影响和反映着国家的民心所向及未来的发展前景。大学生国家认同感若出现困局或危机,将严重威胁国家安全和社会稳定。因此,以习近平新时代中国特色社会主义思想为遵循和指引,培育与提升新时代大学生的国家认同感,便有着十分重要的理论价值和实践意义。

二、深化大学生国家认同感问题研究的目标

全面科学地把握国家认同及国家认同感的本质内涵、主要表现和基本特点,科学论证培育与提升新时代大学生国家认同感的战略价值,对新时代大学生的国家认同感现状以及学生对培育和提升国家认同感的合理建议进行科学测度和深入调研,深度揭示新时代大学生国家认同感形成面临的巨大机遇和风险挑战,细致梳理我国高校扎实开展马克思主义国家观教育或爱国主义教育的历史沿革与基本经验,在探索和把握大学生世界观、人生观、价值观、国家观形成、发展的基本特征与一般规律的基础上,立足于"95后""00后"当代大学生价值取向和学习能力的基本现状,试图创新社会转型期爱国主义教育的方式方法,进一步提升新时代大学生国家认同感培养教育的针对性和实效性,为正确把握新时期高校思想政治工作规律以及维护我国国家安全和社会稳定提供强而有力的思想保障和理论支持。

三、深化大学生国家认同感问题研究的内容

具体来说,必须严格遵循"文献整理—理论研究—实证分析—对策探讨—模式建构"的思路开展深度研究,切实把高校建设成为学习、研究与宣传普及马克思主义国家观和对新时代大学生进行爱国主义教育、培养爱国主义情操的重要阵地,始终牢牢确保国家安全和社会稳定。深化大学生国家认同感问题研究内容主要包括:(1)国家认同与大学生国家认同感基础理论问题研究概述;(2)新时代大学生国家认同感现状调查测度及存在的主要问题研究;(3)新时代大学生国家认同感形成面临的风险挑战与巨大机遇分析;(4)互联网环境中大学生国家认同教育的特征、形态与思维方式研究;(5)国外培育与提升大学生国家认同感的方

式方法、现实效果、基本特征和主要经验研究;(6)移动互联网语境下大学生国家认同感培育的多元主体协同网络研究;(7)新时代大学生国家认同感的提升策略及实施路径研究。

四、深化大学生国家认同感问题研究的重点

深化大学生国家认同感问题研究的重点主要包括:第一,真实把握互联网视域下"95后""00后"新时代大学生国家认同感的基本现状。只有立足于客观现状,才能及时准确地发现和把握问题,提出具有针对性、实效性、科学性的对策及路径。第二,新时代培育大学生国家认同感的基本方法研究。基于当前的各种主客观条件,紧密结合新时代大学生身心发展的一般特点和普遍规律,以及大学生在新型社交媒体上的行为习惯,积极探索贴近大学生思想实际的国家认同感培育的有效方法,大力增强社会主义主流意识形态的吸引力、凝聚力和影响力。第三,新时代培育当代大学生国家认同感的基本对策研究。将以习近平新时代中国特色社会主义思想为遵循和指引,立足于国际和国内形势,特别是新媒体技术迅猛发展和广泛使用的客观现实及对传统爱国主义教育的巨大挑战,从政府、社会、学校、个体四个重要维度,寻求有效提升社会转型期当代大学生国家认同感培育的基本对策。

五、深化大学生国家认同感问题研究的难点

深化大学生国家认同感问题研究的难点主要有:第一,如何有效地设计调查问卷和访谈题目,使其具有较强的针对性、客观性、可信性,能够科学真实地反映被调查者的想法,对培育与提升新时代大学生国家认同感的实证应用研究来说,这是一个较为严峻的挑战;第二,如何紧密结合中国的现实国情和文化特色,比较借鉴和批判吸收其他国家(如美国、德国、日本、俄罗斯等)开展大学生爱国主义教育或国家认同教育的有益经验,这对本课题的研究而言是一个不小的挑战;第三,如何引导朝气蓬勃、充满激情的"95后""00后"青年大学生正确认识当前网络命运共同体构建过程中多元社会思潮对消解国家认同的深刻影响和作用机理,这对研究者来说是一个较大的挑战;第四,如何运用历史学、社会学、统计学、政治学、文化学、心理学、教育学、传播学等相关理论和知识展开跨学科的综合分析,科学阐明多元主体协同大学生国家认同感培育的必要性与可能性,提升相关理论研究成果的深度和精度,这是亟待突破的难点之一;第五,如何从当前的主客观条件出发,探索和把握新时代高校思想政治工作规律,积极探索开拓贴近"95后""00后"当代大学生思想实际和现实问题的新载体、新活动、新途径,增强新时代大学生爱国主义教育或国家认同感培育对策的可操作性和可接受性,这直接影响本课题的研究价值和研究前景。

六、深化大学生国家认同感问题研究的方法

以马克思主义的历史唯物主义和辩证唯物主义为指导,主要采用以下五种方法展开对大学生国家认同感问题的深度研究:(1)文献检索与分析研究法。主要通过高校图书馆和互联网系统查阅我国在培育党政干部、高校教师及大学生国家认同感方面的相关文献资料,对其进行全面考证、系统梳理和深度分析,为深化后续理论研究提供参考和借鉴。(2)问卷调查与统计分析法。即根据研究的需要科学设计调查问卷或测评量表,调研广大青年大学生国家认同感客观现状和对马克思主义国家理论的认知状况,以及内外在因素对其国家认同感形成的影响程度和作用机理。(3)个案访谈法。有选择地对高校部分从事思想政治理论课教学、宣传教育、媒介管理的学者和教师以及广大青年大学生进行深度访谈,准确获取大量第一手的信息资料,推动学术研究的深入展开。(4)历史与逻辑相统一的方法。认真考察中国共产党自建党以来开展爱国主义教育或对爱国主义传统的继承和发扬的历史进程,从理论上深刻揭示和科学阐明国家认同感形成、发展的深层动力机制与内在逻辑规律,为探寻社会转型期新媒体环境下当代大学生国家认同感生成的基本动力和策略路径提供重要的理论支撑。(5)比较研究法。深入比较美国、德国、日本、俄罗斯等国基于不同的历史国情和文化语境,加强大学生国家认同感教育或比较大学生爱国主义教育的大致历程、主要做法、基本特点、现实效果和经验启示。

大学生是国家与社会极其重要和宝贵的战略资源,培育与提升大学生社会责任感和国家认同感是坚决维护国家意识形态安全的关键环节。培育大学生国家认同感,就是要实现大学生的自由健康发展,就是要凝聚起实现中华民族伟大复兴的磅礴伟力,奋力谱写中国特色社会主义新时代的华彩篇章。坚定道路认同、理论认同、制度认同、文化认同,是培育和提升大学生国家认同感的题中应有之义。为此,必须大力培育和提升大学生的马克思主义理论素养、理论自觉、理论自信和理论信仰。笔者始终坚信,在广大社科理论工作者的共同努力下,新时代大学生国家认同感问题研究必将取得新的重大进展和重要共识,从而不断为培育"有理想、有本领、有担当"的中国特色社会主义时代新人提供厚实的学理支撑。新时代大学生国家认同感问题研究值得国内学界同仁持续发力和倾心攻关。

[参考文献]

[1] 谢嘉梁,胡祖凤,黄岩.关于大学生国家认同感若干理论问题研究[J].吉林广播电视大学学报,2018(6):21-22.

[2] 谢嘉梁,胡祖凤.新世纪以来国家认同感问题国内外研究现状评述(2000—2014)[J].淮北职业技术学院学报,2014(6):3-4.

[3] 刘亚敏.新媒体环境下大学生国家认同的探究——基于贵阳市五所高校的调查分析[D].贵阳:贵州师范大学,2016:1-41.

[4] 杜兰晓.大学生国家认同研究[D].杭州:浙江大学,2014:57-89.

[5] 吴潜涛,杨丽坤.改革开放以来爱国主义教育的回顾与思考[J].教学与研究,2008(11)：80-85.

[6] 马升翼.国内学术界关于国家认同研究述评[J].中共天津市委党校学报,2014(4)：62-66.

[7] 韩震.论国家认同、民族认同及文化认同———一种基于历史哲学的分析与思考[J].北京师范大学学报(社会科学版),2010(1):106-113.

[8] 袁娥.民族认同与国家认同研究述评[J].民族研究,2011(5):91-103.

[9] 陈达云.少数民族大学生国家认同教育创新初探[J].中南民族大学学报(人文社会科学版),2009(5):84-88.

[10] 王继辉.全球化背景下大学生国家认同感的培养[D].哈尔滨:哈尔滨工程大学,2009：1-30.

[11] 谢嘉梁.论培育与提升高校思想政治课教师马克思主义理论素养[J].党政干部学刊,2019(2):72-76.

[12] 习近平.在庆祝中国共产党成立95周年大会上的讲话[J].党的文献,2016(4):3-10.

[13] 佐斌.论儿童国家认同感的形成[J].教育研究与实验,2000(2):33-37.

[14] 马得勇.国家认同、爱国主义与民族主义———国外近期实证研究综述[J].世界民族,2012(3):8-16.

[15] 杜兰晓.大学生国家认同研究[M].北京:中国社会科学出版社,2019.

[16] 陈万柏,朱秀琴.关于大学生国家认同的研究综述[J].思想政治教育研究,2013(4)：47-50.

（原文刊载于《高校社科动态》2019年第4期）

第三编

高职育人工作、校园文化

高校心理危机干预中的伦理困境及突破路径

（浙江经贸职业技术学院　王　芳）

[摘　要]心理危机干预是高校思想政治教育的重要组成部分,伦理规范是有效开展危机干预的重要条件。当前高校心理危机干预中的伦理困境,包括学校利益与学生利益的冲突、行政管理与保密原则的冲突、胜任力不足与职业责任的冲突、多重角色与专业关系的冲突等,据此提出通过树立以人为本的理念、建立相对独立的干预机制、培养高素质的危机干预队伍和坚持专业化的危机干预方向等来提高自身的伦理意识和伦理水平。

[关键词]心理危机干预;伦理困境;突破路径

2011 年,教育部颁发的《普通高等学校学生心理健康教育工作基本建设标准(试行)》中明确包含"大学生心理危机预防和干预体系建设",心理危机干预已成为思想政治教育的重要组成部分。近几年,大学生心理健康问题呈日渐上升的趋势,因精神疾病发作无法应对生活事件,或情节恶劣的人际冲突等引发的心理危机事件频发,给危机当事人、周围同学、学校和家庭造成了极坏的影响。心理问题已成为大学生辍学的主要原因之一。

伦理是个人或团体用以衡量正当行为的准则,心理危机干预伦理就是应用伦理学的基本原则解决心理危机领域的伦理问题[1]。伦理守则就像专业的"圣经",是每一个咨询与治疗领域从业者必须阅读并熟知的。作为心理工作者,专业技能与伦理守则犹如两只翅膀,缺一不可。没学伦理,犹如"无证驾驶",不懂交通规则就开车上路,技术再好,也有可能"翻船"。从这个意义上讲,遵守伦理规范也是高校心理工作者有效开展心理危机干预的重要条件。因此,进一步明确高校心理危机干预过程中的伦理要求,积极探索面临伦理困境时的应对策略显得尤为重要。

一、高校心理危机干预的伦理现状

《中国心理学会临床与咨询心理学工作伦理守则》[2](以下简称《伦理守则》)是目前我国

本文获浙江省高职院校党建研究会 2019 年年会论文一等奖。
[作者简介]王芳,浙江经贸职业技术学院讲师,主要研究方向为大学生心理健康、危机干预。

大陆地区唯一的专业心理学工作者的伦理规范守则。相比专职的心理咨询师,高校系统内的心理工作者在实际的危机干预过程中会考虑伦理规范,但并非以《伦理守则》作为唯一的标准,这种情况与高校心理危机干预自身的特点有关。

第一,行政干预过多。当前,绝大多数高校的心理健康教育中心隶属学工部,推行以行政力量为主导的危机干预体制,实际则为学校思想政治教育工作的延伸。出于"对上负责"的天然属性,高校系统内的心理工作者往往缺少话语权,在具体实践中不得不打破一些专业的伦理规范以服从上级的指示和安排,导致行政力量过度卷入,心理工作者独立性丧失、专业性大打折扣。因此,如果以《伦理守则》作为唯一的依据,高校的心理危机干预工作就难以顺利开展,尤其是与行政管理相冲突时,心理工作者专业上的坚守变得尤为困难。

第二,人文关怀缺失。高校以维护校园安全稳定和保护学校声誉为出发点,不想承担风险和责任,学生一旦出现问题就告知家长并将学生送回家,忽略了学生的长远发展,出现"重学校轻学生"价值偏差[3]。在日常工作和咨询中,高度重视落实上级文件、迎接评估检查等工作,并未真正重视学生内心的需求,过于功利化,反映出危机干预过程中人文关怀的缺失。

第三,多重关系普遍。高校系统内的心理工作者往往身兼数职,担任心理咨询师的同时还可能是隶属学生处的行政管理人员、辅导员、"两课"教师、社团指导教师等。除了心理咨询室,各种活动、课堂和比赛中都有可能接触到学生,多重关系很难避免。这种情况下,学生难免会有担心和顾虑,出于保护自己的本能,在谈话时难免有所保留,彼此难以建立起安全、信任的关系[4],咨询师面对多重角色的期待也难以保持中立。

第四,伦理观念淡薄。高校心理危机干预队伍庞大,除了专职心理咨询师,还包括数量众多的兼职心理辅导员队伍。这些教师大多不是心理学专业出身,没有接受系统的心理咨询和危机干预培训,伦理观念更为淡薄[1]。多数情况是"赶鸭子上架,硬着头皮上"[5],触犯伦理规范也不自知。即使心理咨询师明确指出其伦理问题,也觉得自己并不是专业的心理咨询师,无须用伦理来约束自己。

二、高校心理危机干预的伦理困境

高校心理危机干预系统自身的特点以及心理危机的突发性、高危险性和高破坏性,让高校心理危机干预面临诸多伦理上的挑战,导致心理工作者在面临两个或多个冲突的伦理原则时不知如何做出正确选择。

(一)学校利益与学生利益的冲突

在危机干预过程中,一方面要坚持"学生第一,生命至上"的原则,帮助学生顺利度过成长中的危机,促进学生个人的成长和发展,努力维护学生的利益;另一方面,也要维护学校的安全稳定,尽可能减少危机事件发生,特别是自杀、谋杀等严重损害学校名声的情节恶劣事件。一般而言,高校系统内的心理工作者会尽可能地做出既符合学生长远发展也符合学校利益的抉择,然而现实中的案例有时很难做出符合各方利益的正确抉择。例如,一个边缘型人格障碍的学生,常因边界不清和情绪异常与人发生冲突,扰乱其他同学的正常生活和学习,冲动之下还会出现自杀或自残的念头,虽然已就医服药,但效果一般。在这种情况下,学生和家长都希望能继续留在学校完成学业,不影响学生未来就业。但若留下来完成学业,学校要为他一个人投入巨大的人力、财力和精力,还要承担较大的风险。出于对学校整体利益和维护校园安全稳定的考虑,学校有时不得不做出让学生休学甚至是退学的处理,不可避免地对学生的未来发展带来消极的影响。当学校的处理与学生的想法、意愿发生了冲突,作为高校系统内的心理工作者,这时应秉承什么样的原则去协调工作?如果忠诚于就职的学校,可能会损害学生的福祉,毕竟该学生的心理问题还不至于严重到无法正常学习;如果忠诚于服务的学生,他将挑战到领导和行政管理制度的权威,必然要承受巨大的风险和压力,甚至因此失去工作。伦理的本质在于实践道德的行为,但伦理困境不是在善与恶之间进行选择,而是要在善与善的冲突中选择善中之善。心理工作者的困境刚好在于不管做出何种选择,都可能会损害其中一方的利益,从而陷入两难境地。

(二)行政管理与保密原则的冲突

保密作为心理咨询的基本设置,被视为咨询关系的基础[6],国内学者钱铭怡[7]、赵静波[8]、侯志瑾[9]、周司丽[10]、林洁瀛[11]等人对心理咨询中的保密及其重要性做出了详细阐述,然而保密却是高校心理危机干预中遭受到最多挑战的伦理规范。当心理咨询师发现学生存在伤害自己、伤害他人的倾向,或者具有严重的心理问题时,一般会将学生情况反馈给院系,启动危机干预程序,这既是保护学生安全的需要,也是履行监管学生的义务。尽管这是高校系统内比较常规的做法,但咨询师仍心存疑虑,具体的困境可表现在以下这些方面。第一,当行政部门的领导打听危机学生的情况,以便做出最及时有效的应对,作为咨询师是打破保密设置还是委婉拒绝领导要求?如果打破,公开对象和公开范围如何把握?[12]涉及性侵、堕胎、同性恋或艾滋病等私密信息该如何处理?一旦打破保密原则,好不容易建立起的咨访关系可能被破坏,咨询师能否妥善处理泄密后伴随而来的问题?如果选择拒绝领导,咨询师能否处理或承担学生潜在的风险?危机干预还能否得到更多部门和人员的支持?第二,对于重点关注的学生,学校要求咨询师在学工系统的网络平台上定期更新学生的情况,建立动态的心理档案,方便跟踪评估。然而,网络平台信息一旦更新,有权限的用户都可观看学生信息,这必然增加泄露信息的风险。而且信息存储在网络服务器,非法的第三方也有可能进入服务器窃取信息[13]。第三,为迎接平安校园检查或示范评估,工作人员要求查阅相关咨询记录或危机干预材料,在无法保证工作人员承诺保密的前提下,提交相关材料是否合适?哪些材料可以提交?哪些需要隐去?在这种情况下,相比学生的利益,应付上级领导的检查往往更具有优先权。第四,一旦启动危机干预,所在院系辅导员、班主任等参与危机干预人员无法承诺保密,因为他们觉得自己不是专业人员,没必要用专业的守则约束自己。当咨询师发现其他人员违反伦理守则,该如何应对?向有关部门投诉、及时提醒还是当没看到?面对以上情境,专业守则往往要让位于行政管理,因为高校系统内的危机干预机制以行政力量为主导,领导指示犹如"圣旨",专业的咨询机构缺少独立性和自主性,专业的咨询师人微言轻,发挥不了应有的作用,有时甚至对危机的产生起到推波助澜的作用。

(三)胜任力不足与职业责任的冲突

面对日益严峻的大学生心理健康状况与专职心理咨询师数量有限的矛盾,大多数高校采取的办法是建立一支专兼职心理咨询师组成的危机干预队伍。心理危机干预工作专业性强,要求咨询师在短时间内对学生危机的严重程度、潜在的风险做出快速准确的评估,同时要对自身的反移情保持敏锐的觉察。遗憾的是,大多数的兼职心理咨询师难以胜任,无法保持以最高的专业水准为学生提供服务,主要存在以下两个方面的问题。第一,专业知识和技能储备不足[14],实战经验缺乏。如某大三的工科男生有严重抑郁倾向,专职的心理咨询师将情况反馈给院系,建议告知家长,尽快就医。院系的辅导员例行先找学生谈话了解情况,最终诊断该生只是性格太内向,不善言谈,还构不成抑郁症,于是学生迟迟未就医。直到大四,学生面临就业和毕业论文的双重压力,内心极度痛苦,多次在朋友圈发表类似遗言的文字,才引起院里重视。类似这种因兼职辅导员专业技能不足耽误学生治疗的案例屡见不鲜,有些甚至需要付出生命的代价才会吸取教训。第二,伦理意识薄弱。如为确保及时了解出现心理危机的学生的情况,院系兼职的心理辅导员会在学生周围安排学生"眼线",一旦有异常情况,及时上报。有些辅导员会瞒着有心理危机的学生反而提前告知"眼线"一些信息,甚至将咨询师反馈给院系的书面材料直接转交给"眼线"。该行为违反了最基本的保密条例,直接破坏学生对咨询师和辅导员的信任,导致学生不再求助心理咨询,从而封闭内心变得更加痛苦,甚至酿成更大的悲剧。

(四)多重角色与专业关系的冲突

高校的心理咨询师既属于专业人员,又属于高校思想政治教育工作者,开展专业危机干预的同时还要履行教育者所承担的教育职责和义务。这决定了高校心理危机干预工作者需承担多种角色,多重关系很难避免。这时不同角色的期待和要求之间必然会有冲突,主要表现为以下两种。第一,角色间冲突,指的是危机干预人员身兼多重角色,既是心理咨询师,又是隶属学生处的行政管理人员或者辅导员,不同的角色有不同的期望和要求[15]。如某兼职心理咨询师接待了一位具有严重抑郁倾向的学生,该生多门课程不及格面临退学的风险,近期一次咨询谈到期末考试依靠作弊侥幸逃过学校的退学预警。作为心理咨询师,应对来访者的内容保密,且对作弊的行为保持中立的价值取向。作为学工线上的辅导员,需对触犯学生日常管理规定的行为做出正确的引导,应明确指出作弊行为是不对的,并立即上报,由学校做出相应的处分。此时,两种角色的职责和期待都不一样,危机过程中该依据哪个角色做出决策、执行任务呢? 第二,角色内冲突,指的是同一个角色不同的人会有不同的期待,当咨询师将自己定位为专业人员,通过倾听、共情等技术陪伴学生经历较漫长的探索过程最终达到个人成长时,却有不少人将咨询师当成"专家",希望通过在短短的一次谈话中给学生提供建议,就达到立竿见影的效果,犹如医生给病人开处方,药到病除。咨询师面对不同的角色期待,有时也难以抉择。

三、高校心理危机干预中伦理困境的突破路径

(一)树立以人为本的危机干预理念

以人为本是现代教育的基本理念,也是高校心理危机干预的基本要求。以人为本的危机干预理念,强调危机干预应"立足学生、为了学生、回归学生"[3],以学生的想法、需要与利益为出发点和落脚点。具体实践中,要求在危机前、危机中和危机后的工作中各有侧重。危机前,坚持"预防为主,干预为辅"的原则,重在通过日常举办心理健康教育活动、开展不同主题的团体心理辅导和接待发展性心理咨询增进大学生心理健康,预防心理危机;危机中,当学校利益和学生利益之间发生冲突,保证学生的福祉应该是优先被考虑的因素,这恰好也呼应了"当事人利益最大化"的伦理守则;危机后,着重开展危机学生及周围同学的心理健康援助,努力促进他们的心理状态恢复至危机前的水平。避免过于功利化,危机后只关注责任分担、经济赔偿、维护学校声誉等善后工作。

(二)构建相对独立的危机干预机制

行政干预过多、专业人员独立性和自主性缺失是导致高校系统内心理工作者保密性丧失的根本原因。当前,国内高校的心理咨询机构行政隶属上大部分仍挂靠在学工系统下,作为独立部门的寥寥无几。国际心理咨询服务协会组织创建了高校心理咨询服务标准,明确要求高校的心理咨询中心在行政和管理上要保持中立,不能被其他行政部门限制其功能,心理咨询中心应与学校其他行政部门保持密切联系,心理咨询中心人员应与其他教师和行政管理人员保持协作。由此可见,心理中心与其他行政部门是一种合作的关系而非依附或隶属的关系,中心在制度建设、队伍管理、人员考核、经费使用等方面都具有较强的自主性。只有这样,才能减少两难困境中咨询师的压力,拥有充分的自主权去坚守伦理规范,保障专业作用的发挥。这种相对独立化的心理危机干预机制可作为高校心理咨询机构努力发展的目标。

(三)培养专业优良的危机干预队伍

大部分高校的心理危机干预都有一套相对完整的程序,一旦启动,就走危机干预的程序。但程序一般是按部就班的,比较机械化,而人是"活"的,应充分发挥参与危机干预的人,尤其是心理咨询师本身这个"工具"的作用,通过专业的心理咨询服务,灵活应对伦理困境带来的各种挑战,有效化解危机。因此,高校应加强心理危机干预队伍的培训和督导,不断提升队伍的技能和素质,需要着力做好以下两个方面工作:第一,积极组织系统的伦理知识培训,普及基本的伦理知识,掌握各种伦理困境下的应对方法,最终将伦理作为约束和保护自身的一种工具,在实践工作中自觉遵守。在国外,对心理咨询从业的人员、心理培训项目和培训机构都有严格的认证和执照制度,其中明确要求从业人员必须完成相应的伦理培训,并对违反伦理的行为做出相应的惩罚。第二,提供长期而稳定的督导。研究表明,咨询师对伦

理问题的态度和决策一定程度上会受到是否接受督导的影响[16],接受临床督导的心理咨询师在职业伦理上强于未经督导的心理咨询师,后者在咨询与督导关系建立、保密原则、双重关系上的伦理意识薄弱[17]。高校心理危机干预人员应寻求资深督导的指导和支持,提高对伦理问题的敏感性,提高对伦理问题的思考推理能力,增进伦理决策过程中对模糊情景的忍受力,提升采取伦理行动的自我强度,最终提高专业能力。

(四)坚守专业化的危机干预方向

身处高校系统内的心理咨询师,面对难以避免的多重关系时,应明确自身职责,坚守专业性,需要从以下四个方面努力。第一,尽可能地减少职责交叉,如采取心理咨询和危机干预分开的原则,一旦启动危机干预程序,将由独立的心理咨询师介入危机干预,原来的咨询师退出。或明确规定兼职的心理咨询师不接待本专业、本院系学生的咨询,确保与来访者保持单纯的咨询关系,不需要参与危机干预。第二,明确院系学生工作人员与心理咨询机构专业人员的分工,在危机干预过程中,心理咨询师只负责给出合理专业的建议,具体建议由院系人员去执行和操作。第三,通过自我宣传和沟通,让周围的同事、领导更全面真实地了解心理咨询、危机干预到底是什么,使他们逐渐对心理咨询和心理咨询师形成更合理的期待。第四,提升专业自信。心理咨询师通过不断提高自身的专业技能,增强周围同事、领导对咨询师能力的认同,逐渐提高坚守专业性的底气,推动心理危机干预走专业化道路。

[参考文献]

[1] 李永慧.高校心理危机干预中的伦理困境及应对策略[J].思想理论教育,2016(5):85-88.

[2] 中国心理学会临床与咨询心理学专业机构与专业人员伦理守则制定工作组.中国心理学会临床与咨询心理学工作伦理守则[J].心理学报,2007,39(5):947-950.

[3] 朱美燕.突然与应然:大学生心理危机干预的人文关怀[J].中国青年研究,2013(4):79-83.

[4] 孙茂泉,范天宝.大学生心理危机预防与干预工作中的伦理困境及对策[J].青少年学刊,2015(3):25-28.

[5] 陈新星.辅导员开展大学生心理健康教育的伦理困境及应对[J].思想理论教育导刊,2016(2):148-150.

[6] REMLEY JR,REMLEY TP,HERLIHY B. Ethical,legal,and professionalissues in counseling[M].Boston:Pearson Education,2010.

[7] 杨凡,钱铭怡.美国心理咨询和治疗中的保密、保密的局限及相关研究[J].中国心理卫生杂志,2009,23(8):543-548.

[8] 赵静波,季建林.心理咨询和治疗的保密原则[J].中国医学伦理学,2007,20(4):78-80.

[9] 马惠兰,侯志瑾,徐凯文.心理咨询与治疗中的隐私权、保密及其他伦理问题[J].中国心理卫生杂志,2003,17(10):724-727.

[10] 周司丽,侯志瑾,姚莹颖.中国心理咨询/治疗中有关保密研究的文献回顾[J].中国临

床心理学杂志,2012,20(4):530-534.

[11] 林洁瀛,钱铭怡.与未成年人相关的心理咨询与治疗的保密原则[J].中国临床心理学
     杂志,2012,20(3):409-412.

[12] 徐慧,王丹妮,侯志瑾.信息技术在心理咨询中的应用及伦理思考[J].中国临床心理学
     杂志,2014,4(22):752-755.

[13] 何元庆,方存峰.高校心理咨询中保密的伦理困境与解决出路[J].中国临床心理学杂
     志,2015,2(23):378-380.

[14] 马建青,朱美燕.大学生心理危机及其干预现状的调查分析[J].学校党建与思政教育,
     2014(12):73-75.

[15] 杨珍芝.高校心理咨询师心理危机干预中伦理与应对研究[D].广州:南方医科大
     学,2013.

[16] 张妩,王觅,钱铭怡,等.心理咨询师突破保密原则的态度和决策[J].中国心理卫生杂
     志,2014,28(1):35-39.

[17] 陈发展,张洁.有无临床督导经历的心理咨询师在职业伦理意识方面的对照研究[J].
     中国民康医学,2008,20(23):2746-2748,2771.

新时代高职院校创新创业课程思政策略研究
——基于精准扶贫战略的角度

（浙江金融职业学院　程淑华　章金萍）

[摘　要]精准扶贫和创新创业教育都是国家顶层设计战略,它们的目的和属性趋同,关联密切。高职院校要把精准扶贫视为责任和任务,更要把精准扶贫视为创新创业课程思政的重要载体。"双创"课程思政为精准扶贫战略提供了新的实现路径与智力支持,反过来精准扶贫为"双创"课程思政提供了新平台、提升了教育获得感。在剖析精准扶贫和创新创业教育内涵与关联的基础上,分别从提升创新创业课程思政内涵、注重"双创"政策导向、强化精准扶贫特色、深化"专业+""双创"教学改革以及发挥产学研赛创协同功能五个方面详细阐述了精准扶贫战略下高职院校"双创"课程思政的实施策略。

[关键词]精准扶贫;课程思政;创新创业;高职院校

精准扶贫是党和国家为了实现2020年"全面建成小康社会"总体目标而制定的重大战略。在精准扶贫战略构成中,教育精准扶贫是关键,只有通过教育的精准扶贫,转变贫困人口的思想认识,丰富贫困人口的文化知识,提高贫困人口的技术技能,才能推动我国扶贫工作由外源性扶贫向内生性扶贫转变,从根本上夯实贫困地区民众脱贫致富的基础[1]。在精准扶贫战略下,在实现第一个百年奋斗目标的关键之年,打赢教育脱贫攻坚战要取得决定性进展,如何将高职院校的创新创业教育系统融入教育扶贫实践中,促进"双创"课程思政与精准扶贫的有机融合,更好地开展创新精神、创业意识、创新创业能力的培养,同时为精准扶贫服务,相互借力,是新时代高职院校创新创业课程思政建设的新课题。

本文获浙江省高职院校党建研究会2019年年会论文一等奖。

[基金项目]本文系2018年校级课堂教学改革项目"基于'互联网+'背景的财经类高职院校《创新创业指导》校本课教学改革研究"(项目编号:yb201819),2019年校级重点科研项目"高职院校大学生返乡下乡创业支持机制及策略研究",2019年校级基本科研业务费一般项目"乡村振兴战略有机融入高职院校双创教育的路径研究"(项目编号:2019YB38)的阶段性成果。

[作者简介]程淑华,浙江金融职业学院创新创业学院党支部书记,讲师,主要研究方向为创新创业教育。章金萍,浙江金融职业学院创新创业学院院长,教授,主要研究方向为高等职业教育。

一、精准扶贫与创新创业教育的耦合机理及双向价值

（一）精准扶贫与创新创业教育目的和属性趋同

"精准扶贫"的重要思想最早来源于习近平总书记2013年11月在湖南湘西考察时做出的"实事求是、因地制宜、分类指导、精准扶贫"的重要指示。2014年3月，习近平总书记强调，要实施精准扶贫，瞄准扶贫对象，进行重点施策，进一步阐释了精准扶贫理念。党的十九大把"坚决打赢脱贫攻坚战"和"坚持精准扶贫、精准脱贫"作为社会主义新时代国家治理的战略目标。精准扶贫战略思想，是中国扶贫史上的理论创新，是全面建成小康社会、实现中华民族伟大中国梦的重要保障。

创新是一个民族进步的灵魂，是一个国家兴旺发达的不竭动力。在党的十九大报告中，习总书记再次强调"创新是引领发展的第一动力"的重要性。《教育部关于大力推进高等学校创新创业教育和大学生自主创业工作的意见》指出，在高等学校开展创新创业教育，积极鼓励高校学生自主创业，是教育系统深入学习实践科学发展观，服务于创新型国家建设的重大战略举措；是深化高等教育教学改革，培养学生创新精神和实践能力的重要途径；是落实以创业带动就业，促进高校毕业生充分就业的重要措施。[2]

社会需要更多有大胆思维和创造性发展能力的高素质、高水平、高层次的复合型人才去创造更多的价值和财富，高校的创新创业教育是建设创新型国家和全面建成小康社会的客观需要。无论是理论创新、实践创新、制度创新、文化创新，还是其他各方面的创新，中国正在加快建设创新型国家，而高校的创新创业教育正是服务创新型国家建设的重大战略举措。精准扶贫和创新创业教育都是国家顶层设计，具有共同的目标，即早日建成全面小康社会，建成社会主义现代化强国，实现中华民族的伟大复兴。

（二）创新创业课程思政为精准扶贫战略提供新实现路径与智力支持

创新创业教育所引导的首创精神、冒险精神、创业能力、独立工作能力以及技术、社交、管理技能等对接在精准扶贫战略中，可实施创新扶贫、产业扶贫的思路，以创新创业成果驱动精准扶贫，挖掘扶贫点的产业发展资源，因地制宜制定精准扶贫方案，让贫困人民在参与发展产业过程中实现脱贫致富，从而有效地提高贫困地区的经济发展水平，改善贫困人口的生活条件，减少贫困人口的总数量。

创新创业课程和思政教育过程中，不仅仅要培育在校大学生的创新精神、创业意识、创新创业能力，更要面向全社会，分阶段、分层次对所有人进行创新思维培养和创业能力锻炼。所以，创新创业教育不仅仅是解决大学生就业问题的一个重要途径，更重要的是为国家孵化培养数以百万计富有创新精神、创造能力的创业者。这些创业者身上所具备的责任和担当意识使得他们勇于面对精准扶贫实践中的各种困难与挑战。大学生创业者参与精准扶贫工作，既可结合自己的专业和技能为精准扶贫献计献策，亦可利用贫困地区有利的扶贫政策和创业优势，直接进行创新创业活动，甚至对贫困地区有创业意向的群体进行技术和技能培训

或指导,创造当地内生性脱贫攻坚力量,为贫困地区脱贫带去新的模式和路径。

(三)精准扶贫为创新创业课程和思政教育提供新平台、提升教育获得感

精准扶贫为创新创业课程和思政教育提供新平台,引导大学生了解国情、省情、民情,致力乡村振兴,显著提升"双创"课程和思政教育获得感。结合贫困地区的现状特征、地方特色、经济发展速度、规模等,大学生的创新创业意识得到新的启发;结合自身专业优势或技术特长,对接扶贫项目或开启帮扶项目,大学生的实践平台得到拓展,创新创业活动的成就感获得极大提升。大学生在创业扶贫活动中,可借鉴国家扶贫开发大数据平台,了解扶贫开发的融资平台,使扶贫需求的资金、项目能够更好地对接,提升自身的数据分析能力、融资能力;可利用贫困村创业致富带头人培训工程,开展创新创业服务,提升培训技能,亦增强自身在人力资源市场上的竞争力。

在精准扶贫中开展"双创"课程和思政教育,鼓励学生承担创新创业项目的调研对接、落地方案制定和实地帮扶工作。无论未来学生是继续接受教育还是进入劳动力市场,都能够对创新创业保持积极态度和敏锐意识,以一种灵活的方式应对当今多变世界带来的挑战,具备采取行动的意愿和勇气。[3]这种途径更能促使一个大学生接受思想洗礼,自觉、自愿学习创新创业知识,参与创新创业活动。这种使命感和担当精神是一种原动力,更是一种核心竞争力。

二、精准扶贫战略下高职院校创新创业课程和思政教育策略

现阶段高职院校教育扶贫力度有很大提升空间,创新创业课程对接精准扶贫的工作力度有待加大。高职院校不能单纯地把精准扶贫视为一种责任和任务,更要把精准扶贫视为展示"双创"课程和思政教育功能的重要载体。在打赢教育脱贫攻坚战的关键之年,高职院校应抓住契机,在精准扶贫战略下,积极探索升级版"双创"课程和思政教育策略,既能做好高职院校育人育才工作,又能为精准扶贫贡献智慧和力量。

(一)提升创新创业课程思政内涵

大学生的思想道德素质和个人修养,对其职业发展和成长成才具有重要影响。高职院校的思想政治教育工作在积极引导大学生参与创新创业活动的过程中,强调大学生增强自身素质,艰苦奋斗,树立正确的利义观,全方位参与精准扶贫的各项活动。

调查显示,目前很多高职院校的大学生普遍认为创新创业离自己较远,对于参加双创活动并不积极。事实上很多学生的创新创业项目在各级各类竞赛中取得了好成绩,具有较好的创业基础,但由于社会和高校提供的创业条件并不完善,可供大学生支配的资源相对有限,创业项目仍难落地。

因此,在精准扶贫战略角度下,推动创新创业教育与思想政治教育高度融合至关重要。一方面,对于高职院校,把精准扶贫和创新创业教育有机融合,不但拓宽了创新创业实践平台,还提升了创新创业教育的内涵,是把思想政治融入创新创业教育的创新性举措;另一方

面,以精准扶贫作为实践载体,有利于培养大学生勇于担当的社会责任感和积极向上的人生态度,有利于提高其创新创业的成功率和积极性,也为脱贫攻坚和社会发展贡献青春才智。

(二)注重创新创业政策导向

政策是指挥棒,政策指导是高职院校创新创业教育的重要前提。在"双创"课程和思政教育中,应积极宣传教育扶贫的有关方针政策,发挥广大有志于从事精准扶贫事业的大学生们的主观能动性,使他们主动学习"双创"知识,掌握专业技能,改变思想,阻断贫困代际传递。精准扶贫政策和大学生创新创业政策的有力结合,能使学生在双创活动中统筹各方面的资源和优势,推进创新创业教育的深入开展,为精准扶贫更好地服务。

(1)引导和鼓励有创新创业意向的大学生及贫困学子返乡创业。宣讲贫困大学生及贫困地区大学生有关"双创"方针、政策、原则以及有关规定和具体实施方案,让贫困大学生及立志为贫困地区做扶贫服务的大学生了解国家相关部门、地方政府、社会企业、投资机构以及所在院校等制定的相关实施意见,借助政府的政策保障、行业企业的资金支持,引导大学生按有关规定进行创新创业活动,充分享受国家、政府、社会和学校的创新创业红利。

(2)引导和鼓励创新创业学生团队优先把创业项目和先进的技术带到贫困地区。从质量兴农、绿色兴农、科技兴农、电商兴农、教育兴农等多个方面,通过项目推进或成果转化开展实质性帮扶工作。

(3)引导和鼓励返乡创业学生团队在创新创业项目上能实现长期对接贫困县、乡、村或农户的作用,并在一段时间内推出一批帮扶品牌项目和帮扶示范区,发挥辐射带动作用,助力精准扶贫。

(三)强化高职院校精准扶贫特色

现阶段高职院校扶贫手段较为单一,主要是针对贫困生的奖学金和助学金,以及为贫困生提供勤工助学岗位等。这种以救济式为主的扶贫方式缺乏创新,不利于培养学生的可持续发展能力,只是解决了其暂时的生活和学习困难,而且覆盖面狭窄,没有体现出教育扶贫的优势和特色。

事实上,高职院校的职业教育因其职业导向、技术应用特征,与经济社会发展联系最密切,在精准扶贫中具有先天的独特优势。另外,高职院校具有实施创新创业教育的独特优势,很多高职院校都积累了多年的"双创"教育经验,结合自身院校特色,依托各级地方政府、各地产业经济,开展各项特色鲜明的"双创"活动,在"双创"人才培养体系、课程体系、教育教学管理与考核评价制度、"双创"教育导师队伍建设、"双创"指导服务以及"双创"实践中均颇有建树。[4]对于高职院校来说,创新创业教育是其主营业务之一,精准扶贫亦是其应该承担的重要社会责任,不应割裂二者之间的关联,而应充分发挥资源特色和优势。

因此,例如高职类农林院校所设专业应更充分地与贫困地区农业或林业资源相结合,加大农林畜牧类的职业类培训力度,直接降低贫困地区智力获取成本,在较短时间内提高专业技能,达到技术脱贫的目的。农村金融发展水平落后也是导致贫困的一个重要因素,财经类高职院校亦可利用专业优势,关注农村贫困地区的金融现状,聚力于改善贫困地区落后的金融体系,既能在精准扶贫工作中取得突出成效,又能加强学校与贫困地区的交流,搭建学校

"双创"教育对接精准扶贫的新平台。

(四)深化"专业＋"创新创业课程思政模式

产业革命变革和社会需求催生了创新创业教育的供给侧改革,教育扶贫亦是高职"双创"教育供给侧改革的契机。在精准扶贫战略下,高职院校可持续推进专业教育教学改革,提供更优质的教学供给,积极探索和深化"专业＋"的创新创业课程和思政教育模式。

1. 改革"双创"课程体系结构

根据贫困地区的地方特色和经济发展速度、规模等,高职院校应加强所设置的专业与市场需求和行业取向的契合度,重点建设与贫困地区区域发展、产业需求相对应的专业,加大农业、制造业和生产性服务业等专业的开设比例。条件许可下可重点建设一批特色鲜明、面向区域、服务"三农"的专业,精准对接区域扶贫。[5]同时,改革课程体系结构,扭转课程学科化的趋势,将理论课程与实训课程紧密结合,突出职业教育的职业性特征,围绕区域发展需求开展职业技术人才培养活动。[6]

2. 改革专业实践教学内容

高职院校的专业实践教学突出实践能力与"双创"能力的培养。各高职院校应结合学校及专业特色,遴选院校及专业最具特色的创新创业项目,与革命老区、贫困地区、农村地区人民群众的生产需求、发展需求对接,将高校的智力、技术和项目资源辐射到最需要的地方。例如电商专业结合电商扶贫,电商扶贫可利用互联网还有微商;金融专业结合农村金融扶贫,市场营销专业对接农副产品营销策划;旅游专业扶贫则围绕美丽乡村建设,发展乡村旅游;等等。

3. 改革教育教学技术与方法

师资队伍是"双创"教育的核心和保障,为实现职业教育精准对接扶贫,"双创"教师的教学方法也必须另辟蹊径,具有创新思维。高职院校教师应充分结合"互联网＋"的教育技术手段,发挥互联网在教育教学中的作用,把教育技术与教育扶贫融合,降低成本让更多的贫困对象接触到优质的教育资源。

(五)发挥产学研赛创协同功能

在精准扶贫过程中,教学相长,师生"赋能"。通过生产、教学、科研、学科技能竞赛和创新创业紧密结合,提高教师教学科研水平,提升学生"双创"实践能力,创新创业课程和思政教育获得感显著提升。

(1)课赛促教,促进教师教学能力提升。教师积极引导学生将创业项目或成果精准服务于贫困地区,通过校企合作、工学交替、现代学徒制等模式,提供个性化培养与教育,订单式培养贫困地区发展所急需的人才,把"双创"教育有机融合到贫困地区的产业发展和扶贫工作中去,为社会培养理想信念坚定、专业知识扎实,具有创新创业能力、德才兼备的有为人才。

(2)课赛促创,促进学生"双创"能力提升。在创新创业课堂上全体学生精准学习、特长学生精准调研、优质项目精准对接,如参加"互联网＋"大学生红色筑梦之旅竞赛、"挑战杯"大学生课外科技作品竞赛、新苗人才项目等,孵化精准扶贫创业实体,获得行业企业和政府投资等。

三、结 语

　　教育是帮助人们摆脱贫困的最重要途径,高职院校必须承担社会责任,精准服务地方经济发展,为精准扶贫献计献策,同时充分利用好精准扶贫平台,创新"双创"课程和思政教育模式,强化自身办学特色,为产业脱贫提供人力资源保障,协同好"双创"人才培养和带动贫困地区经济发展两者之间的关系。

[参考文献]

[1] 王秀华.职业教育精准扶贫的理论基础、价值主线与实践突破[J].教育与职业,2017
　　(21):16-22.
[2] 教育部.教育部关于大力推进高等学校创新创业教育和大学生自主创业工作的意见
　　[Z].2010.
[3] 王俊.芬兰学校创业教育的实践内容与特征分析[J].世界教育信息,2016,29(10):
　　16-22.
[4] 程淑华.高职院校提升创新创业教育质量的路径探析[J].创新与创业教育,2018(2):
　　110-112.
[5] 李鹏,朱成晨,朱德全.职业教育精准扶贫:作用机理与实践反思[J].教育与经济,2017
　　(12):76-82.
[6] 廖倩.职业教育精准扶贫路径探析[J].成人教育,2018(5):75-79.

高校"佛系青年"现象与引导策略研究

(杭州科技职业技术学院　张满东)

[摘　要]"佛系青年"崇尚随遇而安的处世哲学、无欲无求的人生追求,实质表现为万事虚无的世界观、随遇而安的人生观、与世无争的价值观。"佛系青年"群体深受后现代主义思潮影响,是当今青年欲望逻辑的反向发展,也是群体心理失衡后的自我防御,在形成过程中新媒体介质传播起到了推波助澜的作用。该思想瓦解社会主义核心价值观,消解高职校园主流文化,降低个人价值追求。党、政府、学校以及社会必须引起高度重视,应加强高职青年的理想信念、责任意识与心理健康教育,引领当代青年健康成长。

[关键词]佛系青年;危害;成因;引导策略

一、"佛系青年"现象解读

(一)"佛系"与"佛系青年"

佛系,乃网络流行词,是指一种怎么都行、不大走心、看淡一切、有目的地放下的生活态度。因为这种精神心理状态正好与佛教的某些特质契合,故得名。该词最早源于 2014 年日本的某杂志,该杂志介绍了随遇而安、无欲无求的"佛系男子"。2017 年初,中国某位网民介绍"佛系男子"关于恋爱嫌累的观点在网络上引起热议。同年 9 月,部分粉丝厌倦采用谩骂、约战与刷屏等极端手段追星,改为默默关注与支持的方式,被网友戏称"佛系追星"。"双11"期间,中国网民将网购消费者对待商品将就好,不退换、不点评,习惯性五星的行为,称之为"佛系网购"。同年 12 月 11 日,中国某位网民在微信、微博疯狂阅读与转载文章《第一批"90 后"已经出家了》,文章中描述了"佛系青年"在交友、健身、饮食、养娃、坐车等日常行为始终保持不争不抢、一切随缘、万事皆可的态度。该文章瞬间刷爆微博与朋友圈,两天阅读量突破 10 万次。这种看似不悲不喜、云淡风轻、不求输赢的态度竟引起了以"90 后"为主的青年人的共鸣。他们开始集思广益,在"佛系"这个词上衍生出大量词汇,例如佛系女子、

本文获浙江省高职院校党建研究会 2019 年年会论文二等奖。

[作者简介]张满东,杭州科技职业技术学院机电学院讲师,主要研究方向为高校党建。

佛系子女、佛系父母、佛系养娃、佛系追星、佛系生活、佛系乘客、佛系学生、佛系购物、佛系恋爱、佛系饮食等。而以这样的观点处事做人的青年群体统称为"佛系青年"。"佛系青年"是指在生活态度和方式上表现为怎么都行、不大走心、看淡一切的青年人。《人民日报》也开始关注"佛系"与"佛系青年"这种社会文化现象。2017 年 12 月 13 日,《人民日报》第 13 版刊登了《也说"佛系青年"》的文章,从随性与坚持的辩证关系出发,指出凡事都要有分寸感,倡议广大青年,要做"佛系",就要做悟空那样的"斗战胜佛系"青年,会玩耍、敢担当、勇打拼,做出一番事业,此真有志者言。同年 12 月 14 日,《人民日报》微信公众号发表原创文章《年轻人,真的"佛系"了吗》,表示"一方面,这可以是不争不抢、不钻营、不吹捧的随性与豁达;另一方面,这也可能是面对竞争、面对压力时候的怠惰与消极。好与不好,存乎一心"。希望"90后"对"佛系"这件事情,"不能不当真,也不能太当真"。《光明日报》撰文警醒道,"佛系"正潜移默化地影响着使用者的思想和情绪,"长期在这样的话语里生活浸润,不免会沾染消极的情绪,从而影响到对待生活、周边的态度,对于个人的成长以及社群的和谐,都有极大的危害"。

青年人的价值观关乎国计民生,更关乎国家未来与中华民族伟大复兴的中国梦。对于今天的中国,更需要的是积极向上、奋发有为的社会主义接班人,而非丧失动力、安于现状、无欲无求的无志青年,解开"佛系"心结,已是一个不容小觑的课题。

(二)"佛系青年"的表象特质

在处世哲学上不争输赢、按自己喜欢的方式行事,不在乎他人眼光;在人生追求上以自己的兴趣爱好为先,顺其自然、随遇而安。"佛系青年"在世界观、人生观与价值观上有独具一格的表象。

1. 万事虚无的世界观

"佛系青年"对世界的基本观点是"诸事无常",世间万物皆无确定性,"有"与"无"只是"我"观察的角度与时空不同而已;"有漏皆苦",在无常的世间贪爱追求,最终产生无尽的烦恼与痛苦;"诸法无我",你所追求的世间万物到头来都不是自己的,倡议青年以"虚"与"无"看待与对待这个世界。

2. 随遇而安的人生观

"佛系青年"以"都行、可以、没关系"回应人生。一切看淡、一切随缘、一切顺其自然,追求恬淡寡欲的极简生活,例如有一款有代表性的养成类"佛系游戏"——《旅游青蛙》,青蛙时而在家待着吃饭、看书、写日记、做手工,时而外出旅行,一切都是随心所欲。从某种程度上讲,这款游戏中的青蛙如同"佛系青年",缺乏动力与追求。

3. 与世无争的价值观

"佛系青年"判断事物价值的标准是遵从内心。例如"佛系买家"购物心态是"我们买的不是东西,是和平,不管自己喜欢或不喜欢,买来商品后习惯给好评";"佛系恋人"以"你若安好便是晴天,你不安好那就算了"这种态度进行恋爱;"佛系健身者"认为跑步机上走一走也能活到九十九。"佛系青年"做事标准是与世无争。例如"佛系乘客"约出租车,司机到门口也行,自己走两步也可以。出行时不苛求既定的行车路线和出行时间,甚至没有座位也能心平气和地将就。"佛系员工"的观点是"安安静静上班,安安静静下班",做什么无所谓,把本职工作做好，不揽事、不贪功也不卸责。"佛系青年"做事情看淡得失。例如"佛系球迷"说"球队不解散就好，赢不赢没关系"；"佛系考生"说"随便复习，记住了就是缘分，记住了却没有考那就是命"；"佛系股民"认为"赚来的终将是泡沫，割了肉也都要微笑着"。

（三）"佛系青年"的"前世今生"

1."佛系青年"与历史上的域外思潮

"佛系青年"与美国"垮掉的一代"、英国"富贵病"群体、日本"蛰居族"有相似之处。"二战"结束后，美国市场经济得到巨大恢复与发展，国内盛行麦卡锡主义，青年人思想上充满矛盾与彷徨，于是他们选择放弃工作与学业，拒绝履行任何社会义务，漠视社会秩序，反对世俗陈规和垄断资本统治，抵制对外侵略和种族隔离，通过纵欲、吸毒与沉沦等方式寻求刺激与自由。美国"垮掉的一代"与当下"佛系青年"都通过逃避的方式抗争传统社会与秩序，无非美国"垮掉的一代"更加激进。"二战"结束后，英国经济出现了滞胀状态，而且这种状态持续了近三十年，英国青年开始羡慕与嫉妒生活在外国的人民，贬低本国与民族，出现了有自我毁灭的民族怀疑悲观情绪。这种负面悲观的情绪开始影响到贵族、政治家、学者等精英人士，甚至影响到全国国民。"佛系青年"同样具有英国"富贵病"群体这样的悲观色彩，不同的是还没有达到厌世的程度。20世纪70年代，日本泡沫经济崩溃，国民生存压力剧增，部分日本人难以承受这种压力，选择蛰居的方式，生活在狭小空间，不上学、不上班，自我封闭、深居简出地生活。被学者称为"失踪了的100万人口"的蛰居族占日本总人口的1%，其中80%是男性。这类蛰居族的代表口号是"让压力见鬼去吧，我不喜欢它，我就是失败，这（蛰居）就是我想要的生活……"可见，他们的人生价值观念已经发生转变。他们也逐渐丧失工作与交际能力，成为社会的边缘人。"佛系青年"与日本"蛰居族"共同之处是以逃避来应对失败与挫折。日本"蛰居族"选择逃避的方式更加极端，而中国"佛系青年"仍然选择面对社会生活，无非消极悲观了一点。

2."佛系青年"与当今负能量亚文化

负能量亚文化是指强化社会阴暗面，给公众带来恐慌情绪，产生社会经济恶化、道德败坏、治安环境恶劣、社会动荡不安等错觉所构成的文化现象，使人产生消极、狭隘、偏激，甚至加重有些人的仇恨心理，引起社会矛盾。在某种程度上，负能量是对当前的社会主义核心价值观与道德观念的解体，它在高职"90后"青年中比较流行。以近年来网络流行的负能量词语为例，并探究其与"佛系青年"之间的关系。

"屌丝"是中国网络文化兴盛后产生的讽刺用语，开始通常用作称呼"矮穷矬"（与"高富帅"或"白富美"相对）的人。其中"屌丝"最显著的特征是穷，房子、车子对于屌丝来说是遥不可及的梦。"屌丝"与"佛系青年"都存在生活平庸、未来渺茫、感情空虚等一面，它们并不是简单的青春期情绪，而是现实社会矛盾不断堆积的征兆。

"小确幸"是指微小而确实的幸福，是稍纵即逝的美好。它出自村上春树的随笔，由翻译家林少华直译而进入现代汉语。停止"不切实际"的宏大想象，把握平凡日子中的点滴幸福成为越来越多青年人的想法。"小确幸"与佛系青年都在强调当下青年及时行乐，安于现状。

"丧文化"是指一些"90后"的年轻人，在现实生活中，失去目标和希望，陷入颓废和绝望的泥沼而难以自拔地活着。他们丧失心智,漫无目的,蹒跚而行,没有情感,没有意识,没有约束,只能像行尸走肉一样麻木地生存下去。"丧文化"是指流行于青年群体当中的带有颓废、绝望、悲观等情绪和色彩的语言、文字或图画,它是青年亚文化的一种新形式。以"废柴""葛优躺"等为代表的"丧文化"的产生和流行,是青年亚文化在新媒体时代的一个缩影。它与"佛系青年"都反映出当前青年的精神特质和集体焦虑,在某种程度上,都是新时期青年社会心态和社会心理的一个表征。

二、高校"佛系青年"现象的危害

(一)瓦解社会主义核心价值观

2014年5月4日,习近平总书记在北京大学考察时指出,社会主义核心价值观把涉及国家、社会、公民的价值要求融为一体,既体现了社会主义的本质要求,继承了中华优秀的传统文化,也吸收了世界文明的有益成果,体现了时代精神。他强调,青年的价值取向决定了未来整个社会的价值取向,而青年又处在价值观形成和确立的时期,抓好这一时期的价值观养成十分重要。大学生必须认知与认同社会主义核心价值观,最终才能够勇于实践,并为之奋斗。而认知与认同的过程,需要社会、学校和家庭形成舆论氛围与教育合力。高职青年正处于思想波动期与心理叛逆期,更容易吸收负能量,例如"毒鸡汤""丧文化""佛系青年"等负能量亚文化正影响着高职青年群体,同时,也在蚕食着社会主义核心价值观。

(二)消解高职校园主流文化

高职校园文化是以学生为主体并涵盖院校领导、教职工,以校园为主要空间,以育人为主要导向,以精神文化、环境文化、行为文化和制度文化建设等为主要内容。高职校园精神文化应以工匠精神、职业精神为引领,强调吃苦耐劳、精益求精、爱岗敬业。高职"佛系青年"对待学业上不求高分,只求及格,甚至不及格还可以补考或者重修,还不行,大不了退学。这样的颓废思想与高职校园的精神文化格格不入。高职校园环境文化既包括校园办公与教学环境,同时也包括学生心理健康环境,如果"佛系青年"思想大行其道,"未老先衰"的高职生如何能走出校园,走向社会,成为有用之才。高职校园行为文化以养成公共礼仪,规范高职生言行举止为重要抓手,要求高职生应该乐于助人、热爱劳动、敢于作为,而高职"佛系青年"却是一副"事不关己,高高挂起"的姿态。高职校园制度文化是为保障学校正常办公与教学制定的规章制度,制度的尊严在于执行,而对于高职"佛系青年"来讲,他们一切由着性子来,还美其名曰"随缘"。对于强制性的规章,他们勉强为之;对于建议性的制度,他们"无为"处置。高职校园主流文化正逐渐被"佛系青年"的思想所消解。

(三)降低个人价值追求

习近平总书记曾寄语广大青年:"历史和现实都告诉我们,青年一代有理想、有担当,国家就有前途,民族就有希望,实现我们的发展目标就有源源不断的强大力量。"青年应该对生活充满热忱、对世界充满好奇,充满着探索欲望。青年时代是人生当中最美好、最宝贵的季节,是最容易产生憧憬的季节。在这样的花样年华,有些人却成为消极颓废、遁世绝俗的"佛系青年",以消极的态度迎接未来,做事仅凭喜好,淡忘了当初的理想和抱负,降低个人价值追求。没有理想和目标的人容易迷失方向、丧失动力、得过且过,从而导致道德观念的"矮化"和精神世界的"沙化",终日过着无意义的生活。

三、高校"佛系青年"原因解构

(一)时代产物:后现代主义思潮作祟

后现代主义源自现代主义却又反叛现代主义,是对现代化过程中出现的剥夺人的主体性和感觉丰富性的整体性、中心性、同一性等思维方式的批判与解构。后现代主义的无中心意识和多元价值取向带来的一个直接的后果,就是评判价值的标准不够清楚或全然模糊,从而使人们的思想与个性得到解放,但也存在鼓吹把人变得无本质与中心,无长远理想和目标,不承担政治责任、道德义务和社会历史使命,更不受任何外在或内在的约束。高职生正处于个人主义建构时期,很容易受到这种思潮的影响,很容易受到个人感官与经验主义左右,在无社会角色束缚下,行为失去方向,创新活动失去灵魂,参与社会活动失去兴趣,自己逐渐变成社会"边缘人"。个人迷茫与困惑必然成为"宿命"。

(二)社会根基:欲望逻辑的反向作用

中国自实行改革开放与社会主义市场经济以来,物质文明得到质的提升,贫富差距开始拉大,爆炸式信息时代给人们带来了时不我待的压力感与被时代抛弃的惶恐感。新闻报道或者身边的"少数人"一夜暴富、一飞冲天与一举成名,让青年备感压力。社会竞争空前激烈,上升通道变窄,阶级利益逐步固化,让更多年轻人想成功的欲望逐渐削弱,苦于寻找上升机会与通道的年轻人,更容易受到"佛系"思想影响,产生逃避情绪。长此以往,"佛系"颓废气息有可能弥漫到整个社会,甚至会逐渐走向日本著名管理学家大前研一所说的"低欲望社会"。

(三)心理动因:心理失衡后的自我防御

青年群体正处于成人初显期,对自我的关注与自我同一性的探索不断增强。[1]加之,社会机遇与挑战并存,更容易出现自我同一性与角色混乱相冲突,青年容易在心理与思维上产生很大的波动,甚至出现逆反心理,陷入情绪低落与迷茫。"毒鸡汤""丧文化"等充满负能量的青年亚文化的产生与传播,折射了青少年对主流文化的态度。这种亚文化在竞争激烈的社会背景下无形中给部分青年提供了一个与自己和解的借口,产生随性化、犬儒化等"防御性悲观"的态度以回避可能出现的失败。这也是青年对来自社会、家庭及学校压力的一种抗拒。[2]

(四)技术媒介:次文化传播推波助澜

随着手机互联网普及,自媒体让网民成为信息传播的原创者,也成为"基站式"传播中介与"终端式"受众者。爱接触与探究新鲜事物的高职青年群体,很容易掌握媒介技术与传播渠道,将共鸣的观点与看法,通过漫画、视频或者幽默段子传播出去,"廉价式"传播成本,让这些信息产生自发性多次传播,甚至形成现象几何级传播速度与广度,逐步形成青年群体自身认可的"次文化",短时间内形成一种文化现象。[3] 这也是"佛系"迅速成为现象级亚文化的技术原因。另一个原因,当代青年面对面交际逐渐减少,网络社交逐渐取而代之。在"泛娱乐化"的文化氛围中,"佛系"作为网络流行语不断被人们传播、加工,以自我调侃、自我解嘲的方式成为人们的释压工具,也迅速发酵,[4] 甚至成为一种青年群体自认为的"流行前卫的、高端时尚的"自我调侃的词语,从而来抵消现实的压力,寻求心灵的慰藉和满足。

四、高校"佛系青年"问题引导策略

(一)理想与信念教育

习近平总书记明确指出,青年兴则国家兴,青年强则国家强。青年一代有理想、有本领、有担当,国家就有前途,民族就有希望。青年的健康成长,离不开理想信念的支撑和指引,要把好理想信念"总开关"。当代青年面对着深刻变化的社会、丰富多样的生活、形形色色的思潮,需要对其在理想信念上进行有力引导。首先,将理想信念抽象化与长远化变为易操作与具体化。结合高职青年所学专业与志向,制订切实的学习与生活目标,只有这样高职青年才能明确当下需要做什么,怎么做。其次,实现理想信念的标准既不能定的高不可攀,又不能易如拾芥,要结合自身特点与最近发展区理论,妥善确定自己的理想信念。再次,将自己理想信念与国家发展、时代需要紧密结合在一起。这样的理想信念才是最有意义、最有价值的。拥有这样的理想信念的高职青年自然会屏蔽"佛系生活"。

(二)心理健康教育

高职生面对学习压力、人际关系、就业与情感问题,容易出现情绪波动与心理困惑。虽然这个时期的高职青年自我意识增强,但发展不够成熟;虽然抽象思维迅速发展,但思维易带主观片面性,情感丰富且情绪波动较大,交际欲望增强而内心相对封闭。社会、学校与家庭应该给予更大的耐心,维护高职生的心理健康。传授高职生心理健康的基本知识,掌握心理调适的基本方法,鼓励他们在实践中提高自我的心理健康素质。批判地认识与看待类似"佛系青年"之类的带有负能量的次文化,绝不随波逐流、随俗浮沉。

(三)挫折与责任感教育

毛泽东曾经提出"前途是光明的,道路是曲折的",成长的道路上不可能一帆风顺,个别高职青年由于缺乏意志的自觉性、坚韧性、自制性与果断性,在处理关键性问题或者采取重大行动时往往表现出优柔寡断、动摇不定与盲目从众的心态。同时,绝大多数高职青年在优渥的物质生活条件下长大,稍微遇见挫折,就表现出心灰意冷,甚至陷入对自我、家庭与社会的怀疑,滋生悲观厌世与消极颓废的情绪,选择掩耳盗铃式隐退或者回避,所以加强大学生挫折教育,培养逆商尤为重要,同时,必须加强对学生社会责任感的培养。责任担当是检验青年学生家国情怀的"试金石"。国家的前途、民族的命运、人民的幸福,是当代中国青年必须和必将承担的重任。[5]要引导学生正确认识国家和社会,培养国家观念和集体意识,认清自己在社会中应扮演的角色,主动承担起所应承担的社会责任及历史使命。

[参考文献]

[1] J. J. ARNETT. Adolescent storm and stress, reconsidered[J]. The American Psychologist,1999(5).

[2] 陈龙."佛系""丧文化",都是社会工具理性化的产物[EB/OL]. (2018-04-18)[2020-10-12]. http://cul. qq. com/a/20180418/014830. htm.

[3] 宋德孝. 青年"佛系人生"的存在主义之殇[J]. 中国青年研究,2018(3):41-45.

[4] 张九海."佛系"心态的三重解读[J]. 社科纵横,2018,33(6):95-97.

[5] 习近平对下一代有着怎样的期待[EB/OL]. (2015-08-27)[2020-08-24]. http://news. xinhuanet. com/legal/2015-08/27/c_128165111. htm.

网络时代大学生人际交往变化研究

（浙江纺织服装职业技术学院　尤海燕）

[摘　要]本次调研的目的就是结合学生网络社交越发频繁的现状，了解大学生网络使用过程中的人际交往特点。调研结果显示，青年学生每天使用网络的时间普遍较长，即时聊天工具仍然是大学生群体中最流行的网络社交工具，网络游戏平台的使用比例基本在30%左右；大学生网络社交行为存在性别差异，主要表现为男女学生网络使用和网络社交动机的差别；绝大多数学生认同网络社交对现实中的人际交往是有促进作用的，近40%的学生认为对网络社交要有所警惕；自我评价偏内向的学生更喜欢使用即时聊天工具，偏外向的同学在微博空间、网络游戏和观看平台使用的比例上都明显高于偏内向的学生；自我感觉归属感越强，通过网络社交以排解孤独情绪的动机就越弱。

[关键词]网络；大学生；人际交往

一、研究背景

在过去10年中，我们看到并体验着互联网的深刻革命，因为它以前所未有的速度采用了基于无线的基础设施和丰富的服务组合。据《中国互联网发展报告2018》最新权威发布：中国网民已达7.72亿，其中20—29岁的网民比例最高，占30%。也就是说，青年学生仍然是网络使用的主力军，并且他们从少年时期就习惯并享受着互联网的高速发展带来的便利，网络已深入影响着他们生活的方方面面。

本文获浙江省高职院校党建研究会2019年年会论文二等奖。

[作者简介]尤海燕，浙江纺织服装职业技术学院讲师，主要研究方向为发展与教育心理学。

二、研究过程

(一)调研工具

本研究所采用的调查问卷主要源于国内已有文献中的部分量表,这些量表经过信效度检验,相对来说比较成熟。同时,通过访谈结合当下大学生网络使用情况,对已有问卷的题项进行了调整。最后的调研问卷包括四个部分:

第一部分为学生基本信息;

第二部分为大学生社交网络使用情况,共 7 个题项,主要调查学生的上网时间、网络交往的方式和喜爱的网聊话题等;

第三部分为大学生网络社交动机问卷,共列举了 17 种网络社交动机;

第四部分为归属感问卷(SOBI),共 18 道题。

(二)研究方法

连续两年(2017 年和 2018 年)抽样选取笔者所在院校的在校大学生,采用电子问卷和纸质问卷两种方式进行调查。共发放问卷 400 份,最后回收有效问卷 335 份。采用 SPSS 软件进行统计分析。

三、研究发现

(一)大学生网络社交基本情况分析

数据分析结果显示,调研的大学生群体中:超过 70％的学生,每天上网时间为 1—5 小时;网络社交的主要媒介是即时聊天工具、微博、抖音等观看平台;网络社交的对象主要是好友、家人、老师、同学;网络社交以熟人为主(70％以上)的学生比例为 61.4％;排在前三位的网络社交主题分别是兴趣爱好、生活琐事以及未来发展(见表 1)。

表 1 大学生网络社交情况分析

使用情况		频　率
上网时间/天	1 小时以内	6.1％
	1—3 小时	35.8％
	3—5 小时	35.1％
	多于 5 小时	23.0％

使用情况		频　率
网络社交的媒介	聊天（QQ、微信）	82.2%
	微博、空间、INS 等	44.2%
	观看平台（网络直播、弹幕、抖音等）	36.6%
	网络游戏及平台	34.9%
网络社交的对象	好友	83.2%
	家人	75.7%
	现在的老师、同学	42.5%
	以前的同学	38.7%
网络社交好友中，有多少原来就认识	＜30%	14.4%
	31%—50%	20.9%
	51%—70%	22.3%
	70%以上	61.4%
网络社交的话题	兴趣爱好	60.6%
	生活琐事	58.6%
	未来发展	38.7%
	学业	37.3%

其中女生使用最多的网络社交媒介是即时聊天工具（83.4%）和微博空间（48.7%）等，男生使用最多的网络社交媒介是即时聊天工具（78.8%）和网络游戏及平台（53.5%），女生使用网络游戏平台的比例仅为 25.1%（见表 2）。

表 2　不同性格和内外向学生网络社交情况比较分析

网络社交媒介	女　生	男　生
聊天（QQ、微信）	83.4%	78.8%
微博、空间、INS 等	48.7%	36.4%
观看平台（网络直播、弹幕、抖音等）	35.3%	38.4%
网络游戏及平台	25.1%	53.5%

（二）网络交往工具对大学生人际交往的影响

根据前期访谈，汇总了青年学生对于网络社交工具和人际交往之间关系的意见，通过问卷调查和分析后发现：超过 67% 的学生认为网络社交工具对于人际交往的积极影响是方便结交有共同兴趣爱好的新朋友（见图 1），还能拉近人与人间的距离，从而增进友情和亲近感；网络社交工具对人际交往的消极影响主要是网络使用时间过长，以及虚拟世界中的自我与现实自我有差距,并且近三分之一的同学认为网络社交存在一定的欺骗性,并不能完全信任。

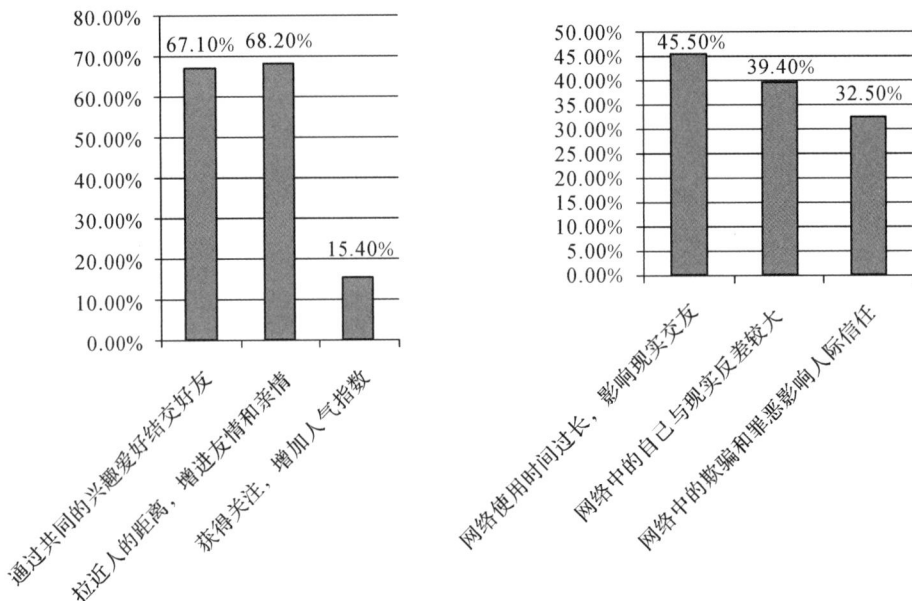

图 1　被测试大学生群体对于网络社交的积极影响和消极影响的评价

从人际关系状况不同的学生相互比较情况来看,人际关系状况良好的同学,更认同网络社交有利于结交新友,拉近人与人之间的距离;人际关系状况不佳的同学中,更多的同学(23.1%)认为网络社交有利于获得更多关注。人际关系状况良好的同学中,更多的同学认为网络使用时间过长会影响现实交友;人际关系状况不佳的同学,则更多地认为网络社交中的自己与现实差距较大,反而增加了孤独感(见表3)。

表 3　人际关系状况不同的学生对于网络社交的态度比较

	人际关系状况良好	人际关系状况不佳
通过共同的兴趣爱好结交新友	67.7%	53.8%
拉近人的距离,增进友情和亲情	68.8%	53.8%
获得关注,增加人气指数	15.1%	23.1%
网络使用时间过长,影响现实交友	45.9%	38.5%
网络中的自己与现实反差较大,反而增加了孤独感	39.1%	46.2%
网络中的欺骗和罪恶影响人际信任	32.6%	30.8%

(三)大学生网络社交的动机分析

数据分析结果显示,调研学生群体中,超过 50% 的学生进行网络社交的动机是获得就业方面的信息,结交与自己兴趣相投的人,获得与自己工作兴趣或日常生活密切相关的动态信息,寻找难以找到的信息和产品,以及把电脑看作学习生活的工具(见表4)。

表4　大学生网络社交动机频率分析

序号	动机描述	频率
1	获得就业方面的信息	60.5%
2	结交与自己兴趣相投的人	59.9%
3	获得与自己工作兴趣或日常生活密切相关的动态的信息	56.9%
4	寻找难以找到的信息和产品	53.8%
5	电脑更多是学习、工作和生活的一种工具	52.4%
6	找朋友聊天,寻找感情慰藉	49.1%
7	询问学习问题	47.8%
8	获得有关某个地方(家乡、城市、风景区等)的信息	46.6%

　　男生与女生的网络社交动机有所差别。女生最主要的网络社交动机是依据兴趣结交好友,获得动态信息;男生最主要的网络社交动机则是寻找难以找到的信息和产品。获得就业信息则是男生和女生都普遍存在的网络社交动机(见表5)。

表5　不同性别大学生网络社交动机差异性比较

性　别	网络社交动机	频　率
女生	结交与自己兴趣相投的人	62.1%
	获得就业方面的信息	58.7%
	获得与自己工作兴趣或日常生活密切相关的动态信息	57.3%
男生	寻找难以找到的信息和产品	59.6%
	获得就业方面的信息	58.6%
	结交与自己兴趣相投的人	56.6%

(四)网络社交与大学生个体性格和归属感的关联性

1. 内外向个性与大学生网络社交行为的关联性

　　自我评价偏内向的学生比偏外向的同学更喜欢使用即时聊天工具(分别为87.1%和71.8%)。在微博空间、网络游戏和观看平台的使用比例上,偏外向的同学使用比例都明显高于偏内向的同学。

　　在网络社交动机方面,个性偏内向的学生中,55.3%的学生通过网络社交询问学习问题,比例明显高于性格偏外向的学生;在"为了获得与自己工作兴趣或日常生活密切相关的动态的信息""电脑更多是学习、工作和生活的一种工具"两种网络社交动机选择上,个性偏外向的学生比例明显高于个性偏内向的学生(见表6)。

表6　内外向个性不同学生的网络社交情况比较

网络社交情况		偏内向	偏外向
网络媒介使用	聊天(QQ、微信)	87.1%	71.8%
	微博、空间、INS等	32.9%	57.7%
	观看平台(网络直播、弹幕、抖音等)	44.7%	45.1%
	网络游戏及平台	36.5%	42.3%
网络社交动机	询问学习问题	55.3%	31.5%
	为了获得与自己工作兴趣或日常生活密切相关的动态的信息	51.7%	67.2%
	电脑更多是学习、工作和生活的一种工具	45.9%	60.0%

2.个体心理归属感与大学生网络社交行为的关联性

由表7可以看出,被测试大学生群体的个体归属感与动机1(心情不好、孤独寂寞时宣泄情绪)和动机12(做微商,赚取一定的生活补贴)显著负相关,也就是说,被试大学生群体自我感觉心理归属感越强,他们通过网络社交以排解孤独情绪的动机就越弱,通过网络社交做微商的动机也越弱。

被测试大学生群体的个体归属感与其他11项网络社交动机显著正相关,也就是说,被测试大学生群体自我感觉心理归属感越强,他们希望通过网络社交发表个人见解、结交兴趣相投的好友,获得就业、日常生活信息,询问学习问题、商讨社团活动的动机也越强。

表7　个体心理归属感与大学生网络社交行为的相关性分析

序号	网络社交动机	个体心理归属感	Sig.(2-tailed)
1	心情不好、孤独寂寞时宣泄情绪	-0.204**	0.001
2	询问学习问题	0.197**	0.001
3	发表个人见解	0.198**	0.001
4	咨询不同网站的信息	0.201**	0.001
5	获得有关某个地方(家乡、风景区等)的信息	0.182**	0.002
6	证明自己与时代潮流为伍	0.168**	0.004
7	结交与自己兴趣相投的人	0.284**	0.000
8	寻找难以找到的信息和产品	0.270**	0.000
9	获得就业方面的信息	0.332**	0.000
10	获得与自己工作兴趣或日常生活密切相关的动态信息	0.260**	0.000
11	电脑更多是学习、工作和生活的一种工具	0.300**	0.000
12	做微商,赚取一定的生活补贴	-0.196**	0.001
13	商讨社团活动或学生工作	0.307**	0.000

四、总结与讨论

(一)被测试大学生群体网络社交的总体情况

本次调研的大学生群体中,每天上网时间在 1 个小时以内的学生仅为 6％,这也与大数据的结果是一致的,即青年学生不仅是网络使用的主力军,而且每天使用网络的时间普遍较长。超过 60％的学生网络社交以熟人为主(70％以上)。社交对象主要是好友、家人、老师、同学;但有近三分之一的学生网络社交对象并不仅仅局限于熟人(熟悉度低于 50％)。从网络社交的流行主题来看,大学生比较多的是讨论分享兴趣爱好、生活琐事以及未来的发展。学生每天在网络上花费的时间是否与学习、锻炼等其他时间有冲突,网络社交与陌生人的交集程度都有待于进一步的探讨。

从网络社交媒介的使用情况来看,即时聊天工具仍然是大学生群体中最流行的网络社交工具。网络游戏平台的使用比例与其他研究报告类似,基本在 30％左右变化。近几年出现的直播观看平台,特别是抖音,在当前的学生群体中使用也非常普遍(36.6％)。

被测试大学生群体最主要的网络社交动机是获得就业信息,结合大学生网络社交的流行主题也包括未来发展,说明大学生网络社交行为与他们的就业取向是紧密相关的。另外,超过一半的学生进行网络社交的目的是希望结交知心友人,以及把网络看作获得各类必要信息的主渠道。

(二)大学生网络社交行为的性别差异

除了即时聊天工具以外,女生更多使用微博、INS 等,男生更多使用网络游戏及平台,女生使用网络游戏平台的比例仅为 25.1％。网络社交动机也存在性别差异。女生最主要的网络社交动机是依据兴趣结交好友,获得动态信息;男生最主要的网络社交动机则是寻找难以找到的信息和产品。已有研究发现可以解释这一现象。人们会把他们在现实生活中的某些心理行为活动在互联网中反映出来。女性和男性在使用社交网络上的差异是因为女性希望通过分享她们的生活来提高与社会的连接度,男性则更倾向于评价与某个社团的关系。

(三)大学生网络社交行为对现实人际交往的影响

调研结果显示,绝大多数学生认同网络社交对现实中的人际交往是有促进作用的,积极的影响是方便结交有共同兴趣爱好的新朋友,还能拉近人与人之间的距离,从而增进友情和亲近感。还有近 40％的同学认为网络社交要有所警惕,消极影响主要是网络使用时间过长,以及虚拟世界中的自我与现实自我有差距;近三分之一的同学认为网络社交存在一定的欺骗性。

对于网络社交的积极影响,不同人际关系状况的同学有不同的评价。人际关系状况良好的同学,更认同网络社交有利于结交新友,拉近人与人之间的距离;人际关系状况不佳的同学中,更多的同学认为网络社交有利于获得更多关注。人际关系状况良好的同学中,更多的同学认为网络使用时间过长会影响现实交友;人际关系状况不佳的同学,则更多地认为网络社交中的自己与现实差距较大,反而增加了孤独感。

(四)大学生内外向个性特征与心理归属感及网络社交行为的关联性

从网络社交媒介的选用上,自我评价偏内向的学生更喜欢使用即时聊天工具;偏外向的同学在微博空间,网络游戏和观看平台使用的比例上都明显高于偏内向的学生。在网络社交动机方面,偏内向的学生更习惯使用网络媒介询问学习问题;更多偏外向的学生把"电脑看作学习、工作和生活的一种工具",并习惯使用网络媒介"获得与自己工作兴趣或日常生活密切相关的动态的信息"。

从心理归属感的关联性分析结果来看,心理归属感对大学生网络社交动机有一定的影响。自我感觉归属感越强,通过网络社交以排解孤独情绪的动机就越弱,但希望通过网络社交发表个人见解、结交兴趣相投的好友,获得就业、日常生活信息,询问学习问题、商讨社团活动的动机就越强。

说明大学生内外向个性特征与其网络社交行为存在一定的关联性,具体的作用途径还有待于进一步的研究。

[参考文献]

[1] 迟新丽.大学生网络社交动机问卷编制及相关问题研究[D].重庆:西南大学,2009.

[2] 张培瑶.大学生网络人际关系依赖实证研究[D].大连:大连理工大学,2017.

[3] 龚亚飞.大学生性格内外向、归属感与线上社交网络使用的关系研究[D].贵阳:贵州师范大学,2016.

[4] 王芳.网络交往工具对大学生人际交往的影响研究[D].吉林:长春工业大学,2015.

高职学生幸福感指数分析与提升策略

（浙江汽车职业技术学院　丁潇潇）

[摘　要]习近平在党的十九大报告中指出："不忘初心,方得始终。中国共产党人的初心和使命,就是为中国人民谋幸福,为中华民族谋复兴。"让人民过上更加美好幸福的生活,是党不断前进的根本动力,也是党的努力方向。作为社会主义建设者,高职院校学生的生活、学习以及将来的工作是否幸福,事关社会和谐、人民幸福、国家富强。因此,关注高职学生的幸福感,是贯彻与执行党的十九大精神为中国人民谋幸福的重要举措之一。

[关键词]党的十九大;高职学生;幸福感

2017年10月18日,中共中央总书记习近平在党的十九大在报告中指出："不忘初心,方得始终。中国共产党人的初心和使命,就是为中国人民谋幸福,为中华民族谋复兴。"随着时代的进步,我国的社会矛盾已经转变为人民对美好生活的向往与不平衡不充分的发展之间的矛盾。可见,让人民过上美好幸福的生活,这是党不断前进的根本动力,也是党的努力方向。

在当今这个时代,幸福俨然已经成为主题,是人人追求的目标。高等职业院校是高等教育的重要组成部分,是国家一线工人的"培育基地",其职能是为我国培养合格的社会主义现代化建设者。而合格的建设者不仅要有坚定的信念、勤奋的态度、较好的素质、健康的身心,还要有幸福生活的能力。

作为社会主义建设者,高职院校学生的生活、学习以及将来的工作是否幸福,事关社会和谐、人民幸福、国家富强。但是很多实践研究证明,高职院校的学生与普通高校的大学生相比较,幸福感指数存在着显著差异,且前者明显低于后者。导致这种现象的出现主要原因有:前者自我认知异化、专业喜好不明、缺乏积极向上的职业态度。基于以上几点原因,高职院校学生缺少进步的动力,在人生道路上迷茫前行,从而也降低了他们的幸福感。

本文获浙江省高职院校党建研究会2019年年会论文二等奖。
[作者简介]丁潇潇,浙江汽车职业技术学院助教,主要研究方向为思政教育。

一、探讨分析高职院校学生幸福感指数偏低的成因

(一)自我认知异化大大降低了学生对幸福的体验能力

高职学生是一个特殊的群体,他们以"90后"为主体,且大部分都是独生子女,从小物质生活充裕,长辈对其宠爱有加,他们养成了衣来伸手、饭来张口的生活习惯,缺乏思考人生的主动性,同时又以自我为中心,不擅长听取别人的意见。另外,他们经历过高考的失败,绝大部分学生都以较低的分数进入高职院校的校门,在学习和生活中都夹带着自卑的心理、焦虑的情绪,自信心不足、缺乏积极的心态,同时学习目标也不够明确,考试时抱着"60分万岁,多一分浪费"的心态,学习和生活都得过且过。除此之外,高职学生的大学生身份社会认同较低,就业也面临着较大的压力。诸多主客观因素强化了高职学生自我认知异化,大大降低了他们对幸福的感知能力和体验能力。

(二)专业喜好不明确导致盲目选择专业后在学习过程中获得幸福感的概率降低

大部分"90后"的高职学生任何事都是父母为其包办,于是这代人对父母有着较强的依赖性,连上大学要选何种专业都是父母拿主意甚至是说了算,再加上父母在替孩子选择专业的时候目光不够长远,只考虑职业本身的社会地位和实际收入以及工作辛苦与否,完全忽略学生实际情况,而学生自身也忽略内心的真实意愿,对自己的将来完全不在乎,一切都听命于父母的安排。因此,进入校门真正接触所学专业那一刻开始才知道自己并不喜欢这个专业,当内心对所学专业产生排斥之后,就无法真正做到快乐地学习,于是很多学生对所学专业的满意度低,甚至产生厌学、退学的念头,完全感受不到学习过程所带来的幸福感。

(三)缺乏正确的职业理想导致职业幸福感缺失

俗话说:"三百六十行,行行出状元。"缺乏正确的职业理想,人生职业定位就不准确,容易产生偏差。在大部分"90后"的家庭中,一方面,孩子从小生活在父母对物质财富狂热追求的环境里,耳濡目染,潜移默化;另一方面,成人世界诸多不良风气对学生产生负面影响,很多学生在职业选择这一问题上,普遍认为拥有广泛的人脉关系,赚取更多的物质财富,职业幸福感指数才会更高,于是他们内心在选择职业的时候会更倾向于满足这些条件的职业。同时,部分学生缺乏责任心,在校期间抱着"做一天和尚,撞一天钟"的消极心态,学习上奉行不积极、不主动、不努力的"三不"原则,注重短期利益。毕业时才知道自己一无所长,根本适应不了激烈的就业竞争环境,于是当他们面对"毕业就等于失业"的魔咒时,为了生活不得不选择完全与自己内心相背离的职业,此时就更加感受不到职业所带来的幸福感。这种职业幸福感缺失的原因是他们并没有意识到选择正确的职业理想是多么的重要,有了正确的职业理想才有科学的职业生涯规划,规划好之后不断向目标努力,从而为自己的人生增加幸福的筹码。

学校可以针对以上几个原因采取一些有效的措施:多管齐下,建设幸福校园文化;树立

人生理想,增加幸福砝码;提升职业能力,铺就幸福职业路。

二、提高高职学生幸福感指数的有效措施

(一)多管齐下,建设幸福校园文化

校园文化作为一种客观存在的元素,不管人们是否意识到它的存在,它依然作为一种独特的文化形态伴随着学校出现而产生,并通过各种方式在高校中发挥着作用,同时直接或者间接影响着社会的发展。高职院校的校园文化是高校特有的一种文化,从本质上讲也是大学校园文化的重要组成部分,它是通过显性的物质文化、制度文化、行为文化以及隐性的精神文化,对高职学校的学生发挥着重要作用。因此,针对高职院校学生自卑、心理脆弱、抗压能力差、价值观扭曲,没有奋斗目标的同时又找不到幸福感的现状,在高职校园中营造一种和谐幸福的校园文化,等于在学生的成长过程中注入一针强心剂,促使他们顺利成才。笔者作为高职院校的一名教职工,认为可以从以下几个方面入手去建设幸福的校园文化,使学生在校园文化的熏陶下成长为健康积极向上、自信乐观、有较强幸福感的人。

让校园环境更具有人性化。校园环境是一种显性的校园文化,发挥着规范和制约学生行为的作用。在营造校园环境过程中,学校需要注意的是秉承"因地制宜"和"因校制宜"这两大原则,在校园整体布局和设计中将学院特有的文化元素融入其中,让人从中感悟到学校特有的理念和精神。此外,让建筑物兼具使用功能和审美功能,力求做到教学设施和生活设施上的完善,校园环境中的软件和硬件要共同发展,学校中的各种建筑和设施要做到布局科学合理,同时将实用性、艺术性和教育性融于一体,最大限度地发挥校园文化的德育功能。这样一个具有人性化的校园环境,学生身在其中定会感受到那份贴心的温暖,无论是在学习还是生活中都能寻找到归属感,这是他们获得校园生活幸福感的基本条件。

让课堂更具人文情怀。这里的"课堂"不仅是指上课的课堂,还包括上课以外的实践活动课堂。有研究证明,人的幸福感和本身的自信心有很大关联性,自信心越强,幸福感就越强。高职学生和普通高校学生相比,前者的自信心明显弱于后者。因此,高职院校更应该重视打造人文环境,营造人文课堂,帮助学生认识自我,增强自信心。首先,学校应大力倡导构建和谐融洽的师生关系。和谐融洽的师生关系是提高课堂效率的基本要求和关键所在。在和谐融洽的师生关系中,教师在上课过程中传达出其本身的德行、才学、见识、能力等人格魅力,这些都会对学生产生潜移默化的影响,有的甚至是终身的影响。其次,学校要加强社团建设。社团在学校教育教学活动中扮演着重要角色,是高职院校中实践教育不可分割的一部分,学校应从素质教育的高度上看待发展社团的重要性意义。比如在经济条件允许的情况下,必须要保障社团正常运作和发展的专项资金充足,以及社团所需的人力和物力。社团要有一个正确的发展方向,必须坚持走高雅幸福的校园文化路线,更要强调社团活动必须具有思想性、新颖性、先进性,突出新时代的特征。

总之,不论是和谐的师生关系还是加强社团建设,学生都能从中感受到学校赋予的人文情怀,在这个过程中找到自信心,感受到因为自信而带来的幸福感。

(二)树立人生理想,增加幸福砝码

理想是人生的坚实支柱,是获得幸福的基石,如果一个人失去了生活的理想,精神也会随之而崩塌,那就更没有幸福可言。因此,理想是幸福必不可少的一部分,要想拥有幸福,得先有一个正确的人生理想,因为正确的人生理想是激励人们去行动、去实现目标的强大内在动力。高职院校的学生更需要有一个正确的人生理想作为努力的支撑点,给获得幸福添加一份保障,增加一点动力。学校也应该帮助学生树立正确的人生理想。比如,我们可以将职业生涯课程和心理健康教育课程相结合,将两者在课程内容上交叉进行,在课程评价上做到彼此关照,在教学方法上有机整合。心理健康教育通过普及健全人格教育、情感教育、自我教育、沟通教育等方面来提高学生的心理健康水平,增强其心理素质。基于心理健康教育课程内容,职业生涯教育应该积极引导学生学会正确认识自我,并考虑自身的发展水平、兴趣方向、理想信念、能力以及个性特征等,合理制订适合自身的发展计划,树立正确的人生理想,为在校期间以及走上社会时获得更多的幸福做出努力。

(三)提升职业能力,铺就幸福职业路

幸福并不是单纯地指在物质上获得的快乐享受,更不是静态的心理过程,而是一种在孜孜以求、不断进取的努力过程中获得的动态精神体验。那么,幸福到底是什么?也许几万个人有几万种的解答。对于高职学生来说,面对激烈的就业竞争,毕业时能够顺利就业就是一种幸福。学校应该将学生就业生存问题摆在至关重要的位置上,要不断提升学生在校期间的职业能力,帮助他们顺利地走上幸福职业路。比如,浙江汽车职业技术学院在这一方面做得比较突出,该学院以就业为导向,每学年都会安排学生到吉利豪情汽车制造有限公司生产线去实习,校内也有足够数量的真车供学生学习使用,学院将工学结合作为高职培养人才的重要教学模式。校内开设的专业与社会发展需要紧密结合,同时根据社会不同的需求进行调整,调整的范围包括职业标准、岗位标准等,并将这些标准融入学生日常的学习过程,尽可能使学生在校期间所学的课程与企业用人标准相一致,大大提高学生的就业率。

党的十九大报告中指出,中国共产党人的初心和使命,就是为中国人民谋幸福,为中华民族谋复兴。关注高职学生的幸福感,是贯彻与执行党的十九大精神为中国人民谋幸福的重要举措之一。

[参考文献]

[1] 马露奇,黎利云.民办高校校园文化建设路径浅析[J].当代教育论坛(管理研究),2010(12):117-119.

[2] 陈毅军,毛力元.民办高校大学生幸福感与自我概念、生活事件的相关研究[J].教师,2009(23):119-120.

[3] 胡盛华.民办高校与公办高校大学生主观幸福感之比较研究[J].教学学术月刊,2009(12):31-32.

[4] 何琳,牛洁.对民办高校校园文化建设的思考[J].教育与职业,2009(24):52-53.

［5］宣萱.高职院校学生自我认识异化的原因以及解决途径［J］.文教资料,2013(6)：129-130.

［6］方泽强,刘星.对民办高职院校校园文化的新思考［J］.现代教育管理,2010(10):87-90.

（原题为《践行"十九大精神"——高职学生幸福感指数偏低的原因》,刊载于《长江丛刊》2018年第13期）

基于信息技术的高职学生职业
意识培养策略探讨

(宁波城市职业技术学院　　周秋江)

[摘　要]信息技术对于职业意识的培养有着与众不同的优势,一是有助于驱动职业意识培养方式的变革,二是有助于拓展职业意识培养路径,三是有助于丰富职业意识培养的课程与教学资源。基于这些优势,建议高职院校做好三方面工作:一是开展基于信息技术的课堂教学,培育高职学生积极的职业认知;二是建构网络互动服务平台,引导学生在理论学习和实践反思中增强职业认同感;三是建设校企行业三方联动的智能化实训基地,促使高职学生在职业体验中明晰就业方向。

[关键词]信息技术;高职学生;职业意识

随着经济社会的转型升级与产业结构的调整优化,用人单位越来越重视人才培养质量与岗位的契合度,希望高职院校能够培养出大量具有强烈岗位意识的技能型人才。此类人才的核心是具备与所从事岗位相匹配的职业意识。身处信息时代,对于高职院校来说,培养学生的职业意识,应该充分运用信息技术手段,使之变得更加灵活与便捷。

一、高职学生职业意识培养的实践困境

职业意识是人们在职业选择与定向过程中,通过学习或实践形成的关于某类职业的方法和价值的认识、评价、情感、态度的反映。[1]对于高职院校学生来说,职业意识具体包括对职业目标、职业责任、职业精神以及就业取向的理论认知与实践认同,直接影响高职学生的职业价值和职业选择。培养学生的职业意识不仅有利于加深其对所学专业的认知,还有利于其形成正确的就业观和择业观。但就当前我国高职教育的现实情况来看,高职院校学生的职业意识培养在利用信息技术方面面临着诸多困境。

本文获浙江省高职院校党建研究会2019年年会论文二等奖。
[作者简介]周秋江,宁波城市职业技术学院后勤服务中心主任兼直属党支部副书记,副研究员,主要研究方向为教育管理。

(一)对利用信息技术手段开展培养工作的重要性认识不足

近年来,国家明确提出了"大众创业,万众创新"的重要战略,旨在激发全社会的创新创业潜力,以形成国民经济增长的新亮点。在此过程中,高职院校在大力推进创新创业教育的同时,也开始重视影响创新创业教育质量的职业意识方面的培养工作。譬如将职业意识方面的内容融入相关的创新创业课程,在一些专业课程中渗透职业意识教育。然而,在职业意识培养的策略与技术手段等方面,高职院校和教师并未给予特别的关注,尚未充分认识到信息技术手段对于职业意识培养的重要作用。很大程度上,高职院校仅仅将信息技术作为一种课程教学的辅助工具,远没有达到将信息技术作为核心技术融入职业意识培养各个阶段的高度,如重在开发一些用于职业意识培养的小程序,提供一些网络学习资源等。在此影响下,教师主要停留在初步应用简单的信息技术手段的水平上,还没有将两者进行深度整合,以此促进高职学生的职业意识。

(二)培养职业意识的课程缺少相关技术平台支持

现阶段,高职院校的职业意识培养主要内嵌于"职业生涯与就业课程"等内容中,仅作为创新创业教育的部分内容而存在,并未真正凸显其应有的地位。在调查中发现,当前的高职职业意识、职业素养等内容的教育确实尚未成为规范的课程,职业意识教育的教学内容主要归属于就业指导体系当中,作为学生实现就业、择业的辅助,学校缺乏规范系统的职业意识教育。[2]即使安排了针对职业意识培养的专门课程,也往往忽视与之匹配的技术平台建设。在极力推崇将实践信息技术融入课程的当下(如 MOOC 平台建设和微课教学的兴起),为职业意识的培养以及创新创业课程提供相适应的技术平台却很少见,更多的是面向创新创业教育的网络课程与混合式教学,尚未见到专门用于职业意识教育教学的融师生沟通、课堂教学、案例与作业分享、课程评价为一体的信息技术平台。

(三)职业意识教育的教学信息化程度低

职业意识教育可以通过专门的课程来实施,也可以在创新创业类课程和专业课程中进行渗透。不管采用何种方式,教师的教学方式直接影响职业意识培养质量。问题是大部分教师很少考虑学生养成职业意识的特殊性,即需要通过情境体验来习得,所以往往像其他课程教学那样以传统的 PPT 为主,基本不创设新的教学媒体与技术环境,也不借助信息技术创设或模拟各种教育情境。总的来说,从事职业意识教育的教师利用多样的信息技术手段开展教学的能力较差,特别是将关乎职业意识培养的问题情境进行信息化处理与呈现的能力明显不足。

二、培养职业意识的信息技术优势

上述困境,归结起来,就是高职院校没有充分意识到信息技术对于职业意识培养的重要性,或者说,对将信息技术融入职业意识培养过程的工作不重视、不作为。事实上,信息技术对于职业意识的培养有着与众不同的优势,主要表现在三个方面。

(一)信息技术有助于驱动职业意识培养方式的变革

信息技术作为推动人类社会发展的新技术,旨在通过建立多元的信息传播终端来提升和扩大信息的社会辐射面。人类社会的发展始终保持目的和手段的融合,信息技术在教育领域的应用就是信息技术和知识形态的有机结合。[3]随着信息时代的到来,知识与信息技术的融合愈加紧密,在此过程中,随着知识探索的深入,开发出了众多全新的信息传播技术,新的信息传播技术又给知识的创造和传授增添了新方式。

一方面,信息技术推动职业意识的教学方式变革,促进教学优化。没有信息技术支持的教学,受制于场地和工具,往往以说教为主的方式传授职业意识,不太受学生欢迎。信息技术的兴起,新型的教学工具不断涌现,如电子课本、电子书包、电子白板、在线学习平台等,为教学方式的多样化提供了物质基础,使教学不再局限于教室,可以做到线上线下相结合。如此一来,职业意识的教学可以融入学生的日常实践中,既拓展了教与学的范围,又使教学方式更贴近学生,也容易被学生接受。

另一方面,信息技术可以增强学生对职业意识学习的兴趣及效果。职业意识的教学,借助多样化的信息技术手段、工具和平台,可以将职业意识的具体内容变得形象而丰富,特别是可以模拟创设一些仿真情境,让学生身处其中,在自主探究和合作探索中习得职业意识。在某种意义上说,信息技术为革新传统教育模式提供了新契机,为以教师为主导的差异化教学和以学生为中心的个性化学习提供了有力支撑,激发了学生学习职业意识的积极性。

(二)信息技术有助于拓展职业意识培养路径

信息技术是市场经济推动科技发展的结果,它代表着人类生产工具的进步,是具有前瞻性和效率性的工具,将信息技术与职业意识培养相结合能够拓展职业意识培养的范围和影响,为职业意识培养提供新路径。在培养的时空上,信息技术改变了以往只局限于教室的职业意识教育,让职业意识培养更加多元化,摆脱了时间和空间对培养的限制。教师依托多媒体设备,广泛运用信息资源与信息技术实现教学的互动。[4]

在培养内容的理论与实践互动上,变得更加圆融和紧密。职业意识培养的重点是让学生在理论学习和实践操作相结合的过程中,树立正确而恰当的职业观和从业岗位意识。在信息技术的支撑下,理论与实践的对话变得容易而便捷,因为它能够以更加生动、鲜活、贴近生活的方式将职业观、从业意识与实践场域轻而易举地联系起来,让学生在实践中认识自我,合理定位自我以及岗位需求。

在培养主体上,变得更加多元。信息技术拉近了职业意识培养与市场的距离。立足市场,才能让高职院校真正了解经济社会的人才需求,并以此为依据开展更具指向性的职业意识培养和就业指导。在促进职业意识培养与信息技术融合的过程中,职业意识培养的课程设计、教学内容能够尽可能多地汇集各方意见,教师、学生、企业等主体可以运用信息技术媒介,充分参与高职学生的职业意识培养。

(三)信息技术有助于丰富职业意识培养的课程与教学资源

现代信息技术在某种程度上为职业教育资源的配置与调控创造了一定的条件。信息技术所带来的改变已经超越了传统职业教育的时间与空间限制,打破了地区间、院校间、学科间的固有隔阂,让政府、企业和高校都能实现资源的顺畅流通。因为基于信息技术所建立起的联合资源库,是以数据的形式呈现的,它不受地域和时间的限制,能够在传播媒介的支持下自由共享。资源的流通,使得职业意识培养所需要的课程与教学资源变得日益丰富,建设职业意识资源库也成为可能。这样的资源库,多方面、全方位地汇集来自政府、社会和高校的各类资源,运用信息技术传播途径,高效地服务于职业意识培养。比如传统课堂的课程与教学资源主要源于教师对职业意识的理解以及所形成的经验,或者主要源于书本知识,有了信息技术的支持,教与学的内容呈现出全新的状态,不再局限于经验与教材,延伸至现实领域,甚至未知领域,教学资源的类型也变得多样,网络化、虚拟化、形象化的资源触手可及。

三、高职学生职业意识培养的信息化策略

基于信息技术在职业意识培养方面的优势,我们应该在课堂教学、平台开发和资源建设等方面有所作为,实现职业意识教育与教学信息化,让高职学生在信息化浪潮中牢固树立与未来就业岗位相一致的职业意识。

(一)开展基于信息技术的课堂教学,培育高职学生积极的职业认知

信息技术为高职院校的职业意识培养开辟了新途径,以信息技术为媒介支撑、以学生为主体、以教师为引导核心,才能构建起以课堂为主渠道的系统化的职业意识培养。前提是要有相应的课程作为支撑,高职院校要重新整合校内的教学资源,设计与职业意识培养相关的课程体系,如建构以就业指导、职业生涯规划、创新创业教育等为核心的课程群。以课堂作为主渠道实施这些课程,不仅要加强网络课程建设,为学生的课外学习提供空间,而且更为重要的是充分利用各种信息技术手段,加强对职业意识教育内容的设计,让学生能够对职业和就业有直观的认识,能从职业素养出发全面提高学生对于未来职业发展的掌控。在信息技术环境下,职业意识培养的内容不再局限于课本,已延伸至互联网,并以多元化的形式呈现。在构建以课堂为主渠道的职业意识培养时,高职院校要将课堂教学与课外学习紧密联系,夯实学生对职业意识的理论认知。与此同时,要通过互联网和多媒体技术,给予学生更多的课外学习资料,并鼓励学生充分运用这些便捷的技术提高自己对职业目标和责任的理论认知。当然,教师作为职业意识培养的主导者,要创新出能够适应信息技术时代的教学方法,通过因材施教、启发诱导、网络教学等形式,提高学生学习兴趣和对职业意识重要性的认识。

(二)建构网络互动服务平台,引导学生在理论学习和实践反思中增强职业认同感

当职业意识的学习变成学生自主而为的事,那么职业意识的养成就指日可待了。构建网络互动服务平台,引导学生加强自主学习,就显得十分重要和必要。网络互动服务平台是以网络为基础,在虚拟环境下,搭建起涵盖教师、学生和市场主体的多功能学习平台。建设这样的平台,要以学生需求为依据,提供丰富的学习资源,随时应对学生的各种学习问题与

困惑,凸显服务与互动功能,实现理论学习与虚拟实践相结合。在这一平台中,高职院校要及时更新学习资源,将大量高质量、有针对性的职业意识教育课程、实践案例、视频、操作工具等上线,提高线上职业意识教育内容的丰富性。同时,要为学生在网络上提出各种问题答疑,提供指导和服务,最大限度地激发学生自我学习和自我提升的潜力。

基于网络互动的职业意识培养平台,为学生提供了一个相对自由宽松,却又具备知识性、技能性的学习空间。学生可以在不同的时空范围里,进入平台,选择适合自己的课程与实践案例,开展针对性的学习,遇到问题可以即时得到专业人员的帮助。这样一来,学生的学习不再是一件枯燥或无趣的事,而是一次与职业意识对话的旅程,通过实践反思,认清自己的职业意识是否有问题,是否需要更新,进而增强对职业的体认和自我的职业认同感。

（三）建设校、企、行业三方联动的智能化实训基地,促使高职学生在职业体验中明晰就业方向

高职教育校企合作是一种充分利用学校和企业两种不同的教育环境与教育资源,将学生的课堂学习和实际顶岗工作实践有机结合,以全面提高学生的应用能力和就业能力,提升学生的综合素质,培养适合用人单位需要的技术型、实践型、应用型人才的教育模式。[5]对于利用信息技术培养高职学生的职业意识来说,这种模式要发生一些变化,一方面要让行业协会参与进来,形成学校、企业与行业协会三方联动机制;另一方面需要三方联动建立智能化的实训基地,让学生在实践操练中进一步认清职业责任和应具备的职业精神。实训基地的重点在于智能化,做到"开放、共享、动态管理"。所谓开放,就是学生的职业意识培养向企业和行业开放,允许不同主体保留对于职业意识的不同意见,在协商中,明确学生在实训过程中能达成的职业意识内容,如强调职业责任、奉献精神和合作意识等。共享主要针对高职学生在实训过程中所产生的各类教育实践信息,实现三方共享,鼓励三方基于不同的立场,开展对话,提供改善建议,共同培育学生的职业意识。动态管理是运用信息技术手段对学生的实训过程和结果进行处理,不断生成关于职业意识方面的各类信息,实时监督和调控学生的职业体验与实践,引导每一个学生树立与职业岗位相匹配的职业意识。

这样的实训基地,推动高职院校和企业之间的人才流动、资源流动、经验流动,让学生在这些流动中洞悉自己的职业目标和需求,明确择业或就业方向,能够以最快的速度适应未来的职业岗位。正是因为有了信息技术,这样的实训基地,才有可能成真,也正是信息技术的这些魅力,我们才选择它作为职业意识培养的切入口,或者说是"阿基米德点",进行讨论和建构。

[参考文献]

[1] 王证之.21世纪职业意识内涵研究述评[J].职业与教育,2010(15):19-21.

[2] 刘靖怡.高职院校学生职业意识教育研究[D].桂林:广西师范大学,2014:11.

[3] 郭东坡,张昭理,舒江波,等.信息技术环境下现代知识传播方式的建构[J].中国教育信息化,2016(5):22-25.

[4] 杨宗凯,杨浩,吴砥.论信息技术与当代教育的深度融合[J].教育研究,2014(3):88-95.

［5］唐国华,曾艳英,罗捷凌.基于资源依赖理论的高职教育校企合作研究［J］.高等工程教育研究,2014(4):174-179.

高职院校中华优秀传统文化育人 平台建设的实践探索

（浙江经贸职业技术学院　熊　芊）

[摘　要]高等职业教育作为我国高等教育体系中的重要组成部分,必然要积极发挥文化育人的作用。面向高职生开展中华优秀传统文化育人工作有利于培养其高尚的道德情操、积极的职业态度、良好的人格修养和强劲的可持续发展能力。近年来,浙江经贸职业技术学院不断加强中华优秀传统文化育人平台建设,通过推动中华优秀传统文化进课堂,开展形式多样的校园文化活动和社会实践活动,引导学生自觉学习传统文化,不断汲取优秀传统文化营养,从而形成强大的"文化场",营造了优秀传统文化育人的浓厚氛围。

[关键词]高职;传统文化;文化育人;实践

中华民族五千多年的文明历史孕育了优秀的传统文化,这是中国特色社会主义文化的重要来源之一,习近平总书记把中华优秀传统文化升华为"中华民族的基因""民族文化血脉"和"中华民族的精神命脉"。优秀传统文化对于丰富人的精神生活,提高人的综合素质,促进人的全面发展,形成良好的社会风尚,具有不可替代的作用。高校作为文化传播和创新的主阵地,理应担负起传承中华优秀传统文化的历史责任和神圣使命。同时充分发挥"以文化人,人文化成"的教化功能,积极培育大学生丰富的文化内涵和健康的人格修养。

高等职业教育作为我国高等教育体系中的重要组成部分,必然要积极发挥文化育人的作用。面向高职生开展中国传统文化育人工作有利于培养其高尚的道德情操、积极的职业态度、良好的人格修养和强劲的可持续发展能力。与本科院校学生相比,高职院校学生人文素养总体较弱,理应更需要中华优秀传统文化的熏陶。然而事实恰恰相反,当本科院校不断加大中华传统文化教育力度之时,高职院校在这方面的表现却不尽如人意。如何将优秀传统文化融入教育教学之中,增强文化育人的实效性,是目前高职教育界亟待解决的一项重要课题。

浙江经贸职业技术学院前身为浙江省供销学校,自1979年建校以来,始终坚持以育人为核心,以文化为引领,倡导用优秀的传统文化来培育学生的品德修养。尤其最近几年,构建了优秀传统文化育人的多元平台,通过推动优秀传统文化进课堂,开展形式多样的校园文化活动和社会实践活动,引导学生自觉学习传统文化,不断汲取优秀传统文化营养,从而形

本文获浙江省高职院校党建研究会2019年年会论文二等奖。

[作者简介]熊芊,浙江经贸职业技术学院副教授,主要研究方向为中国传统文化教育与教学。

成强大的"文化场",营造了优秀传统文化育人的浓厚氛围。

一、建设中华优秀传统文化课堂教学平台,完善学生的文化品格

(一)开设"中国文化概论"通识课程

受高职学制所限,专业课程、技能培训、顶岗实践等占去了学生的很大一部分学习时间,为了既能向学生普及优秀传统文化知识,又不影响正常教学进程,很多高职院校开设了"中国文化概论"通识课程来拓宽学生的文化视野。浙江经贸职业技术学院人文旅游系则将"中国文化概论"设置为会展管理与服务专业群平台课程。在课程实施过程中,坚持为专业课服务的宗旨,根据不同专业人才培养的实际需求,合理调整教学侧重点,选择相应的教学内容,使之更具有针对性和实效性,配合好专业课教学。例如,在会展策划与管理专业选择了"传统节庆文化""传统婚俗礼仪"等章节,而在文秘专业选择了"中国古代政治制度"章节,在酒店管理专业选择了"中国传统礼仪""中国服饰文化"等章节。这样更有助于学生学习和理解专业知识,体现出通识课程的实用性。

(二)在思政课和专业课程中融入传统文化元素

中国优秀传统文化包含了丰富的德育资源,比如"天下兴亡,匹夫有责"的爱国主义情怀,"刚健有为,自强不息"的积极进取心态,"见贤思齐,见不贤而内自省"的道德践履,"事莫明于有效,论莫定于有证"的求真务实精神,等等,大量的名言警句、崇高事迹、历史经验和教训都为高职院校思想政治课和专业课程提供了极为丰富的素材。浙江经贸职业技术学院思政课教师实行集体备课制度,在集体备课过程中,各位教师都会根据教学内容,有针对性地选择很多历史典故或古圣先贤的名言,透过中华优秀传统文化教育来实现文化育人的目标。学校对专业课教师提出了"课程思政"的要求,鼓励教师将优秀传统文化元素融入专业课教学过程当中,提升课程育人质量。

二、建设中华优秀传统文化校园活动平台,丰富学生的人文素养

校园文化活动是文化育人的重要载体。浙江经贸职业技术学院积极开展形式多样的活动,促进中华优秀传统文化与校园文化的有机结合,使校园文化活动更加鲜活、生动,充满吸引力。学生参加活动的主动性和积极性高涨,在活动现场常常出现人员爆满的状况。通过参加以传播优秀传统文化为主题的一系列校园文化活动,学生真切感受到中华优秀传统文化的独特魅力,在潜移默化中获得文化艺术熏陶与思想境界的升华。

(一)举办以弘扬中华优秀传统文化为主旨的校园文化活动

中华优秀传统文化充满了丰富的民族文化气质,体现了中华民族向善、和谐、沉静的民

族气质,浙江经贸职业技术学院在校园文化建设中非常注重融入中华优秀传统文化元素,充分发挥优秀传统文化在提高学生人文素养中的作用,真正达到文化育人的目的。学校连续多年举办了"中华经典诵读大赛""汉字英雄争霸赛""校园诗词大会""书画比赛""非遗知识抢答赛"等赛事活动,每项活动都在校内引起较大的关注,参赛人数和观众数都呈不断上升趋势。

学校是全国职业院校"传统技艺传承示范基地",在校园文化活动中积极探索构建具有职业院校特色和特点的优秀传统文化(非遗)传承发展体系,在教育普及、保护传承、创新发展、传播交流等方面协同推进并取得成果,将一些民间手工艺引进校园。保险161班张旭东同学是竹扇技艺的非遗文化传承人,学校特地组织开展古法制扇与扇面绘制DIY活动,吸引了大批学生踊跃参与。活动结束后,学生们又自发将一些优秀作品集中起来,开办了竹扇工艺展,进一步在校园内掀起竹扇工艺热潮;动漫171班章邵春同学自小跟随长辈学习剪纸工艺,并达到了较高的技艺水平,学校开展"纸为你,剪文化"主题趣味剪纸手工艺活动,在章邵春同学的讲解和指导下,学生们充分发挥创造力和想象力,剪出了许多精美的剪纸作品,切身感受到传统手工艺剪纸的魅力。

(二)邀请文化团体来校开展文化宣传普及活动

当前,一些大学生对中华传统文化缺乏认同感,主要原因是对传统文化的了解程度较浅,近距离接触的机会少,也就难有认同感可言。针对这种现象,教育部出台了关于推进高雅艺术、传统戏曲进校园的文件,突出以先进文化为导向,大力弘扬优秀传统文化,引领青年学生提高审美和人文素养,满足精神文化生活的需求,建设"向真、向善、向美、向上"的校园文化。浙江自古以来就是文化繁荣之地,而杭州更是中国历史文化名城,拥有非常丰富的传统文化资源。浙江经贸职业技术学院积极响应上级号召,邀请文艺团体来校举行文化艺术宣传普及活动,取得了十分显著的效果,受到了广大学生的热烈欢迎。

学校邀请浙江省博物馆来校开展"国宝活起来"校园宣讲会。省博物馆讲解员为此次活动做了充分准备,特地带着良渚文化玉琮、战国伎乐青铜屋等文物的复制品来到活动现场,向学生详细讲解了良渚玉琮、宁波万工轿、彩凤鸣岐七弦琴等精美文物。浙博古琴社团商羽社现场举办民乐古曲演奏会,为学生带来了一场难得的听觉盛宴。学校举办这次活动,使学生近距离地接触了悠久的历史文化,真正激发了学生热爱优秀传统文化的热情,7名学生已主动加入浙江省博物馆文物保护研究和文物讲解的志愿者团队。

除浙江省博物馆以外,杭州工艺美术博物馆也在学校开展了一场别开生面的"流动博物馆——非遗文化宣讲会",主题是古代汉族服饰文化和汉民族传统礼仪,通过丰富多彩的文艺表演和现场汉服展示,学生深深感受到中国作为"衣冠上国""礼仪之邦"的自豪感。

浙江有很多优秀的地方传统戏剧剧种,学生以前鲜有接触。为了让学生欣赏具有地方特色的经典戏曲,学校专门邀请浙江艺术职业学院青年实验艺术团来校举行绍剧专场演出,现场有1200余名师生观看了演出。舞台上,浙江艺术职业学院青年实验艺术团的演员们展示了绍剧一系列高难度的基本功,唱念做打有板有眼。高亢激越的唱腔、豪放洒脱的表演,博得了现场师生的阵阵掌声。《芦花荡》中由16岁的李岳成饰演的张飞豪气凌云,稳健的武戏更是让现场观众大开眼界。演出之后,艺术团还全面介绍了绍剧的历史、剧目、起源、唱调、艺术风格等,并邀请多名学生上台与表演者进行互动,学生直观体验了中华民族独特的戏曲文化,反响十分热烈。

三、建设中华优秀传统文化社会实践平台,增强学生的社会责任感

大学生社会实践活动,不仅是学生认知和了解社会的过程,也是增强学生社会责任感的过程。每到暑假,浙江经贸职业技术学院的学生们就活跃在全省各地开展社会实践活动。近年来,学校社会实践活动融入了越来越丰富的中华传统文化元素,大学生成为传播和弘扬优秀传统文化的使者和重要推手。

(一)传播中华家风文化

在中华传统文化中,家庭文化,尤其是家风家教文化,具有重要的伦理价值和独特的社会意义。家庭是国家的基石,是社会的细胞,是个体与国家、社会之间的重要连接点。家风严正则世风清正,家庭和美则社会和谐。浙江经贸职业技术学院认真贯彻落实习近平总书记"注重家庭、注重家教、注重家风"的重要讲话精神,以培育社会主义核心价值观为根本,以家风建设为重点,组织大学生社会实践小分队奔赴全省 14 个社会实践基地开展家风宣教活动,向居民赠送《孝经》《三字经》《颜氏家训》等中华传统文化经典书籍,开设"家风学堂",义务为居民阐释家风、解读家训,组织开展家风家训经典诵读会和手写家书等活动。在传播优秀家风家训文化的同时,大学生自身也受到了深刻的教育。

(二)弘扬民间传统文化

浙江经贸职业技术学院的大学生社会实践活动主要深入浙江农村,投入美丽乡村建设。部分社会实践基地盛行着一些民间传统技艺,这给参加社会实践的学生创造了学习和探究的机会。桐乡市河山镇是江南蚕桑文化的集聚区,也是国遗项目"含山轧蚕花"的保护地,社会实践小分队成员主动学习掌握传统的蚕桑技术,与当地村民共同参与蚕桑文化的保护。萧山花边技艺源自意大利威尼斯,20 世纪 80 年代曾经名噪一时,而如今出现后继乏人的局面,赴萧山的社会实践小分队成员向花边技艺传承人虚心请教,学习简单的挑绣针法,积极向身边的亲友宣传和介绍花边艺术。此外,学校社会实践小分队还参与了径山茶文化、油纸伞工艺、竹扇技艺等宣传、推广活动,产生了良好的社会效益。

[参考文献]

[1] 周利兴.试论高职院校文化育人与技能型人才培养结合的途径[J].思想战线,2013(S2):365-368.

[2] 裘永晓.剪纸抒情迎华诞[N].杭州日报,2019-05-07(11).

[3] 姚莉.寻访家风家训故事 体验古老蚕桑文化[EB/OL].(2019-07-02)[2020-08-24].https://txnews.zjol.com.cn/txnews/system/2019/07/02/031751129.shtml.

基于"互联网＋"视角下的大学生感恩教育微载体运用探析

（浙江金融职业学院　刘兆阳　钱利安）

[摘　要]新时代感恩教育是高校当下立德树人教育的重要部分。高校大学生感恩教育微载体是互联网技术发展的产物,是网络新媒体与大学生感恩教育融合的结果。高校要在清晰明确大学生感恩教育基本目标的基础上,开发感恩教育微课程平台,构建日常微教育、管理与服务平台,多路径挖掘感恩教育微载体的潜在功能。目前微载体在大学生感恩教育运用中存在平台功能待发掘、平台管理欠优化、平台资源需完善等诸多问题,高校要从完善监管机制、组建专业师资团队、线上线下活动密切结合等方面着手,加强对感恩教育微载体的有效利用。

[关键词]新媒体;大学生;感恩教育;社会主义核心价值观;"互联网＋"微载体

李克强总理在第十三届全国人民代表大会第二次会议上所做的《政府工作报告》中指出,要加快在各行业各领域推进"互联网＋"。[1]可见,"互联网＋"发展模式正在成为一种国家发展战略。作为深刻改变人们生活、交往、学习等方式的现代技术,互联网正在被更加深入地应用于高等学校教育等领域,并正在成为高等教育改革和创新的重要驱动力。微载体作为一种互联网环境下的新兴教育载体,正在被越来越广泛地应用于高校大学生的感恩教育工作中。大学生感恩教育微载体以微博、微信、微课程、微教学平台等形式为主,以互联网技术为依托,并日益在高校感恩教育中发挥着更切实的作用。

一、微载体对新时代大学生感恩教育的现实价值

依托微载体对当代大学生开展感恩教育是"互联网＋教育"的重要体现,也是让大学生明事理、会感恩的有效方式。

本文获浙江省高职院校党建研究会2019年年会论文二等奖。

[作者简介]刘兆阳,浙江金融职业学院助教,主要研究方向为高职思想政治教育。钱利安,浙江金融职业学院党总支书记,教授,主要研究方向为高职思想政治教育。

(一)感恩是新时代高校立德树人教育的关键

高等教育在培育传承感恩文化,构建社会主义核心价值体系的过程中发挥着重要的作用。[2]"立德"要求高校需要将德行作为人才培养的重要内容和基本步骤,而感恩意识就是大学生所应当具备的德行中的重要内容。"立德"不仅要立社会公德、职业道德、家庭美德,还要立个人品德。感恩意识作为个人品德的内容,是当代大学生必须要具备的基本素养,这也是新时代摆在高校思政教育工作者面前的一个严峻课题。

学会感恩是大学生要上的重要一课,感恩首先要感谢父母的养育之恩,其次要感谢老师的教导之恩,再次要感谢学校的培养之恩,最后还要感谢社会的关切之恩。感恩意识需要作为一种坚定信念深深融入大学生的头脑中,并印刻在大学生的心里,才能成为大学生自觉进行感恩实践的思想指引,否则便不能内化为大学生的意识自觉和实践自觉。

然而,现实的情形令人深思:越来越多的大学生不懂得什么是感恩、为什么要感恩、怎么去感恩。很多学生已经把享受和所得当成了理所当然;社会中崇尚物质财富,精神财富影响力欠缺的现状也致使大学生过于追求物质满足,忽视对感恩意识等精神财富的追求。由此可见,高校课堂开展感恩教育,强化学生的感恩意识,是新时代高校立德树人的关键一步。

(二)微载体对大学生感恩教育的价值分析

传统教育方式正在随着"互联网+"技术的发展而不断衍生出新的形式和特点,感恩教育作为传统教育方式的重要内容,也需要跟随互联网技术的进步而与时俱进。其中,"互联网+"时代出现的微载体形式便是感恩教育与时俱进的重要机遇,感恩教育在微载体这一平台下可以发挥出更重要的作用。

首先,微载体平台的应用可以进一步丰富大学生感恩教育的内容和手段。一方面,就感恩教育的内容而言,相较于传统感恩教育的纸质材料和口头传授,微载体将信息储存在服务器中的数据库里,具有传统纸质媒介所无法比拟的便捷性、高存储量和变通性等特征,有更大的存储空间去存储更加全面、丰富的内容;另一方面,微载体的形式主要表现为依托"互联网+"出现的各类搜索引擎、微课堂、微信、微博等,这些与时俱进的微载体形式更易引起当代大学生的学习兴趣并被接受,可以满足学生即时学习、随处学习的基本需要,并可以让学生随时拓展学习和发散学习,而传统的感恩教育方式则很难满足学生此类需求。

其次,微载体平台的应用可以不断增强大学生感恩教育的互动性和主动性。网络聊天、网络课程、网络教育视频都是学生学习互动性的重要形式,并不会受到时间和地点的限制。同时,微平台巨大的信息资源,可以给学生提供选择和主动学习的机会;微载体作为沟通教师和学生的重要纽带,也可以更好地发挥桥梁作用,师生可以通过该载体交流互动,进一步提升学习的互动性。

再次,微载体平台的应用可以切实提高大学生感恩教育的针对性和实效性。微载体与大数据、云计算联系紧密。它可以将资源分门别类地整合处理,这为学生有针对性地查找学习内容提供了便利,节省搜索时间,提高搜索的精准度和学习的实效性。不仅如此,微载体还可以通过定向发送专题信息的形式,让学生被动接受感恩教育主题的信息,将学生学习的主动性和被动性相结合,最大限度地提升学习水平。

二、大学生感恩教育微载体建设的问题梳理与分析

近年来,微载体在开展大学生感恩教育中的角色愈加重要,但运用微载体进行感恩教育还存在一定的理念、功能和内容上的不足,"微载体＋感恩教育"模式还需进一步健全。

(一)感恩教育微载体的功能未得到充分运用

目前,微载体平台与人工智能的联系还不够紧密,主要是由于以下两个因素:

其一,在思想上,微载体平台对自身的定位尚存在疑问。微载体平台在目前的运用实践中,更多的时候是作为一种纯工具形态出现,例如以云课堂、云班课为代表的学习平台,更多的是作为一种沟通媒介而存在,是一种简单的教师与学生之间的"传话筒",仅仅发挥着布置作业和提醒做作业的功能,而如何把作业做好以及怎样做能够达到最好的目标,微载体并没有提供具体的解决办法,而这恰恰是微载体应该发挥的作用。

其二,在实践中,微载体平台并没有真正将人工智能中的必要因素纳入其平台服务过程之中。仍以班课和云课堂为例,微载体平台在现实中应当发挥一种介于教师与学生之间的第三人(主持人)的角色,做好服务和后勤工作,既要协助教师将任务布置好,也要帮助学生将作业高效地完成,最终实现教学相长的目标,而这便需要微载体平台具备主持人和服务者的自觉意识,这种自觉意识便需要人工智能予以协助,但在实际情况中,微载体平台缺乏人工智能元素的融入,仅仅是一个发布任务和查看任务的平台,并非是真正的教育服务者和协助者。

(二)感恩教育微载体的管理模式还不够成熟

微载体作为一种新兴的传播媒介和平台,具有传播速度快、覆盖范围广和传播信息量大等特点,但同时这些特点作为双刃剑,也具有潜在的副作用。微载体传播相对于传统媒介而言更难以控制,这在一定程度上加剧了信息的不可控风险;同时,微载体的传播具有覆盖范围广的特点,它与信息传播的速度密切相关,这会使得信息的影响面更大。对于负面信息而言,容易产生更大的负能量,并进一步强化和加剧副作用效应。不仅如此,微载体的传播信息量相对来说要比传统媒体的传播信息量大得多,各种信息良莠不齐,并且存在大量负面信息,容易引起信息焦虑和选择困难,同时还可能存在识别陷阱,这都给网络信息的管理带来了诸多的不便乃至挑战。

就微载体的管理本身而言,还存在着相当的不足之处,这首先是由网络新媒体自身特点所决定的,作为一个刚刚起步的新媒介,还需要进行更多的探索和完善,而这必将有一个过程。同时,网络管理者自身的职业素质和职业技能也值得审视和思考,部分网络管理者与微载体信息传播者存在利益链和黑色交易,而这对微载体自身的管理带来了部分自发性风险。这些问题需要更加强有力的管理和监督。

(三)感恩教育微载体的线上资源还不够丰富

就目前的微载体资源本身而言,感恩教育主题的内容相对较为单一,线上资源还需要更多的收集,同时,对线上资源的收集方式还需要进一步优化。感恩教育不仅是学校应当教会学生的第一课,同时也是家庭教育的重要组成部分。感恩教育作为素质教育的重要组成部分,还是社会教育的重要内容,也是社会责任的内容。因此,感恩教育的内容涉及学校、社会和家庭,感恩教育的形式和途径也必然需要学校、家庭和社会乃至政府一起集思广益,而不仅仅是某一方的努力。

当下,高校进行感恩教育往往只是依托现有的校内资源进行,感恩教育微载体的线上资源也多是由学校等专门的教育机构来提供,而来自政府、家庭、企业等社会机构的线上资源相对较少。高校感恩教育需要校外企业、社区、家庭等多方育人资源的支持,共同为学生感恩教育铺路搭桥。同时也需要把校内的大学生感恩教育微平台与校外的政府相关部门、企业单位、行业团体、街道社区等大学生感恩教育相关单位相互连接,让各个相关者多途径了解高校人才培养的举措和方法,更好地参与高校感恩教育的工作,更好地充实感恩教育的线上资源。

三、大学生感恩教育微载体运用的问题应对之路径

感恩教育微载体的建设和发展使得感恩教育的教育内容更加丰富、教育方式更加新颖、教育目标更加清晰,但还存在着平台功能待发掘、平台管理欠优化、平台资源需完善等诸多问题。在微载体运用过程中如何做到扬长避短,通过微载体实现用教育者的善意和善行去激发学生的感恩回应[3],尽可能地实现感恩教育微载体所应当具有的教育效果,是下一步的重要工作。

(一)明确微载体在高校大学生感恩教育中的定位

微载体平台作为一种新型的知识学习平台和信息传播媒介,具有信息量大、覆盖面广和巨大的发展潜力,同时作为一种新型的学习方式,更易为社会大众与年轻群体所接受和认可。作为一种新型的媒介,微载体平台更应当发挥正确的舆论导向作用[4],无论是作为教育工具本身,还是舆论引导主体,都应坚持感恩教育理念。

感恩教育是学生不可缺少的重要环节,是教会学生作为一名社会成员所必须认知的基本元素,同时也帮助培养学生的社会责任感,增强学生的奉献意识和社会责任。在当今时代,感恩教育已经成为适应社会现实的迫切需要,主要表现在当下学生个性较强,普遍缺乏社会责任感和奉献意识,忽视对他人、对社会的尊重。通过感恩教育培养学生的感恩意识,教会学生怎样做人便成为迫切需要。

大学生进行感恩教育需要运用微载体平台。微载体教育需要紧扣高校大学生感恩教育的基本目标,坚持目标导向,以此为中心进行各类微载体平台的运用,将感恩教育与互联网深度融合,在"互联网+"迅速发展的当下,在新媒体不断发展的今天,利用微载体平台将感

恩教育的效果尽可能地发挥出来。

(二)完善大学生感恩教育微载体的教育监管机制

保证微载体的正常运营,实现微载体的正常管理,加强对微载体的监管,对于感恩教育的正常开展具有显著意义,因而当务之急是需要构建一支专业的感恩教育微载体管理与服务团队,作为完善大学生感恩教育微载体的服务监管机制的重要人员保障。

为此,一方面,需要加强师资队伍建设。有意识地培养一支以感恩教育相关专业教师、辅导员、优秀学生骨干为主体的管理与服务队伍,提高感恩教育质量。具体而言,要建立专门的专业教师队伍和辅导员队伍。作为感恩教育的重要主体,教师队伍负责课堂教学等教育工作,辅导员则负责学生课下的思政教育和感恩意识的培养。榜样学习是很好的学习方式,通过建立一支以优秀学生为主体的教育力量,可以加强学生之间的沟通,有利于充分发挥朋辈互助的优势,提升感恩教育的效果。

另一方面,需要加强对感恩教育微载体的动态服务和监管。微载体在服务学生的同时,也可能会存在诸如信息庞杂泛滥、垃圾信息充斥等问题,因而要对不良信息进行及时的鉴别和清理;微载体还可能由于自身的技术原因存在一定的管理或者技术漏洞,而这便需要平台使用和管理人员对漏洞和隐患及时加以修补。

(三)感恩教育微载体的线上资源与线下实践结合

各类微载体的出现为大学生感恩教育开辟了广阔的虚拟空间,但现实的校园生活中所积累的素材更是大学生感恩教育的现实来源。感恩教育是一项系统性工程,需要国家、高校和家庭的共同努力[5],在利用微载体进行线上教育的同时,要发挥线下资源的作用,实现线上与线下教育的协调统一。

一方面,要大力丰富并充分运用线上资源。需要充分利用微载体所带来的优势,加强感恩教育微载体的信息获取能力,加大对感恩教育相关题材和案例的搜集,并同时搜集与感恩教育主题相关的其他视频、影像资料,丰富感恩教育平台的线上素材。同时,注重发挥微载体的形式多样性等优势,运用微信、微博、微课堂、微电影等多种形式,丰富感恩教育微载体的形式和手段,实现多种方式共构的多元化知识传输渠道,在输入知识的同时,让学生感受到获取信息的舒适感和愉悦感,增强线上学习的效果。

另一方面,感恩教育需要实现线上资源和线下资源的结合。感恩教育微载体平台的运用应当充分立足于大学生在学校校园乃至社会上遇到的现实问题,以及大学生的个性需求。只有对大学生在校园存在的问题进行探索和发现,并通过实践活动答疑解惑,才能让学生认清现实,并具有对现实问题的实际分析和处理能力。可以组织专题讲座、优秀校友先进事迹报告会、感恩系列活动等有关感恩教育主题的专门实践活动。将学习理论知识与开展实践活动相结合,将运用微载体学习知识与通过自身实践获取经验相结合,注重知识与经验的统一,更好地实现感恩教育的效益。

[参考文献]

[1] 李克强.政府工作报告——2019年3月5日在第十三届全国人民代表大会第二次会议上［EB/OL］.（2019-03-05）［2020-08-24］.https://www.sohu.com/a/299215050_390536.

[2] 赵瑜,戴和圣.传统文化视野下的大学生感恩意识培育[J].合肥师范学院学报,2017(6):115-117,122.

[3] 高德胜.感恩教育:从直觉到自觉[J].中国教育学刊,2019(3):89-96,102.

[4] 蒋科.论当代大学生感恩意识的培育[J].湖北经济学院学报(人文社会科学版),2017(11):111-113.

[5] 邓锐.高校家庭经济困难学生感恩教育机制构建——基于边际效用递减理论视角[J].江汉大学学报(社会科学版),2018(1):114-118,128.

新时代背景下高职院校学生
弘扬劳动精神路径研究

（嘉兴南洋职业技术学院 喻 艳）

[摘 要]党的十八大以来,党和中国特色社会主义进入了新时代,这也赋予了新时代劳动精神新的内涵。在弘扬新时代劳动精神方面,高职院校存在学生劳动意识淡薄、人才培养中劳动教育机制不完善等问题,所以高职院校有必要从劳动价值观念、劳动教育内容、健全保障机制等方面培养学生弘扬新时代劳动精神。

[关键词]新时代;高职院校学生;劳动精神

党的十八大以来,党和国家领导人多次提及要注重培育劳动精神,并赋予了劳动精神新的时代内涵。2018年9月10日,习近平总书记在全国教育大会讲话中谈到六个"下功夫",指出要在增强综合素质上下功夫就要在学生中弘扬劳动精神,教育引导学生崇尚劳动、尊重劳动,懂得劳动最光荣、劳动最崇高、劳动最伟大、劳动最美丽的道理,长大后能够辛勤劳动、诚实劳动、创造性劳动。[1]

一、新时代劳动精神内涵

劳动精神是一个人对于劳动活动所具有的比较稳定、积极的心理倾向,是指在劳动实践活动中具有战胜困难,坚持不懈,努力完成劳动任务的意志、信心和勇气。

根据吕国泉、李羿的论文《弘扬和践行劳动精神》[2],劳动精神是关于劳动的理念认知和行为实践的集中体现,两者构成劳动精神内涵的整体。从理念上重视劳动,从实践上践行劳动,就是弘扬和践行劳动精神的全部内容。

根据习总书记在全国教育大会的讲话精神,其对学生弘扬劳动精神提出了三方面的指导要求:一是端正劳动态度,树立劳动观念;二是持续劳动教育,形成劳动习惯;三是鼓励学以致用,学成报效祖国。

本文获浙江省高职院校党建研究会2019年年会论文二等奖。

[作者简介]喻艳,嘉兴南洋职业技术学院经济与管理分院党总支副书记,讲师,主要研究方向为大学生思想政治教育。

根据国务院 2019 年 1 月 24 日发布的《国家职业教育改革实施方案》(简称"职教 20 条")[3]总体要求与目标,高职院校要着力培养高素质劳动者和技术技能人才。高职院校学生只有学好技术技能,不断提高综合素质,才能做新时代劳动者。

二、高职院校学生弘扬新时代劳动精神存在的问题

高职院校学生大多是"95 后""00 后",进入大学后,他们善于接受新事物,思维活跃,较为功利,倾向实用,不重视人文素养课程,只对操作性专业课程感兴趣,在弘扬新时代劳动精神方面存在以下问题:

(一)高职院校学生劳动意识淡薄

一是体现在高职院校学生本身不愿意参加劳动,如打理个人生活的劳动、班集体的劳动活动。这主要是由家庭教育缺失、中小学重文化分数、轻素质劳动、社会氛围影响等多种原因造成的。二是体现在学习态度不端正,平时不努力学习,考试时期望以作弊过关,不劳而获。三是体现在不尊重他人的劳动成果,如随地乱扔垃圾等。四是体现在重脑力劳动,轻体力劳动,很多同学在就业找工作时宁可找在办公室工作的低薪岗位,也不愿意找下车间、下基层的高薪岗位。五是劳动热情不够持久,主要表现在部分学生可能一段时间对劳动很有干劲,但要长期坚持下去热情就要打折扣了。

(二)高职院校人才培养中劳动教育机制不完善

一是高职院校不够重视劳动教育。高职院校在教学过程中普遍存在重专业技能课程,轻劳动品质培养的现象,甚至有些教师也认为劳动课程可有可无,这直接影响到学生的学习态度。二是高职院校学生劳动教育内容单一,没有形成系统的劳动教育内容。高职院校的劳动教育可能涉及学生志愿服务、专业顶岗实习等方面的内容,但内容不够完整、不够系统。据对 1200 名学生的问卷调查统计,71.9%的学生认为劳动教育并没有对自己起到积极作用;51.1%的学生觉得目前的劳动教育内容单一;80%的学生认为高职院校加强劳动教育很有必要。三是在学生评价方面,大部分高职院校并没有将劳动素质纳入评价学生综合素质的必要条件中。四是学校劳动教育方法不科学,目前高职院校的劳动教育以完成任务为目标,鲜有对学生进行思想教育的内容,甚至有些高校把劳动当作惩罚学生的手段,这就很容易形成学生对劳动的逆反心理。

(三)高职院校校园文化营造劳动教育氛围不足

校园文化建设对于全面提高人才培养质量,加强学院内涵建设、提升学院文化品位,营造有利师生成长的和谐校园,具有十分重要的作用,目前高职院校的校园文化存在着粗放型的特点,校园建筑非常漂亮,但校园文化内涵缺乏创新,学生难以对校园文化产生认同感。另外,劳动教育在校园文化中也缺乏完整的、系统的规划,难以在全校形成尊重劳动、崇尚劳动的氛围。

三、高职院校学生弘扬新时代劳动精神的路径

(一)引导大学生树立正确的劳动观

劳动实践活动改造了自然界和社会,人生价值的实现也要通过劳动来实现。青年学生只有树立正确的劳动观才能正确地履行自己所承担的社会责任。受社会某些不良风气的影响,当今"95后""00后"大学生中出现了劳动观念淡薄的现象,如责任心不够,功利心较强,工作主动性较差,不重视体力劳动,贪图享受、好逸恶劳。当今社会,人人都想以最少的劳动换得最丰富的成果,这仅仅是随着社会科技发展,人们对提高劳动效率的渴望,并不意味着要否定劳动精神。因此,高职院校有必要通过举办道德讲堂、主题教育、专题讲座、演讲征文活动以及开展一些劳动实践活动来加强学生的劳动观教育,以帮助学生树立起高尚的劳动观。

(二)在大学教育中注入劳动实践的内容

1.将劳动实践课程纳入人才培养方案

学校劳动课程是实施劳动教育的主要途径之一。我校单独设一门劳动实践课程纳入人才培养方案,设学分,把修劳动实践课程作为高职院校学生毕业时能否拿到毕业证的必要条件,比如我校机电与交通分院早在2017年就将劳动实践课程纳入学分,写入人才培养方案。劳动实践课程包括专业课程中的劳动活动、勤工助学岗、固定"劳动日"、志愿服务活动等。

在高校可以将劳动内容融入专业课程,比如我校视觉传播设计与制作专业学生在学习素描课的过程中,有专业老师安排相应的清洁画板、清洁画室、清洁绘画工具等课下任务,以此来督促学生提高自觉性,学生能从劳动体验中感受到劳动的快乐,从而认识到劳动的重要性。

国内很多高校都十分重视勤工助学的育人作用,以我校为例,勤工助学岗、学生助理岗等是为帮助家庭经济较为困难同学而设立的一种勤工助学岗位,学生通过付出劳动获得相应报酬来补贴学习生活费用,同时在勤工助学的过程中也培养一定的劳动素养。

固定"劳动日"的设立主要是为了在校园中营造一种人人参与劳动的氛围。高职院校可以确立一个固定时间作为全校"劳动日",整个校园实行分区域包干责任制,以班级为单位开展劳动,并定期开展评比。一方面能解决学校清洁工劳动力的不足,另一方面也能培养学生良好的劳动观念、集体观念。有的高校还把劳动教育做成了全校的特色品牌,发挥了很好的育人作用。

校内外志愿服务活动也是高职院校学生进行劳动实践的一种形式。志愿服务虽然是不求回报、自愿做出的社会服务行为,但同时也能在一定程度上提高志愿者的综合素质,而且对促进社会进步,弘扬社会主义核心价值观有着十分重要的意义。志愿服务活动对高职院校学生来说是具有重要德育意义的劳动实践。笔者所在高校的志愿者服务已经初有成果,在嘉兴市享有一定声誉,人人都是志愿者,志愿服务人人参加,志愿者们除了负责校内的卫

生清洁、节水节电等活动外,其足迹还遍及社区、养老院、医院、市级各项大型活动,成为社会一道亮丽风景。

2. 重视学生日常生活锻炼

习惯的力量是巨大的,习惯的养成对一个人的成长、工作、生活有着十分重要的意义,好的习惯将使人受益终身。高职院校十分有必要重视学生日常生活劳动锻炼,通过日积月累帮助大学生养成良好的行为习惯。一时的劳动实践活动很难帮助高职院校学生养成好的劳动习惯。因此高职院校必须十分重视学生文明寝室建设,把弘扬劳动精神的要求落实到学生的日常生活中去。

3. 要加强课堂教学平台与社会实践平台、日常劳动锻炼的有效联动

努力改变课堂教学与社会实践、日常劳动锻炼脱节的状态,实现课内与课外、校内与校外、定期与日常的有效联动,将劳动教育融入学生的专业学习、技能培养、行为养成中去。要做到这一点,最重要的是形成全校一盘棋,加强全体教职工师德师风建设,形成全员、全过程、全方位的"三全"育人格局,真正把加强劳动教育,弘扬劳动精神落到实处。

(三)建立健全劳动实践的保障机制

高校在开展劳动实践活动的同时,也要保证开展劳动实践活动的制度化、常态化。如制订劳动流程、劳动标准、劳动检查等多项制度,将劳动教育和义务劳动纳入评先评优体系。通过制度化劳动实践保证学生劳动实践教育顺利开展,通过常态化劳动实践,学生参加劳动实践的持续性得到保障。此外,高职院校需要将劳动状况与劳动态度作为重要的评价指标纳入学生人才培养质量评价体系中。将劳动教育纳入课程体系,编写劳动教育教材,纳入学分。

(四)营造全校崇尚劳动的校园文化氛围

在学生的日常行为教育中注入劳动精神,培养劳动品质,是高职院校提高人才培养质量的重要途径。在教学楼、学生公寓、学校道路等公共区域设计劳动文化长廊,打造体现劳动特色的道路文化,建立大师工作室展示馆,学生在校园中行走时处处都能感受到劳动关荣、劳动至上的氛围。打造网络劳动教育精神家园,致力于在学校官方网站、微信、微博等平台,将劳动精神在学生中进行广泛宣传,从而达到强化弘扬劳动精神的效果。

[参考文献]

[1] 新华社. 习近平在乌鲁木齐接见劳动模范和先进工作者、先进人物代表,向全国广大劳动者致以"五一"节问候[EB/OL]. (2014-05-01)[2020-08-24]. http://www. xinhua-net. com/politics/2014-05/01/c_1110495130. htm.

[2] 吕国泉,李羿. 弘扬和践行劳动精神[J]. 企业文明,2018(4):15-16.

[3] 国务院. 国务院关于印发国家职业教育改革实施方案的通知[EB/OL]. (2019-1-24)[2020-08-24]. http://www. gov. cn/zhengce/content/2019/02/13/content_5365341. htm.

(原文刊载于《延边教育学院学报》2020 年第 2 期)

消费主义视域下的大学生网贷问题探究

（浙江工业职业技术学院　赵文博）

[摘　要]随着互联网和新兴消费的快速发展,大学生网贷成为大学生获取资金、助学消费的一种重要途径。近年来,大学生网贷乱象频出,究其缘由,存在"虚假需求"、非理性消费、内需政策刺激、行政监管缺失等问题,笔者将从需求端、法制体、监管方、供给侧方面进行深入探究并尝试解决这些问题。

[关键词]消费主义;大学生网贷;管控;引导

消费是人类的一种基本经济活动,合理的消费有助于个人身心发展和社会进步。当消费超越了必要的物质生活需求就变成了无度消费,消费亦被异化为消费主义。20世纪80年代,随着改革开放,物质生活逐渐挤入原来单一的政治生活,消费主义思潮开始传入我国,并进而在90年代末之后成为一种主流的社会生活观,对我国公民的消费行为、思想观念、生活方式和文化意识产生了一定影响。消费附着在商品上,商品则以文化的方式超出其原有的使用价值和价值层面,拥有了满足基本需求之外的附加值。在鲍德里亚的笔下,"消费不是商品在'炫耀'文化,而是商品'被文化化'"[1]。这种以附着文化色彩为特征的商品消费自然带有一定的超脱性或超前性,有时会出现与实际需求背离的现象,这也就是消费主义的产生。消费主义生活形态需要金钱的支撑,而一旦财富的拥有与消费的等级之间产生脱节,则会出现消费的异化现象。这种现象在大学生群体中已经日渐显露出来,并且与网络媒体进一步结合,产生另一种新的异化消费支持方式。大学生作为社会潜在消费群体,消费内容方式呈现多元化、超前化、网络化特征,近年来,校园网贷成为大学生获取资金的一个重要途径,一方面满足了部分大学生的消费需求,另一方面也引发了一系列问题,这种典型的消费主义异化现象也引起了社会的广泛关注。

本文获浙江省高职院校党建研究会2019年年会论文二等奖。

[作者简介]赵文博,浙江工业职业技术学院设计与艺术学院党总支委员、学工办主任,讲师,主要研究方向为高校学生思想政治教育。

一、享乐与物欲:消费主义背后的真实诉求

消费主义是指为了追求超越实际生存需要的满足,追求被文化符号所不断制造出来的消费欲望的生活理念和生活方式,它表现为将占有更多的物质财富和更多的高档商品作为人生成功的标志,并以此作为人生存在意义的源泉和人生价值的尺度。[2]在消费主义倡导的消费价值观中,商品不仅具有使用价值,还有符号价值。符号价值的独特之处在于它能够表现消费者的个性、生活品位、声望、社会地位和社会认同。[3]在消费过程中,人们不仅关注商品的使用价值,还被商品使用价值背后的服务及符号价值所深深吸引,从而刺激着人们的消费欲望,这种需求在某种程度上是一种"虚假消费",有时候受其诱惑一发不可收拾。

消费主义以炫耀性消费、超前性消费、过度消费和享乐消费等形态出现,充斥着符号化的特质,表现为以下特征:

一是享乐化。消费主义主张个体的物质消费,并围绕满足个人欲望。在消费主义影响下,个体存在的价值和意义在于对物的占有和享用,消费的享乐功能被极度凸显出来,消费欲望的满足成为部分人生存的第一要求。[4]这种享乐化现象可能来自社会氛围的影响,也可能源自身边的对比,当然这一切取决于个体内因。对个人而言,消费主义的享乐性导致个人精神需求和物质需求失衡,个人对生活价值的理性追求被物欲所淹没。对社会而言,消费主义的享乐性导致个人主义和拜金主义盛行,对社会公共事务关注度降低,冲击到原有的社群主义与既有的社会伦理秩序,造成人际关系紧张、社会精神危机等问题。

二是符号化。消费主义者对消费的追求往往会从商品的使用价值转向对商品形象价值、文化符号意义的追求与崇拜。消费者除了消费产品本身价值外,还消费这些产品所象征和代表的意义、心情、美感、档次、情调和气氛,即对这些符号所代表的"意义"和"内涵"的消费[5]。在这种消费观的影响下,新鲜事物和名牌产品成为大家追捧的对象,各种"符号化产品"不断刺激着人们的消费欲望。背后暗藏的是攀比心理和被外界认可的自我满足感,而其一旦形成风潮,在某一个群体或圈子里成为评判的潜在标准,消费者就会不由自主地陷入其中而难以自拔,进而形成一种近乎刻板的符号化追捧。

三是虚假性。消费主义者的目的是消费,他们认为,消费就是一切,一切为了消费。占有和享用物质财富是人生的意义和价值的象征,追求物质享受和欲望是消费的终极目的。在这种思想的影响下,在消费者的真实需求之外产生了很多额外的"虚假需求",马尔库塞指出:"'虚假需求'是指那些在个人的压抑中由特殊的社会利益强加给个人的需求。这些需求使艰辛、侵略、不幸与不公平长期存在下去……那么,结果将是不幸中的幸福感。"[6]这种"虚假需求"一方面维系了社会生产的扩张,刺激了经济的繁荣,但不得不承认这是局部性的;另一方面造成消费者个人欲望不断膨胀,为物所役,这才是真正需要引发社会关注的问题。

四是炫耀性。消费主义者对"虚假需求"的不断追求,已经不满足于个人的虚荣,有时候还通过朋友圈等场域"晒""炫"行为博取他人对自己的关注,进而满足自己的自尊心和虚荣心。这种"晒""炫"实际上就是一种炫耀,这种炫耀实质上是消费主义的思想在作祟,其本身也助长了消费主义的传播。如果说奢侈品之类的本身具有物质性的享乐功能,那这种衍生

的炫耀行为则是精神层面的享乐功能——尽管更多时候是一种自我催眠的效应。但这种"催眠"具有传染性,其破坏性可以与"哈欠效应"媲美,这也就是上文所说的"消费主义的传播性"。

消费主义本来主要出现在成人世界,这一人群对物欲和享乐的追求毕竟还建立在已有的经济基础上。在具有"社会化"功能的大学中,成人世界几乎成为一面反射镜。消费主义渗透进高校当中,是大学生实现社会化过程的必然。这里的问题是缺乏经济支撑的消费主义,也必然走入异化。

二、需求与消费:大学生网贷形成发展的动因

缺乏经济支撑的大学生在追求消费主义的过程中,选择了"网贷"这种形式来弥补这一空缺。网贷是互联网金融产品的一种,作为一种金融工具,其本身无所谓正当与否,但这种工具被别有用心的经营者用来满足不当需求、谋求不当利益之后,也就变质了。从消费主义视角看,"虚假需求"是大学生网贷形成的根源,非理性消费是大学生网贷形成的内因,内需政策是大学生网贷发展的外生动能,行政监管缺失是大学生网贷畸形发展的关键。

(一)虚假需求是大学生网贷形成的根源

"虚假需求"是在资本逻辑支配下的商家和媒体共同为消费者制造出来的需求,是背离消费者的真实需要的需求,是无"需"而"求"。随着资本对社会生产的全面控制,20世纪以来,对消费者的控制和剥削成为资本增值最大化的必然要求。[7] 在这种趋势下,消费者出现了"消费迷失"现象,即已经不能决定自己是否消费、消费多少或消费什么,而是被资本所控制的这种虚假需求所左右,被动地成为资本手中的"提线木偶"。

大学生在引领时代发展的同时,也在引领潮流、引领消费。受社会发展和消费主义的影响,目前我国大学生的消费结构已经从生活学习等必需消费逐渐转向交友娱乐消费和品牌奢华消费。受社会环境和新兴消费的影响,部分大学生的消费需求已经超越了日常生活学习所需,开始向超消费看齐。当大学生的超消费不能满足,就通过网贷平台进行网络借贷。当网络借贷无法及时偿还,就会导致巨额债务缠身、精神压力备增,甚至面对黑社会逼债,产生被迫退学、轻生等问题。

借贷作为一种正常的金融行为,一般针对信用好且有偿还能力的个人或法人。目前许多网络借贷平台以助学贷款名义将借贷业务拓展到大学生群体,甚至通过低门槛、高利息、分期贷的形式借贷给大学生,从供给端为大学生创造了一种虚假的消费支撑。大学生网贷的主要目的是满足个人学习必需之外的超消费,是一种典型的消费主义,当网贷公司创造的虚假支撑与大学生超消费创设的虚假需求碰撞到一起时,"滚雪球"般的套路贷也就随之而来了。

(二)非理性消费是大学生网贷形成的内因

消费是一种基本经济行为,科学理性消费有助于个人身心健康与家庭幸福;非理性消费

则像毒品一样侵蚀着人们的物质财富和精神世界。受消费主义的影响,大学生的消费追求不断超前,消费欲望不断膨胀,消费场域不断扩展,大学生的超前消费、攀比消费、时尚消费、追星消费等非理性消费支出也越来越多,而且消费人群和消费金额呈现不断扩大的趋势。从目前网贷平台的借贷群体来看,主要以未就业的青年群体为主,而青年群体中又以在校大学生为主。某高校大学生张某是一名品学兼优的学生,平时最大爱好是玩手游,为了追求手游的顺畅性每年换一部最新款手机,几次下来家里觉得太浪费不再给其购买,于是他就偷偷从 A、B 两个网贷平台借了 5000 元买了一款新手机,每个月还款 800 多元。前两个月靠省吃俭用勉强还能按期还款,第三个月就从 C 平台借贷还 A、B 平台的钱,到了第四个月,还的钱不仅没有减少,每个月还增加了 200 多元。为了不让家长、老师知道,他用同样的方法继续在其他平台借贷,半年后累计在 9 个网贷平台借贷 3 万多元,面对数额庞大的借贷,他觉得无力还清,才告诉了老师和家长。

这种非理性消费一是表现为大学生对消费追求愈来愈高,消费欲望超越自身承受能力,陷入一种消费主义的泥潭不能自拔;二是表现为大学生对超消费背后资金的来源缺乏理性思考,有时候为了满足消费的快感而对可能产生的严重性后果缺乏理性认知;三是表现为部分大学生陷入网贷泥潭后,缺乏明智的止损意识,依然从 A 平台借贷填补 B 平台的本息、手续费等费用,陷入了拆东墙补西墙、缺口越补越大的恶性循环。

(三)内需政策是大学生网贷发展的外生动能

近年来,我国推出了一系列积极稳健、适度宽松的财政、货币政策,通过扩大内需拉动经济平稳较快增长。2017 年 8 月,中办、国办印发了《关于促进移动互联网健康有序发展的意见》,国务院印发了《关于进一步扩大和升级信息消费持续释放内需潜力的指导意见》。与之配套的是金融领域的开放和改革,民间金融交易逐渐被合法化,原来只能在地下市场出现的一些集资和放贷行为以信息化、网络化为包装而大行其道。在这些扩大消费政策的驱动下,我国的传统消费提质升级,新兴消费风生水起,尤其是信息消费持续发力,网络消费平台、金融衍生品大量涌现,为人们包括大学生的消费、借贷提供了巨大的选择余地。

面对网络上眼花缭乱的消费品和便捷的网购消费渠道,大学生的消费欲望被充分地调动起来。一方面是消费欲望的膨胀,另一方面是消费能力的不足,面对这种矛盾,低门槛、无抵押、分期还的网贷平台正好成为大学生的首选。原来“一分钱难倒英雄汉”的消费抑制情形被松绑,从而给没有经济来源的大学生一种有了消费支撑的假象。而消费主义的冲动消费特征,让这一群体在面对物质诱惑时很少去考虑未来可能带来的困境和伤害,从而使更多大学生陷入网络贷款的泥潭。

(四)行政监管缺失是大学生网贷发展畸形的关键

网络借贷作为普惠金融的一种,在国家政策的鼓励之下,近年来得到了爆发式的发展。网络借贷在弥补传统金融不足的同时,也面临着许多异化信用中介的现象,出现了违规放贷、期限拆分、线下营销等借贷乱象。很多网贷公司以信用中介之虚,行网络借贷存放之实,利用监管漏洞降低放贷信用标准,将网络借贷业务延伸到信用偿还能力较差的社会群体和大学生群体,并通过与各种网络消费平台捆绑营销的形式,变相吸引大学生开展所谓的“求职贷""培训贷""创业贷",甚至有的存在高利贷和线下逼债等违法现象,变成了名副其实的套路贷。在互联网金融急速膨胀的环境下,行政监管的滞后性就充分暴露出来了。

发展互联网金融本是利国利民的好事,然而在互联网金融发展过程中,部分行政部门对互联网金融公司缺乏有效监管,存在因专业性的缺失而导致缺乏预防监管能力。在出现违法苗头时,没有引起足够的重视,直到出现借贷者自杀等恶性事件,或者互联网金融公司崩盘跑路等无法挽回的结果时,监管部门才出手。这导致很多公司敢于铤而走险,游走在法律的边缘,利用法律制度和行政监管漏洞,赚取不义之财,影响了正常的金融秩序和社会秩序。

目前,大学生网贷已经成为一个重大的民生问题,是亟待解决的"毒瘤"。对这一问题的治理,显然是一个系统化工程。

三、教化与管控:大学生网贷理性化的正途

从目前大学生网贷的发展情况来看,大学生网贷严重透支了学生的消费,影响了学生的身心成长、家庭幸福甚至校园稳定。为进一步促进大学生网贷回归正途,迫切需要从需求端、法制体、监管方、供给侧等多层面综合施策,促进大学生网贷健康地发展。

(一)从需求端着手,引导大学生树立正确理性的消费观

消费主义大潮下,消费能否回归理性,关键在消费者自身,症结在消费观。从目前大学生网贷群体来看,他们普遍存在着盲目攀比甚至享乐主义、纵欲主义的非理性消费观。因此,解决大学生网贷泛滥问题,根本上要从大学生的消费观入手,帮助大学生建立科学、理性、绿色的消费观。

一是强化社会主义核心价值观教育,引导大学生树立正确消费观。价值观是人们对待事物的根本看法,消费价值观直接影响到人们的消费行为。在教育教学过程中,要将社会主义核心价值观贯穿始终,引导学生树立正确的价值观、消费观。在学生中大力宣传以辛勤劳动为荣、以好逸恶劳为耻,以艰苦奋斗为荣、以骄奢淫逸为耻的价值观,引导学生正确处理生存性消费、享受性消费和发展性消费之间的关系,倡导根据个人、家庭经济水平,合理适度消费,反对铺张浪费和非理性消费。

二是加强网络金融知识教育普及,指导大学生建立理性消费理念。联合国大会通过的《保护消费者准则》指出:"各国政府应鼓励消费者组织和包括媒体在内的其他有关团体实施教育和宣传方案,包括宣传消费形态对环境的影响,以及消费变化可能涉及的问题,包括益处和代价,尤其是为农村和城市地区的低收入消费群体谋福利。"针对目前大学生金融知识和消费知识匮乏现象,高校应在大学生中开设一些网络金融、现代金融实操或消费心理学、消费文化等类似课程,增强大学生对金融知识及消费方式、消费文化的学习和了解,促进理性消费,避免盲目消费。

三是开展诚信教育,树立可持续的诚信消费理念。诚者,天之道也;思诚者,人之道也。现实生活中,一些人深陷网络借贷沼泽后,开始以失信为代价,想方设法从各种平台上"拆东墙补西墙",直至自己信用尽失,被挂上征信系统"黑名单"。在学校教育中,要从人际交往、

学习考试、做人做事等方面加强对大学生的诚信教育,轻者予以批评、重者予以惩戒,增强学生诚信意识。

四是加强学生的成人教育,培养学生自立自强精神。学生在借贷之初,往往都寄希望于通过自身甚至家人来偿还,内心存在一定侥幸、依赖心理,根本上是尚未"成人"。在日常教育中,要注重培养孩子的独立担当精神和自立自强意识,通过开展"成人礼"及挫折教育,使其真正意识到一个成人要为自己的所作所为负责,而不是家庭或他人为其买单。

(二)从法制体着手,建立完善的金融法规制度

在发展互联网金融的同时,国家应该出台规范网络贷款的相关规定、政策及法规,明确各方主体的权利、责任。校园网络贷款要出台具体的管理规定,从借贷的资质、借贷的程序、借贷的利率、借贷的数额等做出严格的限定。一要规范网贷公司借贷行为,对于涉嫌高利贷或者变相增加手续费,提高违约金或存在追逼债行为的,要进行严厉惩罚甚至追究刑事责任。二要对大学生的消费水平、偿还能力、信用记录等进行严格审查,限定大学生网贷的资格和金额,防止超越借贷偿还能力的行为发生。

目前,从大学生网络借贷的用途来看,大部分借贷主要用于即时性消费或超前性消费,一旦第一次借贷逾期无法偿还,后期就会发生一连串的网络借贷,从而使学生深陷网贷,进而引发其他一些问题。对于校园贷,国家应该设立专门的大学生网络贷款公司,出台专项管理制度。

(三)从监管方着手,加强政府部门对校园贷的协同监管

大学生网络贷款作为互联网贷款的一部分,既有互联网贷款的共通点,也有其特殊性,最大的特殊性就是网贷者的身份。正是由于大学生这一特殊身份,对于大学生网贷更需金融监管部门、互联网监管部门、公安、教育行政部门协同监管。

地方金融监管部门本着维护良好社会金融秩序的原则,应该从网贷公司的业务备案、规范引导、风险防范等方面进行监管,确保网贷公司合法经营。各级互联网信息管理部门应该对网贷公司在网络上开展的各种网贷宣传和网络营销行为进行监管,严厉打击各种虚假捆绑营销宣传;公安部门应该对本辖区的各种违法网络借贷和各种校园追逼债行为进行专项严厉打击,铲除不法校园贷的根源,营造良好的社会法制环境;各级教育主管部门应该对本辖区大学生网贷情况进行适时研判,出台相关规章制度,协调各方与高校共同做好大学生网贷的监管。当然,在这一过程中,该高校承担的由高校承担,该社会承担的由社会承担,而不应让高校孤军奋战,独自承担教育、预防、处置的责任。网贷行为本身是社会范围内的问题,理应动用行政和法律手段来解决。一旦网贷公司出现违规行为,就应立即予以行政规制,及时止损;一旦出现恶性事件,就应该动用严厉的法律进行惩处,使得违法成本远高于其所获利润。

(四)从供给侧着手,推出针对大学生的专门网贷助学产品

网贷是互联网金融发展的产物,庞大的消费需求催生了网贷市场的繁荣。许多网贷公司正是看中了大学生的消费能力和潜力,打着助学贷的幌子,通过发放消费贷,从而赚取更多的手续费及违约金,背离了大学生网贷助学的主要作用。

笔者认为,既然是面向大学生的网贷,考虑到大学生经济尚未独立,其主要任务仍是学习,大学生网贷应该回归助学贷的本质,应从网贷的供给侧着手,对大学生网贷市场进行深入改革。第一,国家对于大学生网贷公司资质要进行严格审查,一般以部分国有银行为主,并在大学生网贷手续费和利息方面给予适当补贴甚至减免。第二,对于大学生网贷用途、金额进行严格限制,大学生网贷应以学费贷、创业贷、升学贷为主,不得用于其他购物消费以及社交娱乐活动。第三,增加大学生网贷的审批环节、流程。考虑到大学生网贷的用途和风险可控性,应将家长和学校纳入大学生网贷的审批环节,同时限定贷款额度和还款周期,从而使每一笔大学生网贷都真实可靠,透明可控。

[参考文献]

[1] 让·鲍德里亚.消费社会[M].刘成富,全志钢,译.南京:南京大学出版社,2014:10.

[2] 鲍金.揭开消费主义的意识形态面纱[J].马克思主义研究,2013(11):108-113.

[3] 邓先奇.消费主义对当代大学生的影响分析[J].学校党建与思政教育,2016(3):21-23.

[4] 刘冠君.当代中国消费主义解读[J].中共中央党校学报,2015(6):93-98.

[5] 方中秀."符号消费"简介[J].科教文汇,2006(5X):92-93.

[6] 杨月娇.马尔库塞"总体异化"理论对当下的启示[J].青年时代,2017(25):87,91.

[7] 罗建平.论消费主义的滥觞、政府失位及其救赎[J].东南学术,2013(6):20-26.

新时代教育体系下日常劳动教育实现途径思考

（浙江交通职业技术学院　闻学军　丁　剑）

[摘　要]德、智、体、美、劳全面发展的培养目标是新时代高校人才培养义不容辞的责任与义务,劳动教育是高校教育的薄弱环节,也是新时代教育体系中需着力加强部分。本文将以高校寝室日常劳动教育为载体,积极探索新时代教育体系中劳动教育的突破口,为落实立德树人的根本任务提供新的思路。

[关键词]高校;劳动;育人

劳动教育是全面落实立德树人根本任务的必要一环。马克思认为劳动是发生在人身上的教育,而教育既承载于劳动,又服务于劳动,一方面教育的目的就是提高人的劳动能力,另一方面承载着教育功能的劳动本身也使人能够不断丰富自己的精神,拓展自己的才能和实现自己的成长。

习近平总书记在全国教育大会上强调,要培养德、智、体、美、劳全面发展的社会主义建设者和接班人[1]。德、智、体、美、劳这"五育"既有联系,又有区别。就其联系而言,劳动可以树德、增智、强体、育美,是落实好德、智、体、美的重要途径;就其区别而言,劳动教育也具有其他"四育"不可替代的独特教育价值。

按照不同的主体层次,劳动教育可以分为自我劳动教育、家庭劳动教育、学校劳动教育、社会劳动教育。这几种劳动教育既有共性又有个性。共性方面是由于诸多劳动本身都含有泛在性和浅知性特征,这类劳动教育往往具备人人都会做、天天都能做,旨在培养劳动对象的劳动意识,促使劳动对象养成良好的劳动习惯,形成基础的劳动教育。本文将具备上述特征的劳动教育定义为日常劳动教育。我们需发挥日常劳动教育在新时代教育体系中的重要作用,探索日常劳动教育的实现途径。

[作者简介]闻学军,浙江交通职业技术学院智慧交通学院党总支书记,讲师,主要研究方向为高校师生、校园文化。丁剑,浙江交通职业技术学院智慧交通学院辅导员,主要研究方向为社会工作。

一、高职院校劳动教育存在的问题

(一)教育往往与劳动相分离

受我国教育体制的影响,我国的学校教育长期存在重教书、轻育人,重智育,轻德育、体育、美育和劳动教育的倾向。虽然在国家层面上,把劳动教育提升到一定高度,进一步明确了"五育"的内容,但在现实中劳动教育被边缘化,长期以来没有得到足够的重视,学校加强劳动教育的意识不强。尤其是现在的大学缺乏劳动教育的意识,劳动观念的宣传教育也不够,能与劳动教育勉强搭上边的活动,其形成和内容仍处于一成不变的状态[2],实际上教育与劳动往往相分离。

(二)劳动教育载体缺乏

大学劳动教育的载体主要有课堂、活动。课堂是实施劳动教育的基础载体,然而现在的大学生培养计划中基本没有专门赋予劳动教育部分,致使劳动教育在源头上就存在缺失。大学活动是实施劳动教育的主要阵地,新生入学教育、寝室文明建设等都是劳动教育的重要方式。然而第一课堂和第二课堂的劳动教育在时间节点、重点区域等方面没有明确的规定,致使劳动教育的载体也存在相应的缺失。

(三)劳动教育成果难以量化

劳动教育是面向所有教育对象的普通教育,注重培养学生正确的劳动观念,提升基本劳动能力,养成热爱劳动的习惯和良好的劳动品质。然而学生树立的劳动观念,养成的良好劳动品质等成果难以量化,很难通过几项指标体现劳动教育的成果。这主要存在三个方面的原因:一是缺乏对劳动教育专门的设计研究,相应的体系不完善。二是对劳动的定义还没有形成统一的认识。衡量的对象在还没有统一的前提下无法用统一的标准去量化。三是主阵地还没有完全破题。大学各类活动是劳动教育的主阵地,但是现在的大学并没有把劳动教育放在突出的教育地位。

二、高职院校开展日常劳动教育的理论分析

日常劳动教育的泛在性和浅知性决定了其重要性,它是国家立德树人教育体系中劳育的重要表现方式,是整个社会普遍存在的劳动行为,是家庭、学校、个人自我劳动教育的基础。它的理论基础主要有以下三个方面:

(一)马克思主义劳动观

马克思对人类劳动的基本价值进行的分析主要表现为劳动创造世界、劳动创造历史和

劳动创造人本身这三大主张。一是劳动创造世界。构成人类赖以存在的现实世界的关键要素之一正是人的劳动,而且这种劳动并不是抽象层面的劳动,而是现实生活中人的物质劳动,即作为人类实践活动最基本形式的"生产劳动"。二是劳动创造历史。只有人类的生产劳动才真正构成了人类历史的基础,才是解开人类历史发展秘密的钥匙。只有立足于生产劳动才能真正理解人类历史的发展,只有劳动人民才是历史的创造者,而人类创造历史的行动蕴含在日常生产劳动之中。三是劳动创造人本身。恩格斯在1976年首次提出"劳动创造了人本身"这一论断[3],劳动是人类在社会实践中日益形成的创造物质财富和精神财富的活动,包括体力劳动和脑力劳动。

习近平总书记在全国教育大会上指出,要落实好立德树人的根本任务[4],要在学生中弘扬劳动精神,教育引导学生崇尚劳动、尊重劳动,懂得劳动最光荣、劳动最崇高、劳动最伟大、劳动最美丽[5]的道理,长大后能够辛勤劳动、诚实劳动、创造性劳动。

(二)"知行合一"的教育理念

著名教育家陶行知提出了"生活即教育"的重要观点,他强调教育和生活是密切相关的,要让大众在生活中接受教育。来自生活的学习是教育的一部分,生活可以教会我们书本上学不到的东西,也可以带领我们将理论知识运用到实践中。日常劳动是生活中不可或缺的部分,是劳育的重要载体。

(三)"循序渐进"的方法论

老子曾说"天下难事必作于易,天下大事必作于细",意思是天下困难的事情,都是由简单的事情一步一步做成的;天下的大事,都是从细微之处一点一点开始的。世界上所有的事情,都讲究循序渐进,积少成多。日常劳动是所有劳动中最为基础、最为简单的,把最简单的劳动做好,把小的劳动做扎实,对于环境美观、个人习惯养成及成长都将产生深远影响。

基于上述理论,最贴近学生、贴近实际的劳动教育是日常劳动教育。日常劳动是一名大学生应该具备的最基础的劳动能力,而寝室是大学生最为重要的生活区域,寝室中的日常劳动就显得尤为重要。因为大学生绝大部分时间都在寝室,良好的室风、良好的人际关系、舒适的生活环境等都与寝室日常劳动息息相关。接下来本文将着重从寝室文明创建的载体出发,探索日常劳动教育载体的实现形式。

三、创建寝室文明:日常劳动教育载体探索

以教师和学生为主体,通过对寝室日常劳动教育学分的约束,以及对寝室活动的引导,探索寝室作为大学日常劳动教育载体实现的可能性。

(一)寝室日常劳动教育目标

1. 个人目标

(1)知识目标。一是学习马克思主义劳动观,了解劳动的特征,从人类发展历程和中国

传统文化中学习劳动的发展历程。二是教育培养学生提高劳动技能,掌握寝室日常劳动技能,包含衣物收纳、垃圾分类、脏物清洗等。

(2)情感目标。一是教育引导学生崇尚劳动,自觉劳动,发自内心地认为劳动最光荣、劳动最崇高、劳动最伟大、劳动最美丽。二是教育引导学生尊重劳动,共享和共同维护劳动成果。

(3)意识目标。一是增强学生的劳动意识。引导学生养成良好的劳动习惯,培养学生乐观向上、吃苦耐劳的善良品性以及自尊心、自信心和自豪感。吃苦耐劳是中华民族的传统美德,劳动不仅可以锻炼人的体魄,还能磨炼人的意志,培养人吃苦耐劳的精神。二是培养团队意识。在劳动实践的过程中可以促进大学生之间的相互配合,培养团队协作意识,锻炼自立、自强的独立生活能力,激发积极进取的精神风貌,为将来走上工作岗位奠定基础。三是培养创新、诚实的良好品质。创新和诚实的良好品质在于劳动教育。诚实劳动在于敬业实干,热爱并踏实做好自己的工作,充分发扬工匠精神。在持之以恒的实干中发挥劳动的创造性,增强创新意识,激发创新激情。

2.公共目标

寝室环境达到"净、齐、雅、美",即整体环境干净、整齐、布局优美,富有个性和特色,符合学校文明寝室创建的要求。寝室室风良好、室友关系和睦、生活环境舒适。

(二)寝室日常劳动教育内容及整体设计

1.教育者与教育对象

一是通过"班主任+辅导员"的方式,以主题班会、活动、检查等方式给学生传授劳动的有关知识,提高学生相关寝室劳动技能。二是发挥入党积极分子、优秀团干部等优秀先进分子的先锋引领作用,形成学生自我管理的良好格局。

2.寝室日常劳动教育内容

寝室日常劳动教育的内容由两部分构成:一是有关劳动的理论知识,包括劳动的发展历程、马克思主义劳动观,劳动在人类发展过程所发挥的重要作用和意义,劳动对中国历史发展的影响以及新时代劳动托起中国梦学生个人所需要承担的内容等。二是有关劳动技能的知识,主要是与寝室劳动相关的内容,包含基础的衣物收纳整理、垃圾分类、脏物清洗等。

3.寝室日常劳动教育整体设计

以寝室为载体,按年级整体推进寝室日常劳动教育,根据大一、大二、大三这三个年级的不同特征安排寝室日常劳动教育(见表1)。

表1 三个年级的寝室日常劳动教育

年 级	目 标	内 容	方 法
军训	知识目标达到 100%	教授学生和劳动有关的知识,掌握寝室劳动技能,建立寝室卫生标准,教育引导学生按标准开展寝室日常劳动	①组织学生参观大二、大三优秀寝室,让学生直观地感受优秀寝室的卫生情况 ②军训期间,教官下寝室为学生现场示范内务整理

年 级	目 标	内 容	方 法
大一	知识目标达到30%，情感目标达到40%，意识目标达到30%	①学生开始掌握劳动有关理论知识和劳动技能（衣物收纳、垃圾分类、脏物清洗等）②教育和引导学生热爱劳动、崇尚劳动 ③培养学生的劳动意识，树立正确的劳动观点，让学生养成打扫寝室的劳动习惯，寝室保持干净、整齐	①建立寝室成员值周制度和每周三寝室大扫除制度 ②建立每周检查制度，将检查结果反馈给班主任 ③以班级为单位，开展以劳动为主题的班会，讲授有关劳动的理论知识、历史、有关的传统文化等 ④开展以班级寝室为主题的班会，展示所有寝室照片，通过学生评出最优秀寝室 ⑤组织开展其他有关寝室文化的活动
大二	情感目标达到50%，意识目标达到50%	培养学生吃苦耐劳的精神，养成劳动的良好习惯；打造个性化寝室，展示寝室风采	定期开展寝室卫生检查
大三	意识目标达到100%	学生从他律到自律，积极主动开展寝室日常劳动	①定期开展寝室卫生检查 ②开展"离校一片净"活动，倡议毕业生在离校前将寝室打扫干净，恢复寝室如入校时般整洁

（三）寝室日常劳动教育评价考核标准

每位学生的寝室日常劳动教育评价考核由两个方面组成。一是文明寝室考核标准，包含寝室个人、公共区域卫生及安全情况，其中公共区域卫生及安全情况采用值班制度，寝室成员轮流做好寝室公共区域卫生及安全工作，每位学生的每次检查考核均涵盖个人及公共区域卫生及安全情况。二是参加以寝室为主题的劳动学习教育活动和寝室系列活动。其中寝室系列活动是与寝室、学生息息相关的，比如寝室主题装扮、寝室衣物收纳整理等活动。

文明寝室考核标准分为两个阶段，第一阶段主要实现"净""齐"，目的是让寝室整体上保持干净、整齐；第二阶段是在"净""齐"的基础上达到"雅""美"，"雅""美"的占比从8%提升到20%（见表2）。

表2　文明寝室考核标准

个人部分考核标准（60%）			
项 目	内 容	占 比	分 数
净	床铺整洁，被子叠成方形	50%	6
	桌面干净		6
	垃圾桶垃圾不溢出		6
	无个人杂物随意堆放		6
	床底无积灰、蜘蛛网和杂物		6

227

项　目	内　容	占　比	分　数
齐	桌椅摆放整齐,桌面物品、书籍摆放整齐	50%	4
	衣物统一放在衣柜		4
	鞋子摆放整齐,鞋跟摆成直线		3
	个人其他物品(含箱包)摆放整齐		3
	床边不悬挂任何物品		4
	无私拉乱接电线现象		4
	无使用违规电器现象		4
	插线板放置有序合理		4

公共区域考核标准(40%)

项　目	内　容	占　比	分　数
净	地面干净(含卫生间)	50%	7
	便池无明显污垢		3
	玻璃明亮洁净		4
	阳台和卫生间无杂物堆放		6
齐	卫生间洗漱物品摆放整齐	30%	6
	阳台衣服晾晒整齐		6
雅、美	寝室信息表、相关制度、值日表等张贴到位	20%	4
	寝室布置个性化、有特色		4

(四)寝室日常劳动教育成果学分转换标准及应用

为了引导学生树立正确的劳动观和态度,培养学生养成良好的劳动习惯,需要将学生日常劳动成果与学分实现互通,找准成果与学分之间的转换标准,激发学生日常劳动的积极性。三年制学生在三学年内修完2个学分,按学年分别修完0.8、0.8、0.4学分,两年制学生在两学年内修完2个学分,按学年分别修完1.2、0.8学分。

1.学分转换标准

在文明寝室考核中,每次检查得分在90分以上的,该寝室学生可直接将寝室日常劳动成果转换为0.05学分,在90分以下的则不能转换成学分。另外,学生参加以劳动学习教育为主题或与寝室劳动有关的主题班会,可转换为0.05学分,但上限为0.2分。

(1)针对第一学年连续12次检查都达标的寝室,可申请第二学年免检(不含突击检查),在免检期内突击检查仍旧达标的寝室,给予第二学年的学分。

(2)针对连续2次检查未达标的寝室,给予黄色预警,要求立即整改,整改后仍未达标的,不给予本学年学分。

(3)针对第一学年学分未修满的寝室,则第一学年的未修满学分计入第二学年,以此类推。同时,同班好的寝室帮扶学分未修满的寝室,达到班级自我管理的目的。

2.结果应用

一是与评优评奖挂钩。每学年学分修满的学生优先评优评奖,未修满的学生不予评优评奖。二是与党员发展挂钩。每学年学分修满的学生在入党积极分子推优、发展,预备党员转正中优先。同时,入党积极分子、预备党员在考察期间注重对寝室卫生的考察,在考察期未能做好寝室卫生的推迟发展。

四、小结

中华民族是勤于劳动、善于劳动的民族。作为新时代高校青年,理应传承好这一优秀传统,在劳动中体现价值、展现风采、感受快乐,去实现我们的奋斗目标! 通过寝室日常劳动教育学分的"硬约束",寝室缤纷活动的"软催化",夯实高校劳动教育的基石,再结合实习、实训强化劳动教育,弘扬劳动精神、劳模精神,进一步引导学生崇尚劳动、尊重劳动,从而形成"校内厚植,校外开花"中国特色社会主义高校劳动教育良好发展体系。

[参考文献]

[1] 冯粒,袁勃.习近平在全国教育大会上强调坚持中国特色社会主义教育发展道路 培养德智体美劳全面发展的社会主义建设者和接班人[N].人民日报,2018-9-11(1).

[2] 袁超.新时代大学生劳动教育的问题与对策探析[J].智库时代,2019(26):122-123.

[3] 马克思,恩格斯.马克思恩格斯文集(第4卷)[M].北京:人民出版社,1995.

[4] 中共中央宣传部.习近平新时代中国特色社会主义思想学习纲要[M].北京:学习出版社,人民出版社,2019.

[5] 刘向兵.新时代高校劳动教育的新内涵与新要求[J].中国高教研究,2018(11):17-21.

"草根"自媒体对高校网络意识
形态工作的影响及对策

(浙江同济科技职业学院　梁　莹)

[摘　要]目前高校内除了校方严格管理的"官媒"账号外,还有不少由学生运营的高校"草根"自媒体。这类自媒体的"商业化""隐匿性"对高校的意识形态工作存在一定的负面影响,但同时也具有帮助校方掌握大学生思想动态,挖掘培养大学生"红色大V",促进高校官媒改革创新等积极意义。因此对高校"草根"自媒体的监管宜疏不宜堵,应发挥网络信息技术的监管作用,提升大学生网络信息及媒介素养,并对优秀的"草根"自媒体提供引导和支持。

[关键词]自媒体;网络意识形态;高校;大学生

习近平总书记多次强调意识形态工作是党的一项极端重要的工作。在即将跨入5G时代的今天,网络已经成为意识形态工作的主要阵地。而高校的网络意识形态阵地除了由学校主办的官网、官微、抖音号外,还有不少由学生自己运营的自媒体,这些自媒体主要用于发布和学生生活密切相关的内容。有些运营较好的自媒体账号,和学校官方账号一样有较高的关注度和阅读量。我们称这类游离在高校官方媒体矩阵外的自媒体账号,为高校"草根"自媒体。这类自媒体的存在对高校网络意识形态工作产生着重要影响,如何应对这类自媒体的挑战,并探索对其的正确引导和管理方式,是高校网络意识形态工作必须重视的重要问题。

一、"草根"自媒体对高校意识形态工作的负面影响

高校"草根"自媒体运营内容主要是高校官媒较少涉及的情感交友类、兼职信息类,以及校园生活吐槽、问答、寻人、求助等内容。这些内容主题非常私人化,且与学生生活的相关度很高,因此广受大学生欢迎。比如几乎所有高校在百度贴吧都有以学校名字命名的贴吧,但这类贴吧大多由学生或校友管理,校方主动介入较少。在微信、QQ公众空间等平台,也有不少以某大学告白墙、万能墙、工作室、校园助手等名字命名的自媒体账号,运营好的已累计

[作者简介]梁莹,浙江同济科技职业学院宣传部宣传干事,助理研究员,主要研究方向为网络思政。

上百万粉丝,日访客万余人次,甚至有的同城高校之间还自发形成高校自媒体联盟。

(一)运营账号的"商业化"倾向影响内容的正确导向

高校"草根"自媒体补充了官方账号内容上的不足,但同时自媒体账号自我增值获利的天然属性,让一些年轻的大学生管理员在运营时,过分注重涨粉、赞助等经济利益,而忽视了发布内容的正确思想导向。比如在一些自媒体中时常见到一些上课代签到、论文代写等违规信息,在一些告白、寻人信息中可能涉及个人隐私泄露,还曾发生过个别自媒体借某校校庆版权标识,发售非校方认定的自制纪念品事件。同时,咪蒙等自媒体大 V 以猎奇角度、挑起矛盾、灌输"毒鸡汤"等创业崛起的经历也给他们的运营思路带来了不良的影响。

(二)运营人员的"隐匿性"给校园舆情管理埋下隐患

大学生自身仍然处在价值观的塑造形成期,对社会时政、校园生活涉及的问题等思考成熟度不够,容易被网络上的一些偏激价值观引导,而这些高校"草根"自媒体内容审核都仅依靠运营的学生个人或者小团队来自行把握。并且高校"草根"自媒体大都为私人注册账号,运营者在网络的言行较少影响到他们的现实生活,这种"隐匿性"易让运营学生放松对账号的思想导向要求,产生自媒体就是自己思想意识发生器的片面想法,而忽视了自媒体的社会责任。一旦运营学生本身的一些错误思想观点或者谣言等信息,通过自媒体向高校学生大量传播,极易造成负面舆情事件。而校方因较难获取运营人员信息,在舆情处理时无法第一时间与其沟通,处在相对被动的局面,更增加了及时解决舆情问题的难度。

二、高校"草根"自媒体对高校网络意识形态工作的积极意义

(一)帮助掌握大学生思想动态

高校官媒的供稿来源、内容审核等步骤都有校方相关教师参与,严格保证了思想导向的正确性。但同时高校"草根"自媒体的存在和发展,侧面印证了高校官方账号发展中的"官媒化"倾向,其关注报道的内容、角度、语言风格等与大学生的需求仍然存在一定距离,学生在官媒进行留言等互动时,会隐藏部分个人的想法,而只表现出学校、老师要求的正确想法。这减弱了高校官媒了解大学生的思想动态、及时分析校园舆情导向的作用。对高校"草根"自媒体的内容、思想倾向和粉丝留言等信息的分析,可以帮助校方更全面地掌握大学生的思想动态,弥补官媒的信息缺位。

(二)培养大学生"红色大 V"的渠道

高校"草根"自媒体的运营者,大多是大学生中"网感"较强,对网络新媒体有较高实践经验,对社会问题进行深入思考,有一定创新意识的一批人。他们运营自媒体除了是兴趣爱好、创新创业等目的外,还怀有对同学的服务精神。许多自媒体账号在运营初期,正是靠无偿帮助同学发布一些失物招领、校园生活问答等琐事信息而发展起来的。具有这些素质和

能力的大学生,应是高校挖掘培养大学生"红色大 V"的目标人群。

(三)促进高校官方媒体账号工作的提升

高校官媒在校内宣传阵地中居于绝对垄断的地位,拥有一些重要信息的垄断来源和发布权限。在高校内部的宣传体系中,官媒缺少有力的竞争对象,不利于官媒运营思路的创新,长久下去容易与大学生的实际阅读和需求产生距离,从而削弱高校在大学生中的意识形态工作话语权。高校"草根"自媒体的存在好比高校宣传体系中的一条"鲶鱼",给予官媒必要的压力和改革的动力,在保证正确舆论导向的同时,能够真正在大学生群体中有力发挥自身的宣传引导作用。

三、加强高校"草根"自媒体管理的对策

(一)发挥网络信息技术手段的监管作用

除了一些 211 和 985 等本科院校本身有较强的计算机专业,能对校内的网络信息进行很好的监控外,许多本科院校没有计算机专业或计算机专业较弱,以及一些高职院校,鉴于技术、人力不足、经费紧张等原因,在监管上存在一些漏洞。此类高校一方面需提升自身技术力量,另一方面可借助外部力量提升技术能力,如加强与新浪、腾讯等互联网大公司的合作,与警方、网信办等政府机构建立联动机制,借助这些校外技术力量补充自身不足,以免在一些"草根"自媒体引起的网络突发事件中处于劣势。

(二)提升大学生网络信息及媒介素养

高校"草根"自媒体的运营者虽然具有"隐匿性",但主力仍然是校内的大学生群体。因此提升大学生网络信息及媒介素养对加强高校的意识形态工作实效具有重要意义。学校应加强网络安全、网络道德、网络防骗、网络谣言识别、网络暴力等知识内容的普及,补充基本的网络安全法律法规知识,帮助大学生正确认识网络新媒体的作用,提升面对复杂网络环境的正确思考能力、独立判断能力,当面临一些网络谣言或黑恶现象时,可以主动发言,维护文明的网络环境。当这些潜在的高校"草根"自媒体运营群体能正确"识网""用网",高校意识形态工作中因自媒体可能引发的一些隐患就可以很好地解决。

(三)向优秀的高校"草根"自媒体提供引导和支持

高校"草根"自媒体是高校宣传媒体生态系统中不能忽视,也无法强硬消除,未来也将长久存在的一支力量。校方应尽力将这支力量纳入管理范畴,向这些负责自媒体运营的学生提供一些必要的创业扶持政策、资金及新媒体运营指导,打破一些学生认为校方的管理可能就是要其关闭账号的误解。在引导时应多注意分析一些自媒体"大 V"因过度关注流量而忽视媒体责任、社会道德的案例,帮助他们认识自媒体的行业规范、伦理底线。扶助优秀的高校"草根"自媒体与校方形成良性互动,引导其在一些学生关注的事情上发挥正确的导向作

用,并推动其优秀学生向大学生"红色大 V"方向发展,让这些"散兵"成为校园意识形态阵地中一支可管、可用的积极力量。

[参考文献]

[1] 曹建文.自媒体场域中非主流意识形态话语表达的"泛自由化"表现[J].青年记者,2017(31):4.

[2] 聂智.自媒体领域主流意识形态话语权的重构[J].红旗文稿,2018(6):11-13.

[3] 陈志勇.自媒体环境下高校社会主义意识形态话语体系建构[J].思想理论教育导刊,2019(12):77-80.

[4] 强成文,宋敏娟."自媒体"时代青年感性意识形态传播的自我呈现与价值认同[J].当代青年研究,2019(2):85-90,128.